4ex

Envoi a.s. du traducteur
Halpérine-Kaminsky à André Beaunier(?)

LÉON TOLSTOÏ

La
Pensée de l'Humanité

Dernière œuvre de L. TOLSTOÏ

TRADUITE DU RUSSE

PAR

E. HALPÉRINE-KAMINSKY

PARIS
L'ÉDITION MODERNE - LIBRAIRIE AMBERT
47, RUE DE BERRI, 47

1912

*A André Beaunier
en haute estime
E. Malfilâtre-Kamiński*

La
Pensée de l'Humanité

LÉON TOLSTOÏ

La
Pensée de l'Humanité

Dernière œuvre de L. Tolstoï

TRADUITE DU RUSSE

PAR

E. HALPÉRINE-KAMINSKY

PARIS
L'ÉDITION MODERNE — LIBRAIRIE AMBERT
47, RUE DE BERRI, 47

1912

PRÉFACE DU TRADUCTEUR

—

L'ouvrage de Léon Tolstoï, dont nous présentons ici au lecteur européen la première traduction française, a une double portée. Il résume les pensées exprimées par les sages universellement reconnus et par les fondateurs des religions les plus répandues de tous les temps et de tous les pays, pensées sur le sens et le but suprême de la vie. C'est en cherchant à son tour, durant son existence entière, le « chemin de la vie », que le grand penseur russe s'est efforcé de mettre à profit ce qui avait été dit et écrit avant lui sur l'éternel problème, pour sa propre éducation, d'abord, pour éclairer les autres, ensuite, par des citations appropriées. Le présent ouvrage est le résultat de ce travail formidable. C'est bien « la pensée de l'humanité » refléchie par l'âme de Tolstoï.

C'est, d'autre part, son œuvre testamentaire, celle qu'il entoura de plus de soin durant ses dernières années et dont il corrigeait les épreuves jusqu'à sur sa couche de mourant.

Il avait déjà précédemment établi plusieurs recueils analogues, sans avoir pu se déclarer satisfait. Ce fut, premièrement : *Pensées des sages pour chaque jour*; puis : *Cercle de lecture*, et, enfin : *Lectures quotidiennes*. Durant dix ans, l'auteur de ces recueils, dont chacun forme plusieurs volumes, ne cessait de les amender, de les coordonner sur un nouveau plan, et c'est de ce long travail préliminaire qu'est sorti enfin *Le Chemin de la vie* dont nous croyons plus explicitement intituler la version française : *La Pensée de l'Humanité*.

L'idée de laisser avant de mourir la confirmation de sa doctrine par la collectivité de grands penseurs, le hantait avec une telle constance que toutes les fois où Tolstoï croyait sa fin proche, son unique préoccupation était d'en activer la réalisation. L'un de ses disciples et plus proches amis, M. Gorbounov-Possadov, qui avait été chargé par lui de publier les recueils énumérés, raconte, dans sa préface à l'édition russe du *Chemin de la vie*, ces détails significatifs sur l'origine du premier recueil :

« Pendant la grave maladie dont L.-N. Tolstoï souffrait en janvier 1903, alors que sa vie était en danger et qu'il n'avait plus la force de s'adonner à ses travaux habituels, il relisait l'Evangile et, en détachant chaque jour les feuilles du calendrier suspendu à la tête de son lit, parcourait les maximes empruntées aux grands penseurs que portaient les feuillets. Le calendrier étant épuisé et le malade n'ayant pas sous la main un autre pour le remplacer, Tolstoï éprouva le désir d'établir pour son usage personnel un recueil des pensées pour sa lecture quotidienne. C'est ainsi que, durant sa maladie, il réunit les éléments pour son premier recueil. »

Rétabli, il ne cessa d'enrichir chaque nouveau recueil du produit de ses constantes recherches, utilisant toute pensée qui avait sa valeur propre, sans se préoccuper de la tendance de l'auteur, fût-il le prince Bismarck, « tout rougi du sang de ses frères allemands et français », en témoignage, nous dit M. Gorbounov-Possadov, « de ce fait que l'étincelle sacrée subsiste même chez le représentant le plus implacable du régime de violence ». Quantité de ses propres pensées, soit extraites de ses ouvrages extérieurs, soit nouvellement rédigées, s'aggloméraient à celles des autres auteurs. Le tout était disposé en lectures quotidiennes, pour tous les jours de l'année.

Pour le présent travail, outre de nombreuses additions inédites, il modifia cette disposition suivant un plan nouveau, plus rationnelle. Les pensées sur le sens de la vie, sur nos passions bonnes et mauvaises, sur la conduite à observer dans divers cas, etc., furent groupées en trente chapitres homogènes, chacun traitant une seule question fondamentale. Cette division correspond donc à un mois de lecture, au lieu de s'espacer sur l'année entière. Tout en conservant ainsi son caractère de livre de chevet, le présent ouvrage gagne en ordonnance, et cela d'autant plus que les chapitres sont disposés suivant le développement logique de la doctrine de Tolstoï.

Rappelons, enfin, que l'ermite de Yasnaïa Poliana avait mis une passion particulière à la rédaction de son dernier travail. M. Gorbounov nous conte que, non content d'avoir refait à plusieurs reprises le manuscrit, l'auteur multipliait les corrections en première, en deuxième, en troisième épreuves. En portant lui-même les épreuves corrigées à son éditeur, — celui-ci demeurait alors dans le voisinage de Yasnaïa Poliana, — Tolstoï s'excusait avec un sourire contraint, comme si on l'avait pris en défaut : « J'ai encore tout barbouillé. Pardonnez-moi, je ne recommencerai pas. »

« La dernière fois, ajoute M. Gorbounov, j'ai apporté à Léon Nicolaïevitch les épreuves de deux fascicules de son ouvrage le 11 novembre 1910 (trois jours avant la mort de Tolstoï), à Astapovo, où il se mourait. Il eut encore la force d'écouter attentivement les renseignements que je lui ai apportés sur la marche de l'impression des trente fascicules. J'ai ajouté qu'à tout hasard, je lui apportais la troisième épreuve de deux fascicules ; il me répondit d'une voix éteinte et où perçait le regret de son impuissance de se remettre à son travail favori : « Je n'ai pas la force... Faites-le vous-même. »

Nous sommes bien en présence de l'expression dernière et la plus complète peut-être de la doctrine du grand mort, confrontée avec les pensées de plus grands philosophes de l'humanité et de ses plus anciennes traditions. Tolstoï cite, en effet, tous les livres sacrés connus de tous les pays : la *Bible*, *Vichnou-Pourana*, *Rama-Krichna* et autres textes hindous ; Bouddha, Lao-Tseu, Confucius et es Bramines ; l'*Evangile*, les Apôtres, le *Talmud* et le *Coran ;* et aussi les plus antiques traditions : chinoises, hindoues, arabes, persanes, voire mexicaines d'avant la découverte de l'Amérique et quinze siècles avant l'ère chrétienne ; les philosophes grecs Heraclite, Socrate, Platon, Xenophon et Epictète, comme les romains Caton, Cicéron, Sénèque, Juvenal, Marc-Aurèle et Lactance ; Basile-le-Grand et Jean Chrysostome ; Mahomet, Saadi et Saïd Ben-Hamed ; Jean Huss, Erasme, Luther ; Montaigne, Pascal, Fénelon, La Bruyère, Rousseau, Lamennais et Lamartine ; Emerson, Bentham, Thomas Moore, Carlyle,

Ruskin, Carpenter, Grant-Alen et Henry George ; Kant, Lessing, Humboldt et Schopenhauer ; Gogol, Hertzen et Dostoïevsky, etc. etc., pour ne nommer que les livres et les auteurs les plus universellement connus et sans faire état des sources que Tolstoï n'indique pas, en raison de ce que les passages empruntés sont, comme il l'explique dans sa préface, interprétés et non pas fidèlement traduits par lui.

E. Halpérine-Kaminsky.

PRÉFACE DE L'AUTEUR

Les pensées recueillies ici, appartiennent aux auteurs les plus divers, depuis les écrits des brahmanes, de Confucius, des bouddhistes jusqu'à l'Evangile, aux Epitres et aux travaux de bien des penseurs, tant anciens que modernes. La plupart de ces pensées ont été tellement modifiées par mes traductions et adaptations, qu'il serait déplacé de maintenir la signature de leurs auteurs. Les meilleures de ces pensées ne sont pas de moi, mais des plus grands sages de l'univers.

Léon Tolstoï.

La Pensée de l'Humanité

CHAPITRE PREMIER

DE LA FOI

Pour vivre heureux, l'homme doit savoir ce qu'il peut et ce qu'il ne peut pas faire. Et seule la foi le lui apprend. La foi indique ce qu'est l'homme et pourquoi il est sur la terre. Cette foi a toujours existé et existe chez tous les hommes doués de raison.

I. — *En quoi consiste la véritable foi.*

1

Afin de vivre d'une vie heureuse, l'homme doit comprendre ce qu'est la vie, ce qu'il peut et ce qu'il ne peut pas faire. Ceux qui furent les meilleurs et les plus sages parmi tous les peuples l'enseignèrent de tout temps. Toutes les doctrines de ces sages se rejoignent par leur base. Et c'est cet ensemble des doctrines, révélant le but de la vie humaine et la conduite à observer, qui constitue la véritable religion.

2

Quel est la signification de l'univers dont je ne conçois ni la fin ni le commencement? Que représente ma vie dans cet univers et comment dois-je vivre cette vie?
La foi seule répond à ces questions.

3

La vraie religion a pour mission de révéler la loi qui prime toutes les lois humaines et qui est une pour tous les hommes.

4

Il peut exister plusieurs croyances erronées, mais la vraie croyance est une.

Kant.

5

Si ta foi a été effleurée d'un doute, tu n'as plus la foi.
La foi est alors seulement la foi, quand il ne te vient même pas la pensée qu'elle puisse être mensongère.

6

Il existe deux sortes de croyances : la confiance qu'on accorde à ce qu'affirment les hommes ; c'est la foi en l'humanité, et on en compte un grand nombre. L'autre croyance reconnaît la dépendance dans laquelle on se trouve envers Celui qui nous a envoyés dans ce monde. C'est la foi en Dieu, et il n'en existe qu'une pour tous.

II. — *L'enseignement de la vraie foi est toujours clair et simple.*

1

Croire — signifie avoir confiance en ce qui nous est révélé, sans nous demander pourquoi il en est ainsi et ce qu'il en résultera. C'est en cela que réside la vraie foi. Elle nous apprend qui nous sommes et quels devoirs suscite en nous cette connaissance ; mais elle reste muette sur les conséquences et les résultats des actes ordonnés par elle.

Si je crois en Dieu, point n'est besoin de connaître le but de mon obéissance à la volonté divine, car je sais que Dieu est amour et que l'amour n'a qu'un but : le Bien.

2

La véritable loi de la vie est si simple, si claire et si compréhensible que les hommes n'ont pas d'excuse à leur mauvaise vie sous prétexte d'ignorer cette loi. Si les hommes vivent contrairement à la loi de la vraie vie ils répudient la raison. Et c'est ce qu'ils font.

3

On dit que l'accomplissement de la volonté divine est ardue. C'est faux. La loi de vie ne nous demande qu'amour envers notre prochain. Et l'amour n'est pas pénible, mais joyeux.

D'après Grégoire Skovoroda.

4

Le sentiment qu'éprouve l'homme lorsqu'il découvre la vraie foi est semblable à celui d'une personne faisant jaillir la lumière dans une chambre obscure. Tout s'éclaire et le bonheur remplit l'âme.

III. — *La véritable foi est dans l'amour de Dieu et de son prochain.*

1

« Aimez-vous les uns les autres comme je vous aime ; tous vous reconnaîtront pour mes disciples, si vous vous aimez les uns les autres », — a dit le Christ. Il ne dit pas : si vous *croyez* en ceci ou en cela, mais si vous *aimez*. — La foi chez différents hommes, à diverses époques, peut varier, mais l'amour est invariable chez tous.

La vraie foi est unique — c'est l'amour pour tout ce qui vit.

Ybrahim de Cordoue.

3

L'amour rend les hommes heureux, parce qu'il unit l'homme à Dieu.

4

Le Christ a révélé aux hommes que l'*éternel* n'était pas la même chose que le *futur*, mais que l'éternel, l'invisible, est en nous, dans cette vie même, que nous devenons éternels lorsque nous sommes en communion avec le Dieu-Esprit en lequel tout vit et se meut.

Nous parvenons à cette éternité uniquement par l'amour.

IV. — *La foi dirige la vie des hommes.*

1

Seul, celui qui agit selon ce qu'il considère comme loi de la vie, connaît la loi de la vie.

2

Toute foi n'est qu'une réponse à ceci : comment dois-je vivre dans le monde, non pas aux yeux des hommes, mais aux yeux de Celui qui m'a envoyé sur la terre ?

3

La vraie foi n'est pas de savoir bien parler de Dieu, de l'âme, de ce qui a été et de ce qui sera, mais uniquement de bien savoir ce qu'il faut faire et ne pas faire dans cette vie.

D'après KANT.

4

Si un homme éprouve des malheurs dans la vie, c'est uniquement parce que cet homme n'a pas de foi. Il en est de même pour tout un peuple. Si un peuple est malheureux, c'est parce qu'il a perdu la foi.

5

La vie des hommes est heureuse ou malheureuse, suivant leur conception de la vraie loi de la vie. Plus ils comprennent clairement cette loi, plus leur vie est heureuse ; plus ils la comprennent faussement, plus leur vie est malheureuse.

6

Pour sortir des souillures du péché, de la dépravation

et de la vie malheureuse, il ne faut aux hommes qu'une chose, une religion dans laquelle ils ne vivraient pas, chacun pour soi, comme ils le font à présent, mais d'une vie commune, en reconnaissant tous la même loi et le même but. Alors seulement les hommes, en répétant les paroles de la prière du Seigneur : « Que ton règne arrive sur la terre comme au ciel » pourraient espérer que le règne de Dieu viendrait réellement sur la terre.

D'après MAZZINI.

7

Si une religion nous apprend qu'il faut renoncer à cette vie pour la vie éternelle, c'est une religion mensongère. On ne peut pas renoncer à cette vie pour la vie éternelle, pour cette raison que la vie éternelle existe déjà dans cette vie.

WEMANA indienne.

8

Plus la foi de l'homme est solide, plus sa vie est ferme. La vie d'un homme sans religion est celle d'une bête.

V. — *La fausse religion.*

1

La loi de la vie commandant d'aimer Dieu et son prochain est simple et claire : tout homme, ayant atteint l'âge de raison la conçoit par son cœur. Par conséquent, s'il n'y avait pas de doctrines erronées, tous les hommes reconnaîtraient cette loi, et le royaume des cieux serait sur la terre.

Mais, partout et toujours, des faux docteurs ont appris

aux hommes à reconnaître comme loi de Dieu, ce qui n'est pas sa loi. Les multitudes ont accepté ces fausses doctrines et se sont éloignées de la vraie loi de la vie et de l'accomplissement de la véritable loi. Aussi, leur vie n'en est devenue que plus pénible et plus malheureuse.

Il ne faut donc croire à aucune doctrine, si elle n'est pas d'accord avec l'amour de Dieu et de son prochain.

2

Il ne faut pas croire que la religion est vraie parce qu'elle est vieille. Au contraire, plus les hommes vivent, plus la vraie loi de la vie leur devient claire. Supposer qu'à notre époque, il faut continuer à croire à ce que croyaient nos grands-pères et aïeux, c'est croire qu'un adulte peut continuer à porter les vêtements d'enfant.

3

Nous nous lamentons de ce que nous ne croyons plus en ce que croyaient nos pères. Il ne faut pas s'en désoler, mais s'efforcer de créer une religion à laquelle nous puissions croire aussi fermement que nos pères croyaient à la leur.

Martineau.

VI. — *Le culte extérieur.*

1

La vraie foi est dans la croyance en une seule loi qui convient à tous les hommes de l'univers.

2

La vraie religion enseigne de vivre dans le bien, en accord avec tous et d'agir envers son prochain comme on voudrait qu'on agisse envers nous.

Cette vraie religion a été enseignée par tous les sages, par tous les saints de tous les peuples.

VII. — *L'idée de la récompense pour la bonne conduite est incompatible avec la vraie foi.*

1

Quiconque pratique une religion seulement en vue des récompenses qu'elle peut lui assurer pour ses bonnes œuvres, ne fait pas preuve de foi mais de calcul, calcul toujours faux. Il est faux, parce que la vraie foi assure le bonheur dans le présent uniquement, qu'elle ne donne et ne peut donner aucun bonheur dans l'avenir.

2

Un ouvrier cherchait à s'embaucher. Il rencontra deux embaucheurs, qui, chacun de son côté, se mirent à lui vanter leurs patrons. L'un lui dit que la place était excellente. « Il est vrai, que si tu ne contentes pas le patron, il te frappera, t'emprisonnera ; mais si tu réussis à le satisfaire, tu ne pourras pas avoir de vie plus agréable. Quand tu auras fini ton temps de travail, tu auras ta retraite, tu vivras sans rien faire ; des fêtes, du vin, des friandises et promenades chaque jour. Plais-lui seulement ; la vie sera telle que tu n'en peux imaginer de meilleure. »

L'autre embaucheur invita, à son tour, l'ouvrier à aller chez son patron, mais ne dit pas comment il serait récompensé ; il ne pouvait même pas dire où et comment vivaient les ouvriers et si le travail était facile ou pénible ; il affirma seulement que le maître était bon, qu'il ne punissait personne et qu'il vivait lui-même au milieu de ses employés.

L'ouvrier réfléchit : « Le premier patron promet trop. Si tout était vrai, il n'aurait pas besoin de tant promettre. En me laissant tenter par une vie grasse, je pourrai bien mal tomber. Le maître doit être méchant, parce qu'il punit sévèrement ceux qui ne travaillent pas à son gré ; j'irai plutôt chez l'autre ; au moins, celui-ci ne promet rien, mais on dit qu'il est bon et qu'il vit au milieu de ses ouvriers. »

Il en est de même des doctrines religieuses. Certains docteurs incitent les hommes à bien faire en les intimidant par les punitions et en les attirant par des promesses de récompenses dans l'autre monde où personne n'a été. D'autres enseignent seulement que l'amour, base de la vie, est en nous et que celui qui reconnaît ce principe est heureux.

3

Si tu sers Dieu pour obtenir la jouissance éternelle, tu te sers toi-même et non pas Dieu.

VIII. — *La raison vérifie les dogmes de la foi.*

1

On n'obtient pas la foi par la raison. Mais la raison nous est nécessaire pour contrôler la religion qu'on nous enseigne.

2

Ne craignons pas de rejeter de notre religion tout ce qui est inutile, matériel, tangible, autant que ce qui est vague, indécis : plus nous purifierons le noyau spirituel, mieux nous comprendrons la véritable loi de la vie.

3

Celui qui ne croit pas à tout ce que tout le monde croit autour de lui n'est pas un incroyant ; tandis que celui qui pense et dit qu'il croit à ce qu'il ne croit pas, est un véritable incroyant.

IX. — *La conscience religieuse des hommes ne cesse de se perfectionner*.

1

Nous devons nous servir des doctrines des anciens sages et des saints posant la loi de la vie, mais nous devons vérifier ce qu'ils nous apprennent : accepter ce qui est conforme à la raison et rejeter ce qui lui est contraire.

2

Il est surprenant que la plupart des hommes restent fidèles aux doctrines les plus anciennes, à celles qui ne conviennent plus à notre temps, tandis qu'ils rejettent et considèrent comme inutiles et malfaisantes toutes les nouvelles doctrines. Ils oublient que si Dieu a révélé la vérité aux anciens, il demeure le même et peut la révéler de la même façon aux hommes qui ont vécu jadis et à ceux qui vivent maintenant.

D'après Thoreau (1).

5

La religion n'est pas vraie parce que les saints l'ont

---

(1) Ecrivain américain de l'Ecole d'Emerson (*Note du traducteur*).

prêchée, mais les saints l'ont prêchée parce qu'elle est vraie.

Lessing

6

Lorsque l'eau de pluie coule dans les chenaux, il nous semble que l'eau en vient. Mais l'eau tombe du ciel. Il en est de même des doctrines des sages et des saints : il nous semble que ce sont ces derniers qui les ont formées ; mais elles viennent de Dieu.

D'après Rama-Krichna

CHAPITRE II

DE DIEU

Outre la matière dont nous et l'univers sommes faits, nous connaissons encore quelque chose d'immatériel qui donne la vie à notre corps et est uni à lui. C'est cette chose immatérielle que nous appelons l'âme. De même, cette chose immatérielle qui n'est unie à rien et qui donne la vie à tout ce qui existe, est ce que nous appelons Dieu.

I. — *L'homme découvre Dieu en soi-même.*

1

La base de toute religion est dans la reconnaissance, non seulement de tout ce que nous voyons et ressentons matériellement, mais encore de ce quelque chose d'invisible, d'immatériel qui nous donne la vie, à nous et à tout ce qui est tangible et matériel.

2

Je sais que j'ai en moi quelque chose sans quoi rien ne serait. C'est ce que j'appelle Dieu.

D'après Angélus.

3

Tout homme, en réfléchissant à ce qu'il est, est forcé de s'apercevoir qu'il n'est pas tout, mais une partie isolée de *quelque chose*. L'ayant compris, l'homme pense généralement que ce *quelque chose* dont il est séparé est le monde matériel qu'il voit : la terre sur laquelle il vit et où ont vécu ses ancêtres, et aussi le ciel, les étoiles et le soleil qu'il aperçoit. Mais en y réfléchissant plus à fond, ou en apprenant ce qu'en pensaient les sages de tout l'univers, il reconnaît que ce *quelque chose*, dont les hommes se sentent séparés, n'est pas le monde matériel qui s'étend à l'infini, dans l'espace et dans le temps, mais quelque chose d'autre. Si l'homme réfléchit encore et qu'il apprend ce qu'en pensaient également les sages, il comprendra que le monde matériel, qui n'a jamais commencé, ne finira jamais et ne peut avoir de limites, n'est pas réel, mais est une conception de notre cerveau et que, par suite, le *quelque chose* dont nous nous sentons séparés, n'a ni commencement ni fin, ni dans le temps ni dans l'espace, mais qu'il est immatériel et spirituel.

Ce quelque chose de spirituel, que l'homme reconnaît comme son commencement, est ce que les sages appelaient et appellent Dieu.

4

On ne peut reconnaître Dieu qu'en soi-même. Tant que tu ne l'as pas trouvé en toi, tu ne le trouveras nulle part.

Il n'y a pas de Dieu pour celui qui ne Le sens pas en soi.

5

Je sens en moi un être spirituel séparé de tout. Je sens le même être spirituel, également séparé de tout, dans les autres hommes. Mais si je le reconnais en moi et si je le reconnais dans les autres êtres, il ne peut ne pas exister lui-même. C'est cet être existant par lui-même que nous appelons Dieu.

6

Ce n'est pas toi qui vis : ce que tu considères comme toi est mort. Ce qui t'anime est Dieu.

Angélus.

7

Ne pense pas gagner Dieu par tes actes ; toutes les œuvres sont nulles devant Dieu. Il ne faut pas gagner Dieu, mais être Lui.

Angélus.

8

Si nous ne voyions pas de nos yeux, si nous n'entendions pas de nos oreilles, si nous ne touchions pas de nos mains, nous ne saurions rien de ce qui est autour de nous. Mais si nous ne reconnaissions pas Dieu en nous-mêmes, nous ne nous connaîtrions pas nous-mêmes ; nous ne connaîtrions pas en nous-mêmes celui qui voit, qui entend le monde autour de soi.

9

Celui qui ne saura devenir fils de Dieu, restera à jamais dans l'étable avec le bétail.

Angélus.

10

Si je mène la vie du siècle, je peux me passer de Dieu. Mais je n'ai qu'à réfléchir d'où je suis issu, quand je suis né et où j'irai après ma mort, pour que je reconnaisse aussitôt qu'il y a quelque chose dont je suis venu et où je vais. Il m'est impossible de ne pas reconnaître que je suis venu dans ce monde de quelque chose d'incompréhensible et que je vais vers quelque chose de tout aussi incompréhensible pour moi.

C'est cet incompréhensible dont je viens et où je vais que j'appelle Dieu.

11

On dit que Dieu est l'amour et que l'amour est Dieu. On dit aussi que Dieu est la raison et que la raison est Dieu. Tout cela n'est pas absolument exact. L'amour et la raison sont des qualités de Dieu que nous reconnaissons en nous-mêmes, mais nous ne pouvons savoir ce qu'Il est par Lui-même.

12

C'est bien de craindre Dieu, mais mieux encore est de L'aimer. Le mieux, c'est de Le ressusciter en soi.

Angélus.

13

L'homme doit aimer ; mais on ne peut aimer réellement que ce qui est parfait. Il doit donc exister quelque chose qui n'a pas de défauts. Et il n'y a qu'un seul être qui est sans défaut : Dieu.

14

Si les hommes ne sont pas toujours d'accord sur ce qu'est Dieu, tous ceux qui croient réellement en Lui comprennent toujours de la même façon ce que Dieu veut d'eux.

15

Dieu aime la solitude. Il n'entrera dans ton cœur que lorsqu'Il y sera seul et que tu ne penseras qu'à Lui.

D'après Angélus.

16

Il existe un conte arabe que voici : En traversant le désert, Moïse entendit un pâtre prier Dieu : « O Seigneur ! disait-il, comment faire pour Te rencontrer et devenir Ton esclave ! Avec quelle joie je Te chausserai, je laverai, je baiserai Tes pieds, je peignerai Tes cheveux, je laverai Tes vêtements, j'arrangerai Ta demeure et je T'apporterai le lait de mon troupeau ! Mon cœur Te désire ! » Moïse, entendant ces paroles, se fâcha contre le pâtre et dit : « Tu blasphèmes. Dieu n'a pas de corps. Il n'a besoin ni de vêtements, ni de demeure, ni de serviteur. Tu dis des sottises. » Le pâtre en fut attristé. Il ne pouvait se représenter Dieu sans corps et sans besoins matériels ; il ne pouvait plus prier et servir Dieu, et il tomba dans le désespoir. Alors Dieu dit à Moïse : « Pourquoi as-tu éloigné de Moi Mon fidèle esclave ? Chaque homme a ses pensées et ses termes. Ce qui est mal pour l'un est bien pour l'autre ; ce qui est poison pour toi est miel pour un autre. Les paroles ne signifient rien. Je vois le cœur de celui qui s'adresse à Moi. »

17

Si l'homme ne sait pas qu'il respire l'air, il sait, lorsqu'il étouffe qu'il lui manque quelque chose sans quoi il ne peut vivre. Il en est de même de celui qui perd Dieu, bien qu'il ne sache pas ce qui le fait souffrir.

II. — *Tout homme doué de raison est forcé de reconnaître Dieu.*

1

Nous voyons aux cieux et dans chaque homme ce que nous appelons Dieu.

Lorsqu'en hiver, pendant la nuit, tu regardes le ciel, tu vois des étoiles, encore des étoiles et des étoiles sans fin, et lorsque tu penses que chacune de ces étoiles est nombre de fois plus grande que la terre où tu vis, que par-dessus les étoiles que tu vois, il y a des centaines, des milliers, des millions d'autres étoiles et de plus grandes encore et que ni les étoiles, ni le ciel n'ont de fin, tu comprends que ce que nous ne pouvons concevoir existe.

Lorsque nous regardons en nous-mêmes et que nous voyons ce que nous appelons notre « moi », lorsque nous y voyons quelque chose que nous ne pouvons pas comprendre non plus, mais que nous connaissons mieux que tout le reste et qui nous fait comprendre tout ce qui est, nous voyons dans notre moi, dans l'âme, quelque chose de plus compréhensible et de plus grand que ce que nous voyons dans les cieux.

C'est ce que nous voyons au ciel et ce que nous sentons en nous, en notre âme, que nous appelons Dieu.

2

De tous temps, chez tous les peuples s'était formée la foi en une force invisible gouvernant le monde.

Les anciens attribuaient cette force à la raison universelle, à la nature, à la vie, à l'éternité ; les chrétiens appellent cette force : esprit, Père, Seigneur, raison, vérité.

Le monde visible, changeant, est en quelque sorte l'ombre de cette force.

De même que Dieu est éternel, le monde visible, son ombre, est éternel. Seule la force invisible, Dieu, existe véritablement.

Skovoroda (1).

---

(1) Philosophe ukranien du XVIIIe siècle dont l'exceptionnelle valeur ne fut que récemment reconnue en Russie. (*N. du trad.*)

3

Il y a un être sans lequel ni le ciel, ni la terre, ne seraient. Cet être est paisible, immatériel ; ses qualités s'appellent : amour et raison ; mais l'être lui-même n'a pas de nom. Il est le plus éloigné et le plus proche.

Lao-Tseu.

4

On demanda à un homme : Pourquoi sait-il que Dieu existe ? Il répondit : « Faut-il donc une chandelle pour voir l'aurore ? »

5

Si l'homme considère quelque chose comme grand, c'est qu'il ne voit pas les choses de la hauteur de Dieu.

Angélus.

6

Je peux ne pas réfléchir à ce qu'est l'univers infini et à ce qu'est mon âme qui se connaît elle-même ; mais si j'y pense, il m'est impossible de ne pas reconnaître ce que nous appelons Dieu.

9

Il y a en Amérique une petite fille aveugle et sourde-muette de naissance. On lui a appris à lire et à écrire par le toucher. Lorsque sa maîtresse lui eut expliqué qu'il y avait un Dieu, la fillette répondit qu'elle le savait, mais qu'elle ignorait son nom.

III. — *La volonté de Dieu.*

1

Nous concevons Dieu moins par la raison que par

notre sensation d'être en Son pouvoir, tel un nourrisson dans les bras de sa mère.

L'enfant ne sait pas qui le tient, le réchauffe, le nourrit, mais il sait que ce quelqu'un existe et non seulement il connaît, mais il aime ce quelqu'un dont il dépend. Il en est de même de l'homme.

2

Plus l'homme accomplit la volonté de Dieu, plus il Le connaît.

Si l'homme n'accomplit pas la volonté de Dieu, il ne Le connaît pas du tout, bien qu'il dise Le connaître et qu'il L'*invoque*.

3

De même qu'on ne peut reconnaître une chose qu'en s'en approchant, on ne peut connaître Dieu, qu'en s'approchant de Lui, et on ne peut le faire qu'à l'aide de bonnes actions. Et plus l'homme s'habitue au bien, mieux il apprend à connaître Dieu ; et plus il apprend à le connaître, plus il aime ses semblables.

4

Nous ne pouvons connaître Dieu. Tout ce que nous savons de Lui c'est Sa loi, Sa volonté, telles qu'elles sont écrites dans l'Evangile. De la connaissance de Sa loi, nous déduisons que Celui qui l'a faite existe, mais nous ne pouvons pas Le connaître Lui-même. Nous ne savons au juste qu'une chose, c'est que nous devons accomplir la loi que Dieu nous a donnée et que notre vie est d'autant meilleure que nous suivons plus strictement cette loi.

5

Il est surprenant que je n'aie pu voir avant la simplicité de cette vérité qu'en dehors de ce monde et de notre vie, il y a quelqu'un, quelque chose qui sait pourquoi le monde existe et pourquoi nous y sommes, telles les bulles qui se forment dans l'eau bouillante et qui éclatent et disparaissent.

Oui, il se passe quelque chose en ce monde, grâce à tous les êtres vivants, à moi, à ma vie. Autrement, pourquoi existeraient ce soleil, ces printemps, ces hivers et pourquoi ces souffrances, ces naissances et ces morts, ces bienfaits, ces crimes, pourquoi tous ces êtres séparés qui apparemment n'ont aucun sens pour moi et qui vivent de toutes leurs forces, qui se soucient tant de leur vie ? La vie de tous ces êtres me convainc parfaitement que tout cela est nécessaire à quelque chose de raisonnable, de bon, mais qui ne m'est pas accessible.

6

Tant que l'homme chante, crie et dit devant tous : « O Seigneur, Seigneur ! » c'est qu'il n'a pas trouvé le Seigneur. Celui qui L'a trouvé garde le silence.

Rama-Krichna.

7

Dans les mauvais moments, on ne sent pas Dieu, on doute de Lui. Mais le salut est toujours le même : penser non à Dieu, mais à Sa loi et l'accomplir : aimer tout le monde.

IV. — *On ne peut comprendre Dieu par la raison.*

1

On peut sentir Dieu en soi, ce qui n'est pas difficile.

Mais comprendre Dieu et savoir ce qu'Il est, est impossible et inutile.

2

On ne peut comprendre par la raison que l'homme contient son âme et Dieu ; de même, il est impossible de concevoir qu'il n'y ait pas de Dieu et que l'homme n'ait pas d'âme.

Pascal.

3

Pourquoi suis-je séparé de tout le reste et pourquoi sais-je que *tout* ce dont je suis séparé existe, et pourquoi ne puis-je comprendre ce qu'est ce *tout* ? Pourquoi « moi » change-t-il constamment ? Je ne peux rien comprendre à tout cela. Mais je ne puis m'empêcher de penser que tout cela a un sens, qu'il y a un être pour lequel tout cela est compréhensible, qui sait à quoi tout cela sert.

4

Chacun peut sentir Dieu, et personne ne peut Le comprendre.

C'est pourquoi ne cherchons pas à Le comprendre, mais accomplissons sa volonté, qui est de le sentir en soi avec plus d'intensité.

5

Si tes yeux sont aveuglés par le soleil, tu ne dis pas qu'il n'y a pas de soleil. Tu ne diras pas non plus que Dieu n'existe pas parce que ta raison s'embrouille et se perd, lorsque tu veux comprendre le commencement et la cause de tout.

D'après Angélus.

6

« Pourquoi me demandes-tu mon nom ? — dit Dieu à

Moïse. — Si derrière ce qui se meut tu peux voir ce qui a toujours été, ce qui est et ce qui sera, tu Me connais. Mon nom est le même que ma substance. Je suis réel. Je suis celui qui est.

« Celui qui veut savoir mon nom, ne me connaît pas. »

Skovoroda.

7

La raison qu'on ne peut concevoir n'est pas la raison éternelle ; l'être qu'on peut nommer n'est pas l'être suprême.

Lao-Tseu.

8

Si étrange que soit le fait que je ne connaisse pas Dieu, j'ai toujours peur lorsque je suis sans Lui, et je ne suis tranquille que lorsque je suis avec lui. C'est plus étrange encore que je n'aie point besoin de Le connaître mieux et davantage que je ne Le connais maintenant dans ma vie actuelle. Je peux et je voudrais me rapprocher de Lui ; ma vie entière tend à cela. Mais ce rapprochement n'augmente aucunement ma connaissance de Dieu. Toute tentative de mon imagination me démontrant que je le conçois (par exemple, lorsque je me l'imagine créateur ou miséricordieux, ou quelque chose d'analogue) m'éloigne de lui et arrête mon rapprochement de Lui. Même le pronom « Il », appliqué à Dieu, détruit en quelque sorte pour moi toute sa signification. Le mot « Il » le diminue.

9

Tout ce qu'on peut dire de Dieu ne Lui ressemble pas. On ne peut dépeindre Dieu par des paroles.

Angélus.

V. — *Du manque de foi en Dieu.*

1

L'homme raisonnable trouve en lui-même la conception de son âme, de lui-même et de l'âme de l'univers, qui est Dieu ; et en reconnaissant l'impossibilité d'amener ces conceptions à la netteté complète, il s'arrête docilement devant elles, sans toucher à ce qui les voile.

Mais il y a eu et il y a encore des gens d'un esprit et d'une sagesse raffinés et qui veulent expliquer la conception de Dieu par des paroles. Je ne condamne pas ces gens. Néanmoins, ils ont tort lorsqu'ils affirment qu'il n'y a pas de Dieu, et un pareil athéisme ne peut durer. D'une façon ou d'une autre, l'homme aura toujours besoin de Dieu. Si Sa divinité s'était révélée à vous avec plus d'éclat encore que jusqu'à présent, je suis convaincu que ceux qui contestent Dieu inventeraient de nouvelles subtilités pour Le nier. La raison se plie toujours devant les exigences du cœur.

Rousseau.

2

Penser qu'il n'y a pas de Dieu, revient au même d'après Lao-Tseu, que de croire que l'air qui sort d'un soufflet, a le soufflet pour origine et que le soufflet pourrait fonctionner là où il n'y aurait pas d'air.

3

Lorsque les gens de mauvaise vie disent que Dieu n'existe pas, ils ont raison : Dieu n'existe que pour ceux qui regardent de Son côté et se rapprochent de Lui. Mais pour celui qui s'est détourné de Lui et s'en éloigne, il ne peut y avoir de Dieu.

4

Deux catégories d'hommes connaissent Dieu. Ceux qui ont le cœur modeste — qu'ils soient sages ou sots — et ceux qui sont vraiment intelligents. Seuls, les hommes orgueilleux et d'intelligence médiocre ne connaissent pas Dieu.

Pascal.

5

Moïse dit à Dieu : « Où te trouverai-je, Seigneur ? » — Dieu lui répondit : « Tu m'as déjà trouvé, si tu Me cherches ».

6

Prouver que Dieu existe ! Il ne peut y avoir rien de plus stupide que l'idée de prouver l'existence de Dieu. Le faire, c'est vouloir prouver la raison de sa vie. A qui ? Comment ? Pourquoi ? Si Dieu n'existe pas, il n'y a rien. Or, comment dès lors prouver Son existence ?

7

Dieu existe. Point n'est besoin de le prouver. Le faire, serait blasphémer ; le nier, une folie. Dieu demeure dans notre conscience, dans la conception de l'humanité entière, dans la structure de l'univers. Seul un homme très misérable ou très dépravé peut nier Dieu sous la voûte du ciel étoilé, sur la tombe des êtres chers ou devant la mort heureuse d'un martyr.

Mazzini.

VI. — *L'amour de Dieu.*

« Je ne comprends pas ce que signifie l'amour de Dieu. Peut-on aimer l'inconcevable et l'inconnu ? On peut aimer son prochain, c'est compréhensible et bien. Mais aimer Dieu, ce sont des paroles vides de sens. » Ainsi parlent bien des gens. Mais ceux qui le disent et le pensent se trompent lourdement : ils ne comprennent pas ce qu'est aimer son prochain — non pas un homme agréable ou qui nous est utile, mais indifféremment tout homme, quand même il serait le plus désagréable et le plus hostile. Seul, celui qui est le même partout, peut aimer ainsi son prochain. De sorte que ce n'est pas l'amour de Dieu qui est incompréhensible, mais l'amour du prochain sans l'amour de Dieu.

CHAPITRE III

DE L'AME

Nous appelons Dieu, l'impalpable, l'invisible, l'immatériel, celui qui donne la vie à tout et qui existe. Nous appelons âme le même élément impalpable, invisible et immatériel, séparé par le corps de tout le reste et que nous reconnaissons comme nous-mêmes.

I. — *Qu'est-ce que l'Ame?*

1

Si l'homme vit longtemps, il subit diverses transformations : il est enfant, puis adolescent, adulte, vieillard. Mais, malgré ses changements, il dit toujours « moi » en parlant de lui-même. Et ce « moi » a toujours été le même : dans l'enfant, dans l'adulte, dans le vieillard. C'est ce « moi » immuable que nous appelons âme.

2

Si l'homme pense que tout ce qui l'entoure, tout l'univers infini, est tel qu'il le voit, il se trompe fort. L'homme connaît tout ce qui est matériel uniquement parce qu'il a tels vue, ouï, toucher. Si ces sens étaient autres, le monde entier serait différent. De sorte que nous ne savons pas et ne pouvons savoir quel est exactement le monde matériel où nous vivons. Ce que nous connaissons sûrement et entièrement, c'est notre âme.

II. — *Le « Moi » spirituel*.

1

Lorsque nous parlons de notre « moi », nous n'entendons pas notre corps, mais ce qui le fait vivre. Qu'est-ce que le « moi » ? Nous ne pouvons le définir par des paroles, mais nous le connaissons mieux que tout ce que nous savons. Car nous savons que si nous n'avions pas ce « moi », nous ne saurions rien, nous n'aurions rien au monde, et nous n'aurions pas existé nous-mêmes.

2

Lorsque je réfléchis, il m'est plus difficile de comprendre ce qu'est mon corps que ce qu'est mon âme. Le corps a beau nous être proche, il nous est toujours *étranger* ; seule l'âme est à *soi*.

3

Si l'homme ne sent pas l'âme en soi, cela ne veut pas dire qu'il n'a pas d'âme, mais cela prouve seulement qu'il n'a pas encore appris à la connaître.

4

Tant que nous ne comprenons pas ce qui est en nous, quel intérêt avons-nous à savoir ce qui est en dehors de nous ? Et peut-on connaître le monde avant de s'être compris soi-même ? Celui qui est aveugle chez lui, peut-il voir lorsqu'il est chez les autres ?

SKOVORODA.

5

De même que la bougie ne peut pas brûler sans feu, l'homme ne peut pas vivre sans force spirituelle. L'esprit vit dans tous les hommes, mais tous les hommes ne le savent pas.

La vie de ceux qui le savent est heureuse, et la vie de ceux qui l'ignorent est malheureuse.

Sagesse brahmane.

III. — *L'âme et le monde matériel.*

1

Nous avons mesuré la terre, le soleil, les étoiles, les profondeurs des mers ; nous descendons dans l'antre de la terre pour y chercher de l'or ; nous avons trouvé des rivières et des montagnes sur la lune ; nous découvrons de nouveaux astres et connaissons leurs dimensions ; nous nivelons des précipices, nous construisons des machines compliquées ; chaque jour apporte de nouvelles et toujours de nouvelles inventions. Que ne savons-nous pas ? que de choses nous pouvons faire ! Seulement, il y a une chose absolument essentielle qui nous manque. Et nous ne saurions préciser ce que c'est. Nous sommes pareils à un petit enfant : il sent qu'il n'est pas à son aise, mais il ne sait pas pourquoi.

Nous sommes malheureux, parce que nous savons beaucoup de choses inutiles et que nous ignorons l'essentiel, c'est nous-mêmes. Nous ne connaissons pas ce qui est en nous. Si nous savions et si nous nous souvenions de ce qui est en nous, notre vie serait toute différente.

D'après Skovoroda.

2

Nous ne pouvons savoir ce qu'est en réalité tout ce qui est matériel en ce monde. Nous ne pouvons connaître parfaitement que ce qui est spirituel en nous-mêmes, ce qui est nous-mêmes et ce qui ne dépend ni de nos sentiments ni de nos pensées.

3

Les hommes croient souvent que seules les choses qu'ils peuvent toucher de leurs mains existent. Bien au contraire : existe seulement ce qu'on ne peut voir, ni entendre, ni palper, ce que nous appelons notre « moi » — notre âme.

4

Confucius disait : Le ciel et la terre sont grands, mais ils ont une couleur, une forme, une dimension, alors qu'en l'homme il y a quelque chose qui pense à tout et qui n'a ni couleur, ni forme, ni dimension. De sorte que si tout l'univers était mort, ce qui est en l'homme aurait donné la vie au monde.

IV. — *Le côté spirituel et le côté charnel de l'homme.*

1

Chacun de nous est un homme absolument distinct de tous les autres : un homme, une femme, un vieillard, un garçon, une fille ; et dans chacun de nous, comme dans tous, réside le même être spirituel. Chacun de nous est donc

Jean ou Nathalie et en même temps un être spirituel qui est le même dans tous les hommes. Et lorsque nous disons : *Je veux*, cela indique, parfois, ce que désirent Jean et Nathalie, mais d'autres fois ce que veut l'être spirituel qui est commun à nous tous. Et il arrive, parfois, que Jean et Nathalie veulent quelque chose, mais que l'être spirituel ne le veut pas et qu'il désire tout autre chose.

2

Dire que ce que nous appelons nous-mêmes n'est que notre chair, dire que ma raison, mon âme, mon amour ne dépendent que de mon corps, c'est prétendre que notre corps n'est que la nourriture dont notre chair s'alimente.

Il est vrai que mon corps n'est composé que d'aliments qu'il transforme, mais mon corps n'est pas aliment. Ceux-ci lui sont nécessaires pour vivre, mais ils ne sont pas le corps.

Il en est de même de l'âme. Il est vrai que, sans ma chair, ce que j'appelle âme n'existerait pas ; mais mon âme n'est pas mon corps. Celui-ci est nécessaire à l'âme, mais il n'est pas l'âme.

Si l'âme n'existait pas, je ne saurais pas ce qu'est mon corps.

Les éléments de la vie ne sont pas dans le corps, mais dans l'âme.

3

Lorsque nous disons : cela est arrivé, cela arrivera ou cela pourra arriver, nous parlons de notre vie corporelle. Mais, en dehors de la vie corporelle qui a été et qui sera, nous reconnaissons en nous une autre vie : la vie spirituelle. Et cette vie-là n'a pas été, ne sera pas, mais est toujours. C'est cette vie qui est la vraie. L'homme est heureux lorsqu'il vit de la vie spirituelle, et non de la vie corporelle.

4

Le Christ apprend à connaître à l'homme qu'il y a en lui quelque chose qui le met au-dessus de cette vie, de ses misères, de ses craintes et de ses désirs.

L'homme qui a compris la doctrine du Christ se sent comme un oiseau qui, ignorant la présence de ses ailes, aurait compris brusquement qu'il pouvait voler, être libre et ne rien craindre.

V. — *La conscience, voix de l'âme.*

1

Dans chaque homme il y a deux êtres : l'un : aveugle, matériel ; l'autre : voyant clair, spirituel. L'un — l'être aveugle — mange, boit, travaille, se repose, se reproduit et fait tout comme une horloge réglée. L'autre — l'être spirituel — ne fait rien lui-même, mais ne fait qu'approuver ou désapprouver les actes de l'être aveugle et animal.

On appelle conscience la partie éclairée, spirituelle de l'homme. Cette partie spirituelle agit de même que les branches d'un compas. Celles-ci ne changent de place que lorsque celui qui tient les compas abandonne la direction qu'elles indiquent. Il en est de même de la conscience : elle se tait tant que l'homme fait ce qu'il doit, mais dès qu'il abandonne la bonne voie, elle lui montre où et à quel point il s'est trompé.

2

Lorsque nous apprenons qu'un homme a fait une mauvaise action, nous disons : il n'a pas de conscience. Qu'est-ce que la conscience ? La conscience est la voix de l'être unique et spirituel qui réside en nous tous.

3

La conscience, c'est la manifestation de l'être spirituel qui vit dans tous les hommes. Et ce n'est que lorsqu'elle se manifeste qu'elle devient un directeur sûr de la vie des hommes. Car souvent les hommes prennent pour la conscience non pas la manifestation de l'être spirituel, mais simplement ce qui est considéré comme bon ou mauvais par les gens dont ils sont entourés.

4

La voix de la passion peut être plus forte que celle de la conscience ; mais elle est tout autre que la voix calme et persuasive de la conscience. Celle-ci est la voix de l'Eternel, du divin qui vit en l'homme.

CHANNING (1).

5

Le philosophe Kant disait que deux choses l'étonnaient le plus : les étoiles au ciel et la loi du bien dans l'âme humaine.

6

La vraie bonté est en toi-même, dans ton âme. Celui qui cherche le bien en dehors de lui-même, agit comme le pâtre qui cherche dans son troupeau l'agneau qu'il a caché sur sa poitrine.

VIMANA HINDOUE.

---

(1) Théologien américain. (*N. du trad.*)

VI. — *La divinité de l'âme.*

1

L'homme a, d'abord, le sentiment de la séparation de son essence du reste de sa substance, c'est-à-dire de sa chair ; ensuite, la conscience de ce qui est séparé, c'est-à-dire de son âme ; enfin, la conscience de ce dont cette base spirituelle de la vie est séparée : la conscience du Tout, de Dieu.

C'est précisément cet élément, conscient d'être séparé du Tout, de Dieu, qui est l'unique être spirituel qui vit en chaque homme.

2

Reconnaître qu'on est un être *séparé*, c'est reconnaître l'existence de ce dont on est séparé, reconnaître l'existence du Tout, de Dieu.

3

« En vérité, en vérité, je vous le dis : celui qui écoute
« Ma parole et qui croit à Celui qui m'a envoyé, a la vie
« éternelle et il ne vient point en jugement, mais il est
« passé de la mort à la vie. En vérité, en vérité, je vous
« le dis, le temps vient, et il est déjà venu, que les morts
« entendront la voix du Fils de Dieu et que ceux qui l'au-
« ront entendue vivront. Car comme le Père a la vie en
« lui-même, il a aussi donné au Fils d'avoir la vie en lui-
« même. »

Jean, v, 24-25.

4

Une goutte qui tombe dans la mer, devient mer. L'âme qui communie avec Dieu devient Dieu.

Angélus.

5

Lorsque l'homme dit une vérité, cela ne veut pas dire que la vérité émane de l'homme. Toute vérité vient de Dieu. Elle ne fait que passer par l'homme. Si elle passe par l'un plutôt que par l'autre, c'est uniquement parce que cet homme a su se rendre suffisamment transparent pour que la vérité puisse passer à travers lui.

Pascal.

6

Dieu dit : Je n'étais un trésor connu de personne. J'ai voulu être connu, et j'ai créé l'homme.

Mahomet.

7

On ne peut pas comprendre Dieu par la raison. Si nous savons qu'il existe, ce n'est pas parce que nous le concevons par la raison, mais parce que nous le sentons en nous-mêmes.

L'homme, pour être véritablement un homme, doit concevoir la présence de Dieu en lui-même.

Demander si Dieu existe, serait demander si j'existe. Ce par quoi je vis, est Dieu.

8

Le corps est l'aliment de l'âme ; ce sont les chantiers qui servent à construire la vraie vie.

La plus grande joie que l'homme puisse concevoir, c'est la joie de reconnaître en soi un être libre, raisonnable, aimant, et par conséquent bienheureux de sentir Dieu en soi.

9

L'âme est un verre ; Dieu est la lumière qui pénètre à travers ce verre.

10

Il n'y a que moi et Toi. Si nous n'existions pas tous deux, il n'y aurait rien sur la terre.

Angélus.

11

Il semble à l'homme toujours entendre une voix derrière lui, mais il ne peut pas tourner la tête et voir celui qui parle. Cette voix parle toutes les langues, gouverne tous les hommes, mais personne n'a jamais vu celui qui parle. Dès que l'homme commence à obéir strictement à cette voix et la recueille de façon à ne pas la séparer de lui-même dans ses pensées, il sent que cette voix et lui font un ; et plus l'homme considérera cette voix comme lui-même, plus il sera heureux. Cette voix lui révélera la vie bienheureuse, parce que cette voix est celle de Dieu dans l'homme.

D'après Emmerson.

Dieu veut le bonheur de tous ; or, si tu veux du bien à tous, c'est-à-dire si tu aimes, Dieu vit en toi.

13

On dit : sauver son *âme*. On ne peut sauver que ce qui peut périr. L'âme ne peut pas périr parce qu'il n'y a qu'elle seule qui existe. Il ne faut pas la sauver, mais la purifier de ce qui l'obscurcit, la souille, il faut l'instruire pour que Dieu pénètre de plus en plus en elle.

14

On dit : « Aurais-tu oublié Dieu ? » C'est une bonne parole. Oublier Dieu, c'est oublier Celui qui vit en toi et par qui tu vis.

15

De même que j'ai besoin de Dieu, Dieu a besoin de moi.

16

Lorsque tu t'affaiblis et que tu es malheureux, tu dois te rappeler que tu as une âme et que tu peux vivre par elle. Mais au lieu de cela, nous nous imaginons que des hommes pareils à nous-mêmes peuvent nous réconforter.

Emmerson.

17

Celui qui est uni à Dieu, ne doit pas craindre Dieu. Dieu ne saurait se faire de mal à Lui-Même.

Les poissons de la rivière apprirent un jour que les hommes disaient qu'ils ne pouvaient vivre que dans l'eau. Et les poissons s'en étonnèrent et se mirent à s'interroger entre eux afin d'apprendre si quelqu'un savait ce que c'est que l'eau. Alors, un poisson intelligent dit : « On raconte qu'il y a dans la mer un vieux et sage poisson qui sait tout ; allons le trouver et demandons-lui ce qu'est l'eau. » Et les poissons se dirigèrent vers l'endroit de la mer où habitait le sage et lui demandèrent ce qu'était l'eau. Et le sage poisson dit : « L'eau c'est ce qui nous fait vivre. Si vous ne la connaissez pas c'est parce que vous vivez dans l'eau et d'eau. »

De même, il semble parfois aux hommes qu'ils ne savent pas ce qu'est Dieu, mais ils vivent eux-mêmes en Lui.

Soufi (ou Sufi) (1).

---

(1) Confrérie musulmane. (*N. du trad.*)

VII. — *La vie de l'homme n'est pas dans le corps, mais dans l'âme, et non pas dans le corps et dans l'âme, mais dans l'âme seule.*

1

« Celui qui m'a envoyé est véritable, et les choses que « j'ai entendues de Lui, je les dis dans le monde. »

Ils ne comprirent point qu'Il parlait du Père. Et Jésus leur dit : « Lorsque vous aurez élevé le Fils de l'Homme, « vous connaîtrez qui Je suis, et que Je ne fais rien de « Moi-même, mais que Je dis les choses comme Mon « Père Me les a enseignées.

Jean, viii, 26-28.

Elever le Fils de l'Homme, c'est avoir conscience de l'esprit qui vit en nous et l'élever au-dessus de la chair.

2

L'âme et le corps sont ce que l'homme considère comme sien, ce dont il s'occupe constamment. Mais on doit savoir que le vrai « toi » n'est pas ton corps, mais ton âme. Souviens-toi de cela, élève ton âme au-dessus de ta chair, préserve-là de toute souillure humaine, ne permets pas à ta chair de l'étouffer — et tu auras une vie heureuse.

Marc-Aurèle.

3

On dit qu'on ne doit pas s'aimer soi-même. Mais sans l'amour de soi-même, il n'y aurait pas de vie. Il s'agit de savoir ce qu'il faut aimer en soi : son âme ou son corps.

4

Il n'est pas de corps vigoureux qui n'aura jamais été malade ; il n'est pas de richesses qui ne disparaîtront jamais ; il n'est pas de pouvoir qui n'aura pas de fin. Si l'on consacre toute sa vie à devenir vigoureux, riche, puissant, et qu'on arrive à obtenir ce à quoi l'on aspire, on devra tout de même s'inquiéter, craindre et s'attrister, parce qu'on verra tout ce qu'on a cherché dans sa vie vous échapper, parce qu'on constatera que l'on se fait vieux et que l'on approche de la mort.

Que faire pour ne pas s'inquiéter, pour ne pas avoir peur ?

Il n'y a qu'un seul moyen : il consiste à consacrer sa vie non pas à ce qui passe, mais à ce qui ne périt pas et ne peut périr, à l'esprit qui vit dans l'homme.

5

Accomplis ce que ton corps exige de toi : cherche à obtenir la gloire, les honneurs, la richesse, et ta vie sera un enfer. Fais ce que veut l'esprit qui réside en toi : cherche l'humilité, la clémence, l'amour, et tu n'auras pas besoin de paradis. Le paradis sera dans ton âme.

6

Tout homme a des devoirs envers le prochain et des devoirs envers lui-même, envers l'esprit qui vit en lui ; ces devoirs consistent à ne pas souiller, à ne pas supprimer, à ne pas étouffer cet esprit et à le cultiver sans cesse.

VIII. — *Le vrai bonheur de l'homme n'est que la joie spirituelle.*

1

L'homme vit par l'esprit et non par le corps. Lorsque l'homme le sait et qu'il a voué sa vie à l'esprit et non au corps, on peut le mettre aux fers, le verrouiller derrière des lourdes portes, il sera toujours libre.

2

Tout homme connaît deux vies : la vie charnelle et la vie spirituelle. Dès qu'elle atteint sa plénitude, la vie charnelle commence à faiblir. Et elle faiblit de plus en plus et arrive à la mort. La vie spirituelle, au contraire, grandit et devient toujours plus ferme, depuis la naissance jusqu'à la mort.

Si l'homme ne vivait que de la vie charnelle, toute son existence serait celle d'un condamné à mort. S'il vivait pour son âme, le bonheur qu'il y trouverait grandirait de jour en jour, et la mort ne l'effrayerait pas.

3

Pour mener une existence heureuse, point n'est besoin de savoir d'où tu es venu et ce que tu deviendras dans l'autre monde. Pense uniquement à ce que veut ton âme, et tu n'auras pas besoin de t'inquiéter d'où tu es issu et ce qui t'arrivera après la mort. Tu n'auras pas besoin de tout cela, parce que tu éprouveras le bonheur complet qui ne s'inquiète ni du passé ni de l'avenir.

4

Lorsque le monde commença à exister, la raison fut sa mère. Celui qui est conscient du fait que la base de sa vie est l'esprit, sait qu'il se trouve hors de tout danger. Lorsqu'à la fin de sa vie, ses lèvres se fermeront et les portes de ses sens retomberont, il n'éprouvera aucune inquiétude.

Lao-Tseu.

CHAPITRE IV

MÊME AME CHEZ TOUS

Tous les êtres vivants sont séparés par leurs corps les uns des autres ; mais l'origine la vie est la même pour tous.

I. — *La Conscience de la divinité de l'âme unit les hommes.*

1

La doctrine chrétienne révèle aux hommes que le même principe spirituel vit en eux tous, qu'ils sont tous frères, et elle les unit ainsi pour une heureuse vie commune.

Lamennais.

2

Il ne suffit pas de se dire que chaque homme a la même âme que moi ; il faut se dire qu'en chaque homme vit le même principe qui vit en moi. Tous les hommes sont séparés les uns des autres par leurs corps, mais ils sont tous unis par le même principe spirituel qui donne la vie à tout.

3

C'est un grand bonheur que d'être en communion avec les hommes ; mais comment faire pour s'unir à tous ? Je peux m'unir aux membres de ma famille ; mais aux autres ? Je peux m'unir à mes amis, à tous les Russes, à tous mes coreligionnaires. Mais comment faire pour m'unir à ceux que je ne connais pas, les étrangers, ceux qui professent une autre religion ? Il y a tant d'hommes et ils sont tous si différents ! Comment faire ?

Il n'existe qu'un moyen : oublier les hommes, ne pas penser à s'unir à eux, et ne songer qu'à s'unir au seul principe spirituel qui vit en moi et en tous les hommes.

4

On dit que chaque homme peut être très bon et très mauvais et qu'il manifeste l'un ou l'autre sentiment suivant ses dispositions. C'est parfaitement exact.

La vue des souffrances d'autrui provoque, non seulement chez des personnes différentes, mais chez le même homme des sentiments absolument contradictoires : parfois, la compassion, et, parfois, une sorte de mauvais plaisir qui va jusqu'à la plus cruelle méchanceté.

J'ai eu l'occasion de le constater sur moi-même : tantôt j'avais pour tous les êtres une profonde compassion, tantôt j'éprouvais la plus grande indifférence, et, parfois, de la haine même.

Cela prouve clairement que nous avons deux façons, absolument opposées, de concevoir les choses : l'une, quand nous nous considérons comme des êtres séparés, quand tous les êtres nous sont absolument étrangers et qu'ils ne sont pas « moi ». Dans ce cas, nous ne pouvons éprouver pour eux autre chose que de l'indifférence, de l'envie, de la haine, de la malveillance.

L'autre façon de concevoir est dans la conscience de notre unité avec tous. Dans ce cas, tous les êtres sont pour nous ce qu'est notre « moi », et alors, ils suscitent notre amour pour eux.

L'une nous sépare les uns des autres comme par un mur infranchissable, l'autre détruit ce mur, et nous ne faisons qu'un. La première nous apprend à reconnaître que tous les autres êtres ne sont pas « moi », la seconde nous enseigne que tous les êtres sont le même « moi » que celui que je sens en moi-même.

Schopenhauer.

5

Plus l'homme vit pour son âme, plus il sent son unité avec tous les êtres vivants. Vis pour ton corps, et tu seras seul parmi des étrangers ; vis pour ton âme, et tous te seront parents.

6

Un fleuve ne ressemble pas à un étang, un étang à un tonneau et un tonneau à un seau d'eau. Mais dans un étang, dans un fleuve, dans un tonneau et dans un seau il y a la même eau. De même, tous les gens sont différents, mais l'esprit qui vit en eux tous est le même.

7

L'homme ne comprend sa vie que lorsqu'il se voit dans chacun de ses semblables.

8

L'essentiel dans la doctrine du Christ c'est qu'il considérait tous les hommes comme frères. Dans chaque homme, il voyait un frère et, pour cette raison, aimait chacun, quel qu'il soit et qui que ce soit. Il ne s'occupait pas de son extérieur, mais de l'intérieur. Il ne voyait pas le corps, mais, à travers les beaux habits du riche et les haillons du misérable, il voyait l'âme immortelle. Dans l'homme le plus dépravé, il apercevait ce qui pouvait transformer l'être le plus déchu en l'homme sublime, aussi grand et aussi saint qu'Il l'était lui-même.

9

Lorsque l'homme ne voit pas dans chacun le même esprit qui l'unit à tous les hommes, il vit comme dans un rêve. Celui qui voit Dieu et lui-même dans chacun, vit réellement.

II. — *Le même principe spirituel vit non seulement dans tous les hommes, mais aussi dans tout ce qui vit.*

1

Nous sentons dans notre for intérieur que ce par quoi nous vivons, ce que nous appelons notre vrai « moi », est le même non seulement dans chaque homme, mais aussi dans un chien, un cheval, une souris, une poule, un moineau, une abeille, et même dans une plante.

2

Quand on prétend que les animaux nous sont absolument étrangers, on peut en dire autant des sauvages, des noirs et des jaunes. Et si l'on estime que ces hommes nous sont étrangers, ils ont absolument le même droit de considérer les blancs comme des étrangers. Quel est donc notre prochain ? Il ne peut y avoir qu'une seule réponse à cette question : ne demande pas qui est ton prochain, mais agis envers tout ce qui vit comme tu voudrais que l'on agisse envers toi-même.

3

Tout ce qui vit, craint les souffrances ; tout ce qui vit, craint la mort. Reconnais-toi non seulement dans un homme, mais aussi dans chaque être vivant ; ne tue pas et ne cause pas de souffrance ni de mort. Tout ce qui vit veut la même chose que toi ; reconnais-toi donc dans chaque être vivant.

Sagesse bouddhiste.

4

L'homme n'est pas supérieur aux bêtes parce qu'il les fait souffrir, mais parce qu'il est capable de les plaindre. Et il a pitié des bêtes, car il sent vivre en elles ce qui vit également en lui.

5

La pitié pour tout ce qui vit, est plus nécessaire que tout le reste pour pouvoir avancer vers la vertu. Un homme bon ne peut manquer de pitié. Si un homme est injuste et méchant, il est sûrement impitoyable. Sans pitié pour tout ce qui vit, il ne peut y avoir de vertu.

SCHOPENHAUER.

6

On peut se déshabituer de la pitié envers les bêtes. Cela se remarque tout particulièrement à la chasse. Les hommes bons qui y prennent goût, tourmentent et tuent les bêtes sans remarquer la cruauté qu'ils commettent.

7

Le commandement : « Tu ne tueras point » ne se rapporte

pas à l'homme seul, mais à tout ce qui vit. Ce commandement avait été gravé dans le cœur de l'homme avant d'être inscrit sur la table.

8

Les hommes considèrent qu'il n'y a pas de mal à se nourrir de la chair animale, parce qu'on les a persuadés que Dieu l'avait permis. C'est faux. On a beau assurer qu'il n'y a pas de péché de tuer et de manger les animaux, il est gravé dans le cœur de l'homme, mieux que dans tous les livres, qu'il faut avoir pitié des animaux et qu'on ne doit pas les tuer, au même titre que les hommes. Nous le savons tous, si nous n'étouffons pas la voix de la conscience.

9

Si seulement tous ceux qui mangent les animaux, les tuaient eux-mêmes, un grand nombre parmi eux auraient renoncé à la viande.

10

Nous sommes étonnés de voir qu'il y ait eu et qu'il y a encore des hommes qui tuent leurs semblables pour les manger. Mais le temps viendra où nos petits enfants s'étonneront que leurs grands pères aient tué, tous les jours, des millions d'animaux pour les manger, alors qu'on peut avoir une nourriture saine et substantielle en se servant des fruits de la terre.

11

On peut se déshabituer de toute pitié, même envers les hommes, et on peut s'habituer à avoir pitié même d'un insecte.

Plus l'homme est pitoyable, mieux cela vaut pour son âme.

12

« Comment s'abstenir de tuer la mouche ou la puce ? Chacun de nos mouvements supprime malgré nous la vie des êtres que nous ne voyons pas, » dit-on généralement pour justifier la cruauté humaine envers les animaux. Ceux qui parlent ainsi oublient qu'il n'est pas donné à l'homme d'arriver à la perfection en toutes choses. La tâche de l'homme est de se rapprocher de la perfection. Il en est de même lorsqu'il s'agit de la compassion envers les bêtes. Nous ne pouvons pas vivre sans faire mourir d'autres êtres, mais nous pouvons avoir pour eux plus ou moins de compassion. Et plus nous en aurons, mieux cela vaudra pour notre âme.

III. — *Plus les hommes sont bons, mieux ils conçoivent l'unité du principe divin qui vit en eux.*

1

Pourquoi sommes-nous tout joyeux quand nous avons accompli une bonne action ? Parce que chaque bonne action nous confirme que notre vrai « moi » ne se borne pas à notre personne seule, mais qu'il existe en tout ce qui vit.

Lorsqu'on vit pour soi-même, on ne vit que d'une parcelle de son vrai « moi ». Lorsqu'on vit pour les autres, on sent son « moi » s'étendre.

Si tu vis pour toi seul, tu te sens entouré d'ennemis, tu sens le bonheur de chacun entraver le tien. Vis pour les autres, et tu te sentiras entouré d'amis et le bonheur de chacun deviendra ton bonheur à toi.

2

L'homme ne trouve le bonheur qu'en servant son prochain. Et il l'y trouve parce qu'en rendant service à ses prochains, il communie avec l'Esprit Divin qui vit en eux.

3

Toute bonne action véritable, celle que l'homme accomplit avec désintéressement et en ne pensant qu'au malheur d'autrui, serait un fait étonnant et inconcevable, s'il n'était pas aussi naturel et familier à l'homme.

En effet, pourquoi se priver de quelque chose, s'inquiéter, se déranger pour un étranger, un homme comme il y en a tant sur la terre ? On ne peut pas expliquer cela autrement que par le fait que la personne qui fait du bien, sait que celui pour qui elle le fait n'est pas un être isolé de tous, mais le même être qu'elle, mais sous un autre aspect.

D'après SCHOPENHAUER.

4

Lorsqu'on vit de la vie spirituelle, on éprouve des souffrances morales chaque fois qu'on se sépare des hommes. Pourquoi cette souffrance ? Parce que, de même que la souffrance physique démontre le danger qui menace la vie corporelle, la souffrance morale démontre le danger qui menace la vie spirituelle de l'homme.

5

Un sage hindou disait : « En toi, en moi, en tous les êtres vivants vit un seul et même esprit vital ; et voici que tu te fâches contre moi, tu ne m'aimes pas. Souviens-toi que toi et moi, nous sommes un. Qui que tu sois, toi et moi, nous ne faisons qu'un. »

6

Bien qu'un homme soit méchant, injuste, bête et désagréable, souviens-toi qu'en ne le respectant plus, tu romps non seulement tout lien avec lui seul, mais avec tout le monde spirituel.

7

Pour qu'il te soit facile de vivre avec chaque homme, pense à ce qui t'unit à lui et non pas à ce qui te sépare de lui.

IV. — *Les conséquences résultant de la conception de l'unité de l'âme de tous les hommes.*

1

Il ne peut y avoir et il n'y aura pas de liberté et de bonheur véritable, tant que les hommes n'auront pas compris leur unité. Si seulement les hommes avaient compris cette vérité essentielle du christianisme, — la communauté spirituelle de tous les hommes — leur vie se serait transformée, et il s'établirait entre eux des rapports que nous ne saurions imaginer maintenant. Les insultes, les peines, les humiliations que nous faisons subir aux hommes-frères nous auraient révoltés plus que les plus grands crimes actuels.

Oui, il nous faut une nouvelle révélation, non pas sur le paradis et l'enfer, mais sur l'esprit qui vit en nous.

Channing.

2

L'amour appelle l'amour. Cela ne peut être autrement

parce qu'en se révélant en toi, Dieu se révèle également en un autre homme.

3

La branche coupée de son nœud est, par cela même, séparée de l'arbre entier. De même l'homme qui rompt avec un autre homme, se détache de toute l'humanité. Seulement, la branche est coupée par un bras étranger, alors que, par son mépris, l'homme se détache de son prochain, sans penser que, par cela même, il se détache de toute l'humanité.

Marc-Aurèle.

4

Il n'y a pas de mauvaise action pour laquelle soit seul puni celui qui l'a faite. Nous ne pouvons nous isoler de façon à ce que notre méchanceté ne se répande pas sur les autres hommes. Nos actions, bonnes et mauvaises, sont comme nos enfants : elles vivent et agissent non plus par notre volonté, mais par elles-mêmes.

George Elliot.

5

La vie des hommes est pénible uniquement parce qu'ils ne savent pas que l'âme, qui est en chacun de nous, vit dans tous les hommes. C'est de là que provient l'animosité, que les uns sont riches, les autres pauvres, les uns sont maîtres, les autres ouvriers ; de là que vient l'envie, la haine et tous les tourments humains.

CHAPITRE V

DE L'AMOUR

L'âme humaine, isolée par le corps aussi bien de Dieu que des autres êtres, tend à se réunir à ce dont elle est séparée.

L'âme s'unit à Dieu par la conscience progressive de la présence de Dieu en soi, alors qu'elle s'unit aux âmes des autres par des manifestations d'amour de plus en plus évidentes.

I. — *L'Amour unit les hommes à Dieu et aux autres êtres.*

1

« Jésus dit au légiste : Tu aimeras le Seigneur, ton Dieu, de tout ton cœur, de toute ton âme et de tout ton esprit. C'est le premier et le plus grand des commandements.

« Le second est : aime ton prochain comme toi-même, répondit l'homme de loi au Christ, et Jésus lui dit : Tu as bien répondu ; agis donc comme tu l'as dit, c'est-à-dire, aime Dieu et ton prochain et tu vivras bien. »

2

Vous êtes bien malheureux, vous, les gens du monde ! Les chagrins et les inquiétudes sont au-dessus de vos têtes et sous vos pieds, à droite et à gauche, et vous êtes des énigmes pour vous-mêmes. Et vous resterez toujours énigmes si vous ne devenez pas joyeux et affectueux comme les enfants. Alors seulement vous Me connaîtrez et, m'ayant connu, vous vous comprendrez vous-mêmes et vous pourrez vous gouverner.

Alors seulement, lorsque vous regarderez le monde à travers votre âme, tout sera joie pour vous sur la terre et en vous-mêmes.

Soutes bouddhistes.

3

On ne peut aimer que la perfection.

Il faut donc, pour aimer : ou bien considérer comme parfait ce qui ne l'est pas, ou bien aimer ce qui est parfait, c'est-à-dire Dieu. Si l'on considère comme parfait ce qui ne l'est pas, l'erreur se révèlera tôt ou tard et l'amour ne sera plus. Mais l'amour de Dieu, c'est-à-dire de la perfection, ne peut pas finir.

4

Dieu est amour ; celui qui demeure dans la charité, demeure en Dieu et Dieu en lui. Personne n'a jamais vu Dieu ; mais si nous nous aimons les uns les autres, Dieu demeure en nous, et son amour est accompli en nous. Si quelqu'un dit : « J'aime Dieu » et qu'il haïsse son frère, c'est un menteur. Car celui qui n'aime point son frère qu'il voit, comment peut-il aimer Dieu qu'il ne voit pas ? Frères, aimons-nous les uns les autres, car l'amour vient de Dieu, et quiconque aime, est né de Dieu et connaît Dieu, car Dieu est amour.

D'après la 1ʳᵉ épître de saint Jean.

5

Les hommes ne peuvent communier réellement qu'en Dieu. Pour se rencontrer, les hommes n'ont pas besoin de se croiser, ils doivent simplement se diriger vers Dieu.

S'il y avait un grand temple où la lumière ne pénétrerait que d'en haut et du centre, les hommes, pour se rencontrer dans ce temple, n'auraient qu'à se diriger vers la lumière. Il en est de même dans le monde : si tous les hommes allaient à Dieu, ils se rencontreraient tous.

6

Il n'y a rien de plus agréable que de se savoir aimé. Mais, chose extraordinaire ! pour qu'on nous aime il est inutile de rendre service aux autres : il suffit de se rapprocher de Dieu. Rapproche-toi de Dieu et ne pense pas aux hommes, et les hommes t'aimeront.

7

Celui qui prétend aimer Dieu tout en n'aimant pas son prochain, trompe les hommes. Celui qui prétend aimer son prochain et n'aime pas Dieu, se trompe lui-même.

8

On dit que le jour du jugement dernier arrivera et que le bon Dieu se fâchera. Mais un Dieu bon ne peut faire que du bien.

De toutes les religions existantes, il n'y en a qu'une seule vraie, celle qui dit que Dieu est amour. Et l'amour ne peut donner que le bonheur.

Ne crains rien : pendant ta vie et après ta mort, il ne peut y avoir que l'amour.
Traduit du persan.

9

Vivre selon les préceptes de Dieu c'est être pareil à Dieu. Et, pour être pareil à Dieu, il faut ne rien craindre et ne rien désirer pour soi. Et pour ne rien craindre et ne rien désirer pour soi, il n'y a qu'à aimer.

Les uns disent : rentre en toi-même et tu trouveras le repos. Toute la vérité n'est pas là.

D'autres disent, au contraire : sors de toi-même ; tâche de t'oublier et de trouver le bonheur dans les plaisirs. Ceci n'est pas vrai non plus. Ce n'est pas vrai pour cette seule raison qu'on ne peut pas se débarrasser des maladies par les plaisirs. Le repos et le bonheur ne sont ni en nous, ni en dehors de nous, ils sont en Dieu. Et Dieu est en nous et hors nous. Aime Dieu, car c'est en Dieu que tu trouveras ce que tu cherches.
PASCAL.

II. — *De même que le corps a besoin de nourriture et souffre lorsqu'il en est privé, l'âme a besoin d'amour et souffre en son absence.*

1

Tous les corps sont attirés par la terre et les uns par les autres. De même toutes les âmes sont attirées vers Dieu et les unes vers les autres.

2

Tous les gens vivent, non pas parce qu'ils pensent à

eux-mêmes, mais parce que l'amour est le propre des hommes.

Afin que les hommes ne vivent pas chacun pour soi, mais tous pour la même cause, Dieu ne leur a pas révélé ce qu'il faut à chacun d'eux, mais leur a dit seulement ce qu'il leur fallait à tous.

Afin que les hommes sachent ce qu'il leur faut à tous, Il a pénétré dans leurs âmes et s'y est manifesté en amour.

3

Tous les malheurs des hommes ne sont pas causés par les mauvaises récoltes, les incendies, les brigands, mais simplement parce qu'ils vivent en désaccord. — Ils sont en désaccord, parce qu'ils ne croient pas à la voix de l'amour qui vit en eux et qui les appelle à s'unir.

4

Tant que l'homme vit d'une vie matérielle, il lui semble qu'il est séparé des autres hommes parce que cela est ainsi et ne peut être autrement. Mais dès qu'il commence à vivre d'une vie spirituelle, il s'étonne, ne comprend pas, jusqu'à en souffrir, pourquoi il est séparé des autres hommes, et il cherche à s'unir à eux. L'amour seul unit les hommes.

5

La vie de chaque homme consiste à devenir meilleur chaque année, chaque mois, chaque jour. Plus les gens deviennent meilleurs et plus ils s'unissent, plus leur vie est meilleure.

6

Si nous tenions fermement à nous rallier aux hommes

là où nous sommes d'accord avec eux, sans exiger leur consentement sur les points où nous ne sommes pas d'accord, nous serions bien plus près du Christ que ceux qui, tout en se qualifiant de chrétiens, se détachent, au nom du Christ, des hommes d'une autre religion, en exigeant qu'ils soient d'accord avec ce qui leur semble être la vérité.

Aimez vos ennemis, et vous n'en n'aurez point.

Actes des Apôtres.

III. — *L'amour n'est vrai que lorsqu'il se répand sur tout.*

1

Dieu voulait que nous fussions heureux et, dans ce but, il nous a donné le besoin du bonheur ; seulement, il voulait que nous soyons heureux tous, et non pas quelques-uns, et pour cela il nous a donné le besoin d'aimer. Il s'ensuit que les hommes ne seront heureux que lorsqu'ils s'aimeront tous les uns les autres.

2

Sénèque disait que tout ce que nous voyons, tout ce qui vit n'est qu'un seul corps ; tels les bras, les jambes, l'estomac, les os, nous sommes les parties de ce corps. Tous, nous sommes venus au monde de la même façon ; tous, nous voulons notre bonheur ; tous nous savons que nous ferions mieux de nous entr'aider que de nous exterminer et tous nous avons un germe d'amour les uns pour les autres. Comme des pierres, nous formons une même route et nous nous écroulerons, si nous ne nous soutenons pas.

3

Si nous aimons ceux qui nous plaisent, qui nous louent, qui nous font du bien, nous les aimons pour nous-mêmes. Le véritable amour est celui qui nous fait aimer non pour notre plaisir, mais pour le bien des hommes que nous aimons ; nous devons les aimer, non pas parce qu'ils sont agréables ou utiles, mais parce que dans chaque homme nous reconnaissons l'esprit qui vit en nous.

Ce n'est qu'ainsi que nous pouvons aimer, comme nous l'a appris le Christ, non seulement ceux qui nous aiment, mais aussi ceux qui nous haïssent : nos ennemis.

4

Tâche d'aimer celui que tu n'aimais pas, que tu blâmais, qui t'a offensé. Si tu y réussis, tu connaîtras une sensation nouvelle de joie. De même que la clarté éclate après les ténèbres, la lumière de l'amour s'allumera avec plus d'intensité et plus joyeusement en toi, après s'être libéré de l'inimitié.

5

Le meilleur des hommes est celui qui aime *tous* et qui fait du bien à tous, qu'ils soient bons ou méchants.

Mahomet.

6

« Je suis triste, ennuyé, seul. » Mais qui donc t'a ordonné de fuir tous les hommes et de te murer dans la prison de ton misérable et ennuyeux « moi ».

7

Agis de façon à pouvoir dire à chacun : fais comme moi.

D'après Kant.

8

Tant que je n'aurai pas vu observer le plus grand commandement du Christ — l'amour envers les ennemis — je ne croirai pas que ceux qui se qualifient de chrétiens le soient effectivement.

LESSING.

IV. — *On ne peut aimer réellement que l'âme.*

1

Tous les hommes ne désirent qu'une seule chose, c'est de bien vivre. C'est pourquoi, depuis les temps les plus anciens, partout et toujours, les sages et les saints ont pensé et appris aux hommes comment il fallait vivre pour être heureux. Et à toutes les époques et dans tous les pays, les sages et les saints ont enseigné aux hommes la même doctrine.

Cette doctrine est brève et simple :

Tous les hommes vivent par le même esprit, mais sont séparés, dans cette vie, par leurs corps ; s'ils en sont convaincus, ils doivent s'unir les uns aux autres par l'amour. S'ils ne le comprennent pas et s'imaginent qu'ils vivent uniquement par leurs corps, ils se querellent entre eux et sont malheureux.

Toute la doctrine est dans la recommandation de faire ce qui unit les hommes et de ne pas faire ce qui les désunit. Il est facile d'avoir foi en cette doctrine parce qu'elle demeure dans le cœur de chaque homme.

V. — *L'amour est un sentiment naturel à l'homme.*

1

L'homme aime aussi naturellement que l'eau descend la pente.

Proverbe oriental.

2

Pour que l'abeille vive selon sa nature, elle doit voler, le serpent ramper, le poisson nager, l'homme aimer. Par conséquent, si l'homme fait du mal à son prochain au lieu de lui faire du bien, cela paraît aussi étrange que si le poisson se mettait à voler et l'oiseau à nager.

3

Le cheval, par sa course rapide, fuit l'ennemi. Il est malheureux non pas lorsqu'il ne peut pas crier comme un coq, mais lorsqu'il perd ce qui lui est acquis : la faculté de courir.

Le sens le plus précieux pour le chien est son flair. Il est malheureux lorsqu'il le perd, et non lorsqu'il voit qu'il ne peut pas voler.

De même l'homme est malheureux, non quand il est impuissant à maîtriser un ours, un lion, ou de mauvaises gens, mais quand il perd ce qu'il a de plus cher : sa nature spirituelle, sa faculté d'aimer.

On n'a pas à regretter quand on meurt, quand on a perdu son argent, sa propriété, sa maison — tout cela n'appartient pas à l'homme. On doit regretter quand l'homme perd son bien réel, son plus grand bonheur : la faculté d'aimer.

4

On demanda à un philosophe chinois : qu'est-ce que la science ? Il répondit : C'est connaître les hommes.

On lui demanda : Qu'est-ce que la vertu ? Il répondit : C'est aimer les hommes.

5

Un philosophe hindou disait : « De même qu'une mère soigne son unique enfant, le dorlote, le garde et l'élève, l'homme doit élever et garder en soi ce qu'il a de plus cher au monde : l'amour pour tout ce qui vit. Toutes les religions nous l'enseignent : celle des Bramines, des Bouddhistes, des Hébreux, des Chinois, des Chrétiens, des Mahométans. C'est pourquoi, la chose la plus nécessaire au monde est d'apprendre à aimer.

6

Les Chinois ont eu leurs philosophes tels que Confucius, Lao-Tseu et un autre sage, peu connu, du nom de Mi-Ti.

Mi-Ti enseignait qu'il ne fallait pas inculquer aux hommes le respect de la force, de la richesse, de la bravoure, mais de l'amour seul. Il disait : On élève les hommes de façon à ce qu'ils considèrent que la richesse et la gloire sont au-dessus de tout et ils ne songent qu'à gagner le plus possible de gloire et de richesses ; il faut les élever de façon à ce qu'ils placent l'amour au-dessus de tout et que, dans la vie quotidienne, ils s'habituent à aimer les hommes et à consacrer toutes les forces à apprendre à aimer.

Mi-Ti n'a pas été écouté. Mendzé, un élève de Conficius, contredit Mi-Ti, en assurant qu'on ne saurait vivre uniquement d'amour. Et les Chinois suivirent Mendzé. 500 ans s'écoulèrent ainsi, lorsque Jésus vint enseigner aux hommes ce qu'avait déjà dit Mi-Ti, mais avec plus de force et de clarté. Bien que personne ne conteste cette doctrine d'amour, les disciples du Christ ne suivent toujours pas son enseignement. Mais le moment viendra — et il est proche — où les hommes ne pourront pas faire autrement que de suivre cette doctrine, parce que son germe se trouve dans tous les cœurs, alors que la non observation de ses préceptes rendra les gens de plus en plus malheureux.

VI. — *L'amour seul donne le bonheur réel.*

1

Tu veux du bien, tu auras ce que tu désires, à condition que tu veuilles le bien qui est bon pour tous. Ce bonheur ne se gagne que par l'amour.

2

« Celui qui veut conserver sa vie, la perdra, et celui qui donne sa vie pour le bien, la conservera. L'homme n'a pas de profit à gagner le monde entier s'il fait du tort à son âme. » Ainsi parlait Jésus. De même parlait le païen Marc-Aurèle : « Ame, quand donc seras-tu le chef du corps ? Quand te débarrasseras-tu des désirs et des peines charnelles, et pourras-tu te passer des services de ce que les hommes te servent de leur vie ou de leur mort ! Quand comprendras-tu que le vrai bonheur est toujours en ton pouvoir et qu'il est l'amour pour tous les hommes ? »

3

Celui qui dit qu'il est dans la lumière et qui hait son frère, est encore à présent dans les ténèbres. Celui qui aime son frère demeure dans la lumière et ne craint nulle tentation. Mais celui qui hait son frère est dans les ténèbres, marche dans les ténèbres et ne sait où il va, parce que les ténèbres ont aveuglé ses yeux... Aimons, non par la parole et la langue, mais par les actes et la vérité. C'est à cela que nous reconnaissons la vérité et que nous tranquillisons nos cœurs.

1re épitre de saint JEAN.

4

Je ne sais pas lequel des chefs des religions a raison, et je ne puis le savoir d'une façon certaine; mais je sais pertinemment que le mieux que je puis faire, c'est de développer l'amour en moi ; de cela je ne puis en douter. Je ne puis en douter parce qu'en se développant, mon amour augmente mon bonheur.

5

Nous savons trouver tout ; il n'y a que nous-mêmes que nous ne sachions pas trouver. Chose étrange ! L'homme vit sur la terre pendant de nombreuses années sans remarquer à quel moment il éprouve le plus de satisfaction. S'il s'en apercevait, il verrait clairement en quoi consiste son vrai bonheur ; il saurait qu'il ne se sent à son aise que lorsqu'il a l'amour dans l'âme. C'est que nous ne méditons pas assez pour nous en apercevoir. Nous avons perverti notre raison et ne cherchons plus à connaître ce qui seul nous est nécessaire.

Si nous nous étions arrêtés un seul instant au milieu du tourbillon de la vie qui nous emporte, si nous étions rentrés en nous-mêmes, nous aurions compris où est notre bonheur.

Notre corps est faible, impur, mortel ; mais il recèle

un trésor divin : l'esprit immortel. Il nous suffirait d'avoir conscience de cet esprit intérieur pour nous mettre à aimer les hommes, et, en les aimant, nous aurons tout ce que notre cœur désire : le bonheur.

Skovoroda.

6

Nous n'obtenons le bonheur corporel, tous les plaisirs, qu'au détriment des autres hommes. Par contre, nous n'augmentons le bien spirituel, le bien de l'amour qu'en augmentant le bonheur d'autrui.

7

Tous nos perfectionnements de la vie matérielle : les chemins de fer, le télégraphe, les machines peuvent servir à l'union des hommes et à les rapprocher du royaume de Dieu. Mais le malheur est que les hommes se passionnent pour ces perfectionnements et s'imaginent que s'ils construisent beaucoup de ces engins, ils peuvent se rapprocher de Dieu. C'est une aussi grosse erreur que si l'homme avait toujours travaillé le même terrain sans songer à y semer quelque chose. Pour que toutes ces machines soient utiles, il faut que les hommes perfectionnent leur âme, y cultivent l'amour. Car sans amour, le téléphone, le télégraphe, les machines volantes, loin de nous rapprocher, nous divisent de plus en plus.

8

L'homme est misérable et ridicule lorsqu'il cherche ce qu'il a sur le dos. Il est tout aussi misérable et ridicule lorsqu'il cherche le bonheur, sans savoir qu'il le trouvera dans l'amour qui est dans son cœur.

Ne regardez pas le monde et les œuvres des hommes, mais jetez un regard dans votre âme, et vous y trouverez le bonheur que vous cherchez là où il n'est pas ; vous trouverez l'amour et vous saurez que ce bonheur est si grand que celui qui l'a, ne peut plus rien désirer.

Krichna.

9

Fais du bien à tes amis pour qu'ils t'aiment davantage, fais-en à tes ennemis pour qu'ils deviennent tes amis.

Kleovoulos (1).

10

On dit : quel profit y a-t-il à faire du bien aux gens qui vous paient par le mal ? Si tu aimes celui à qui tu fais le bien, tu as déjà reçu ta récompense par ton amour pour lui, et tu en auras une plus grande encore dans ton âme si tu supportes avec amour le mal qu'il te fait.

11

Quand nous aimons nos frères nous savons que nous sommes passés de la mort à la vie. Celui qui hait son frère n'a pas la vie éternelle qui est en lui.

D'après le 1ᵉʳ épitre de Jean, iii.

12

Oui, le temps viendra bientôt, celui-là même dont le Christ disait qu'il souffrait en l'attendant, le temps où les hommes seront fiers, non pas de la domination sur les autres et de la spoliation du fruit de leur travail, non pas de la crainte et de l'envie qu'ils provoquent, mais fiers de leur amour pour tous et heureux de cette sensation qui les libère de tout mal, malgré les peines qu'on peut leur causer.

13

L'amour donne et ne reçoit rien.

(1) L'un des sept sages de la Grèce ; il vivait au viᵉ siècle avant J.-C. (*Note du trad.*).

CHAPITRE VI

PÉCHÉS, TENTATIONS, SUPERSTITIONS

La vie humaine serait un bonheur continuel si les superstitions, les tentations et les péchés n'avaient pas privé les hommes de ce bien qui leur est accessible. Le péché est l'encouragement aux désirs charnels ; les tentations sont la conception erronée que l'homme a de ses relations avec le monde ; les superstitions sont les fausses doctrines acceptées sur parole.

I. — *La vraie vie n'est pas dans le corps, mais dans l'âme.*

1

Le terme de péché, dans le langage populaire, est employé par le laboureur lorsque la charrue lui échappe des mains, et qu'elle sort du sillon sans retourner la terre.

Il en est de même dans la vie. Le péché est la déviation du corps humain de la bonne voie et son impuissance, par suite, d'accomplir son devoir.

2

Dans leur jeunesse, lorsqu'ils ne connaissent pas le but réel de la vie qui est la communion dans l'amour, les hommes pensent que le but est de satisfaire leurs désirs charnels. Il n'y aurait pas grand mal, si cette illusion n'était qu'une erreur de la raison ; mais le malheur est que l'assouvissement des désirs charnels souille l'âme et que celle-ci perd la faculté de trouver son bonheur dans l'amour.

N'est-ce pas vouloir puiser de l'eau potable avec un récipient bien souillé préalablement ?

3

Tu voudrais procurer à ton corps les plus grands plaisirs. Mais ton corps, vivra-t-il longtemps ? Se soucier des plaisirs charnels, c'est construire sa maison sur de la glace. Quelle joie pourrait-on attendre d'une telle vie, quel repos ? Ne crains-tu pas constamment que, tôt ou tard, la glace fondra, que, tôt ou tard, tu devras abandonner ton corps mortel ?

Transporte donc ta maison sur la terre ferme ; travaille à ce qui ne meurt pas : perfectionne ton âme, débarrasse-toi des péchés, des tentations et des superstitions.

D'après Skovoroda.

4

L'enfant ne sent pas encore son âme et ne sent pas ce qu'éprouve l'adulte lorsqu'il entend deux voix contradictoires parler en lui. L'une dit : « mange toi-même » et l'autre : « donne à celui qui demande. » L'une dit: « venge-toi », et l'autre : « pardonne ». L'une dit : « crois à ce que disent les autres », et l'autre : « réfléchis toi-même ».

Plus l'homme devient âgé, plus il entend ces deux voix contradictoires : l'une est la voix du corps, l'autre celle de l'esprit. Et celui qui s'habituera à entendre la voix de l'âme, sera heureux.

5

Nul ne peut servir deux maîtres : car ou il haïra l'un et aimera l'autre, ou il s'attachera à l'un et méprisera l'autre. Vous ne pouvez servir Dieu et Mamon.

Matth, vi, 24.

6

On ne peut avoir soin en même temps de son âme et de son corps. Si tu veux des plaisirs charnels, renonce à ton âme ; si tu veux préserver ton âme, renonce aux plaisirs charnels. Sinon, tu sera tiraillé tantôt d'un côté, tantôt de l'autre, et tu n'auras ni l'un ni l'autre.

7

L'homme cherche à s'assurer la liberté afin de soustraire son corps à toute entrave et de pouvoir agir à sa guise. C'est là une grande erreur. Les moyens par lesquels les hommes cherchent à délier leur corps de toute entrave : la richesse, la puissance, la bonne réputation, tout cela n'assure pas la liberté souhaitée ; au contraire, cela ne fait que les lier davantage. Pour acquérir une liberté plus grande, les hommes construisent une prison de leurs péchés, tentations et superstitions et s'y enferment.

II. — *Qu'est-ce que le Péché ?*

1

La doctrine des Bouddhistes enseigne cinq commandements principaux. Le premier : ne tue sciemment nul être vivant. Le deuxième : ne t'appoprie pas ce qu'autrui considère comme son bien. Le troisième : sois chaste. Le quatrième : ne dis pas le contraire de la vérité. Le cinquième : ne te grise ni de boissons, ni de fumée. Les Bouddhistes considèrent donc comme péchés : le meurtre, le vol, la fornication, l'ivrognerie, le mensonge.

2

La doctrine évangélique ne recommande que deux préceptes, tous deux ayant trait à l'amour. Lorsque l'homme de loi, pour éprouver le Christ, lui demanda : — Maître quel est le grand commandement de la loi ? Jésus répondit : — Tu aimeras le Seigneur, ton Dieu, de tout ton cœur, de toute ton âme et de toute ta pensée. C'est là le premier et le grand commandement. Et voici le second qui lui est semblable : Tu aimeras ton prochain comme toi-même.

C'est pourquoi, d'après la doctrine chrétienne, tout ce qui est en désaccord avec ces deux commandements, est péché.

3

Les hommes ne sont pas punis à cause de leurs péchés, mais par les péchés mêmes. C'est là le plus pénible et le plus sûr des châtiments.

Il arrive qu'un imposteur ou un méchant vit et meurt dans l'opulence et les honneurs ; mais ceci ne signifie nullement qu'il a échappé au châtiment dû pour ses péchés. Et le châtiment ne se produira pas quelque part où personne n'a jamais été et n'ira jamais, mais ici même. Cet homme est déjà puni par ce fait que chaque nouveau péché l'éloigne de plus en plus du vrai bonheur, de l'amour, et qu'il devient de moins en moins heureux. De même qu'un ivrogne, qu'il soit puni par les hommes ou non, l'est déjà à coup sûr, parce que, indépendamment de son mal de tête immédiat dû à l'ivresse, il est puni par les souffrances qui le tenaillent à mesure qu'il s'adonne à l'ivrognerie.

4

Si l'on s'imagine que l'on peut se débarrasser de ses péchés dans cette vie, on se trompe grossièrement. L'homme peut avoir plus ou moins de péchés, mais il ne saurait être impeccable. Il ne le saurait, parce que toute notre vie se passe dans l'effort de nous libérer de nos péchés et c'est là seulement qu'est le vrai bonheur.

III. — *Les Tentations et les Superstitions.*

1

Le but de l'homme dans cette vie est d'accomplir la volonté de Dieu. Celle-ci commande à l'homme de développer et de manifester l'amour qui est en lui. Que peut faire l'homme pour manifester cet amour ? Supprimer tout ce qui l'entrave. Qu'est-ce qui l'entrave ? Les péchés.

De sorte que pour accomplir la volonté divine, l'homme n'a qu'une chose à faire : se libérer de ses péchés.

2

Pécher est l'œuvre humaine ; justifier les péchés est œuvre diabolique.

3

Tant que l'homme est sans raison, il vit comme une bête et il n'est pas responsable de la suite de ses actes, bons ou mauvais. Mais le moment arrive où il devient capable de réflexion et peut distinguer entre ce qu'il doit et ce qu'il ne doit pas faire. Or, au lieu de comprendre que la raison lui est donnée pour discerner le bien et le mal, il l'emploie souvent à justifier le mal qui lui est agréable et auquel il est habitué.

C'est ce qui engendre les tentations et les superstitions dont le monde souffre le plus.

4

C'est mal quand l'homme se croit sans péchés et n'a pas besoin de faire d'efforts sur lui-même. Mais c'est tout aussi mal quand l'homme s'imagine être né dans les péchés, être condamné à mourir comblé de péchés et qu'il ne servirait à rien de faire des efforts pour s'en débarrasser. Les deux erreurs sont également funestes.

5

C'est mal quand l'homme qui vit parmi les pécheurs ne voit ni ses propres péchés, ni ceux des autres ; mais c'est plus mal encore quand l'homme voit les péchés des autres et ne remarque pas les siens.

6

Dans chaque existence, il arrive un moment où le corps vieillit, s'affaiblit, devient de moins en moins exigeant, tandis que le « moi » spirituel grandit de plus en plus. Alors, ceux qui sont habitués à satisfaire leurs désirs corporels imaginent, afin de ne pas renoncer à leurs habitudes, des séductions et des superstitions qui leur permettent de vivre en pécheurs. Mais ils ont beau faire de garantir leur corps contre le « moi » spirituel, ce « moi » vainc toujours, ne serait-ce que dans les derniers moments de la vie.

7

D'abord, le péché est un étranger dans notre âme ; puis, il en est l'hôte ; et lorsque nous nous habituons à lui, il y devient comme le maître de la maison.

8

Celui qui commet un péché pour la première fois ressent toujours sa faute ; celui qui pèche à plusieurs reprises, — surtout lorsque les gens qui l'entourent commettent le même péché, — tombe dans la tentation et ne sent plus son péché.

9

Lorsqu'un homme a commis un péché et s'en rend compte, il a deux issues : l'une de reconnaître sa faute, et de s'efforcer à ne plus recommencer ; l'autre est de chercher à savoir ce que les gens pensent du péché qu'il a commis, et si ces gens ne le blâment pas, de continuer à pécher.

« Tous le font, pourquoi donc ne ferai-je pas comme tout le monde ? » Lorsque l'homme s'engage sur cette pente, il ne s'aperçoit plus qu'il s'éloigne chaque jour davantage de la bonne voie.

10

« Les tentations doivent exister sur la terre », a dit le Christ. Je crois que le sens de cette sentence est que la connaissance de la vérité ne suffit pas pour détourner les hommes du mal et pour les attirer vers le bien.

Pour que la plupart des hommes puisse connaître la vérité, il est indispensable d'être amené, par les péchés, les tentations et les superstitions, au dernier degré de l'erreur et à la souffrance qui s'ensuit.

11

Les péchés viennent du corps ; les tentations, de l'opinion publique ; les superstitions, du manque de confiance en son propre jugement.

IV. — *L'œuvre essentielle de la vie de l'homme est de se débarrasser des péchés, des tentations, et des superstitions.*

1

L'homme se réjouit lorsque son corps sort de la captivité, de la prison. Comment donc ne serait-il pas heureux lorsqu'il se débarrasse des péchés, des tentations et des superstitions qui tenaient son âme en captivité ?

2

Admettons que les hommes ne sachent vivre que de la vie bestiale, qu'ils ne luttent pas contre leurs passions — quelle vie horrible ce serait, quelle haine il y aurait entre tous les hommes, quelle débauche, quelle cruauté ! C'est parce que les hommes connaissent leurs faiblesses et leurs passions et luttent contre elles, qu'ils peuvent vivre ensemble.

3

La vie de l'homme, qu'il le veuille ou non, tend à le débarrasser de plus en plus de ses péchés. Celui qui le comprend, y contribue de ses efforts, et la vie d'un tel homme est facile, parce qu'elle est en accord avec ce qui se produit en lui.

4

Les enfants ne sont pas encore habitués aux péchés et tout péché leur répugne. Les adultes sont déjà tombés dans la tentation et ils pèchent sans s'en rendre compte.

5

Deux femmes vinrent trouver un vieillard pour lui demander conseil. L'une se considérait comme une grande pécheresse. Etant jeune encore, elle avait trompé son mari et vivait dans un tourment continuel. L'autre, ayant toujours vécu selon les bonnes règles, ne se reprochait aucune faute marquante et était satisfaite d'elle-même.

Le vieillard interrogea les deux femmes sur leur vie. L'une, tout en larmes, lui avoua son grand péché. Elle le trouvait si grand qu'elle ne croyait pas mériter le pardon ; l'autre déclara qu'elle ne reconnaissait aucun péché particulier. Le vieillard dit à la première :

— Va derrière le clos et trouve-moi une grande pierre, la plus grande que tu pourras soulever, et apporte-la.
— Et toi, dit-il à celle qui ne se connaissait pas de grands péchés, apporte-moi aussi des pierres, autant que tu pourras en porter, mais des petites.

Les femmes exécutèrent l'ordre du vieillard. L'une apporta un grand bloc, l'autre, tout un sac de cailloux.

Le vieillard examina les pierres et dit :

— Voici ce que vous allez faire maintenant : rapportez les pierres là où vous les avez prises, et lorsque vous l'aurez fait, revenez me trouver.

Les femmes s'en furent exécuter l'ordre du vieillard. La première trouva facilement l'endroit où elle avait pris la pierre et la remit à sa place. La seconde, n'arrivant pas à se rappeler les places où se trouvaient chacune de ses pierres, revint avec son sac vers le vieillard, sans avoir exécuté son ordre.

— Il en est de même pour les péchés, dit le vieillard. Tu as pu remettre, sans difficulté, une grande et lourde pierre à son ancienne place, parce que tu te souvenais où tu l'avais prise. Quant à toi, tu n'as pu le faire, parce que tu ne te souvenais plus où tu avais pris les petites pierres.

Puis, se tournant de nouveau vers la première, il ajouta :

— Tu te souvenais de ta faute, tu supportais les reproches des gens et ceux de ta conscience, tu t'humiliais, et tu t'es libérée ainsi des conséquences de ton péché. Quant à toi, dit-il à la femme qui avait rapporté les cailloux, n'ayant commis que des petites fautes, tu ne t'en souvenais plus, tu ne t'en repentais pas, tu t'es habituée à vivre dans les péchés et, en blâmant les fautes d'autrui, tu t'es enlizée de plus en plus dans les tiennes.

6

C'est une grande erreur que de croire à la possibilité de se débarrasser d'un péché par la foi ou le pardon des hommes. On ne peut en aucune façon se libérer d'un péché ; on peut seulement le reconnaître et tâcher de ne plus le répéter.

7

Ne sois jamais lâche devant le péché, ne te dis pas : je ne peux pas faire autrement, je suis habitué, je suis faible. Tant que tu vis, tu peux toujours lutter contre le péché et le vaincre, sinon aujourd'hui, demain ; sinon demain, après-demain ; sinon après demain, sûrement avant ta mort. Mais si tu renonces d'avance à la lutte, tu renonces au sens fondamental de la vie.

8

L'être chez qui est absente la conscience de son unité avec Dieu et avec tout ce qui vit est sans péchés. Tels sont l'animal, la plante.

Au contraire, l'homme reconnaît la présence simultanée en lui de la bête et de Dieu ; c'est pourquoi il ne saurait être sans péchés. Nous disons que les enfants sont innocents. Ce n'est pas exact. L'enfant n'est pas innocent. Il a moins de péchés que l'adulte, mais il a déjà des péchés charnels. De même un homme de sainte vie n'est pas sans péchés. Un saint a commis moins de péchés, mais il en a commis quand même : sans péchés il n'y a pas de vie.

9

Pour s'habituer à lutter contre le péché, il est utile de cesser, de temps en temps, ses occupations habituelles, afin de voir si l'on est maître de son corps, ou si c'est le corps qui est le maître.

V. — *L'importance des péchés, des tentations, des superstitions, et des fausses doctrines dans la manifestation de la vie spirituelle.*

1

Ceux qui croient que Dieu a créé le monde demandent souvent : pourquoi Dieu a-t-il créé l'homme tel qu'il soit obligé de pécher ? Cela revient à demander pourquoi Dieu a créé la femme qui, pour avoir un enfant, doit souffrir, accoucher, l'allaiter, l'élever ? Ne serait-ce pas plus simple si Dieu lui donnait des enfants tout faits, sans accouchement, sans allaitement, sans peines ni soucis ? Aucune mère ne posera cette question, car l'enfant lui est cher précisément par ce que c'est dans les tourments de l'accouchement, de l'allaitement, de l'éducation, des soucis qu'était la plus grande joie de sa vie.

Il en est de même de la vie humaine : les péchés, les tentations, les superstitions, la lutte et la victoire obtenue sur eux constituent tout le sens et toute la joie de la vie.

2

Il est très pénible à l'homme de connaître ses péchés ; en revanche, il éprouve une grande joie à sentir qu'il s'en débarrasse. S'il n'y avait pas de nuit, nous ne pourrions pas nous réjouir à l'apparition du soleil ; s'il n'y avait pas de péché, l'homme ne connaîtrait pas les joies d'une vie exemplaire.

3

Si l'homme n'avait pas d'âme, il ne connaîtrait pas les péchés ; et s'il n'y avait pas de péchés, l'homme ne saurait pas qu'il possède une âme.

4

Les péchés, les tentations et les superstitions constituent le terreau qui doit recouvrir les semences de l'amour pour qu'elles puissent lever.

CHAPITRE VII

DES EXCÈS

Le seul et unique bonheur de l'homme est dans l'amour. Mais il est privé de ce bien, lorsqu'au lieu de développer en lui l'amour, il augmente et encourage les exigences de son corps.

I. — *Tout le superflu dont jouit le corps est nuisible, tant au corps qu'à l'âme.*

1

Il ne faut satisfaire les besoins du corps que dans les limites du nécessaire. Imaginer de nouveaux plaisirs pour le corps, c'est vivre à rebours, c'est-à-dire mettre l'âme au service du corps, au lieu du corps au service de l'âme.

2

Moins on a de besoins, plus la vie est heureuse ; c'est là une ancienne vérité qui est loin d'être acceptée par tout le monde.

3

Plus tu t'habitues au luxe, plus tu te soumets à la servitude ; car plus tu auras de besoins, plus tu limiteras ta liberté. La liberté absolue consiste à n'avoir besoin de rien, et celle plus limitée est de n'avoir besoin que de peu.

Jean Chrysostome.

4.

On pèche envers les hommes et l'on pèche envers soi-même. Les péchés envers les hommes viennent de ce qu'on ne respecte pas l'Esprit Divin chez son semblable. Les péchés envers soi-même, de ce qu'on ne respecte pas l'Esprit Divin en soi-même.

5

Si tu veux vivre tranquille et libre, déshabitue-toi de ce dont tu peux te passer.

6

Tout ce qui est nécessaire au corps est facile à obtenir. Il n'est difficile de se procurer que ce qui n'est pas nécessaire.

7

C'est bon d'avoir ce qu'on désire ; mais c'est mieux de ne rien désirer de plus de ce qu'on a.

Menedem.

8

Si tu te portes bien et que tu as travaillé jusqu'à sentir la fatigue, l'eau et le pain te paraîtront meilleurs qu'au riche ses mets choisis, ta paillasse plus moelleuse que tous les lits à ressorts, et ta blouse de travail te sera plus agréable que tous les vêtements de velours.

9

Socrate s'abstenait de toute nourriture qui flattait seulement le goût, ne mangeait que juste pour satisfaire sa faim, et recommandait à ses élèves de suivre son exemple. Il disait que les excès de boisson et de nourriture étaient très nuisibles non seulement au corps, mais aussi à l'âme, et il conseillait de sortir de table ayant encore faim. Il leur rappelait l'histoire du sage Ulysse et de la fée Circé qui n'a pu ensorceler Ulysse uniquement parce qu'il n'avait pas mangé à l'excès, alors que tous ses compagnons furent métamorphosés par elle en pourceaux dès qu'ils se sont empiffrés de mets délicats.

10

La plupart des hommes d'aujourd'hui sont persuadés que le bonheur est de flatter les exigences corporelles. Cet état d'esprit est révélé par l'extension de la doctrine socialiste. D'après cette doctrine, l'homme dont les besoins sont peu développés est une brute, tandis que l'accroissement des besoins est le premier indice de l'homme civilisé, indice de la conscience de sa dignité. Les hommes de notre temps ont à tel point foi en cette fausse doctrine qu'ils ne font que railler les sages qui voyaient le bien de l'homme dans la diminution de ses besoins.

11

Voyez comment voudrait vivre l'esclave. Il veut, tout d'abord, qu'on le mette en liberté. Il pense que, sans cela, il ne peut être ni libre, ni heureux. Il dit : « Si on m'avait donné la liberté, j'aurais été immédiatement heureux. Je ne serais plus obligé d'exécuter les caprices, ni de gagner les bonnes grâces de mon maître ; je pourrais parler à qui me plaira, comme à mon égal ; je pourrais aller où je voudrais sans en demander la permission à personne. »

Mais aussitôt qu'il est en liberté, il se met à chercher

qui il pourrait bien flatter pour mieux dîner. Pour y parvenir, il est prêt à toutes les bassesses. Et dès qu'il réussit à s'installer auprès d'un homme riche, il retombe dans le même esclavage que celui d'où il voulait tant sortir.

Lorsqu'un tel homme commence à s'enrichir, il prend une maîtresse et retombe auprès d'elle dans une servitude pire encore. Riche, il possède moins de liberté encore, et alors il souffre et pleure. Et lorsqu'il est très malheureux, il se rappelle sa servitude d'autrefois et dit : « Je n'étais vraiment pas mal chez mon maître. Je n'avais aucun souci, j'étais vêtu, chaussé, nourri, et lorsque j'étais malade on me soignait. Le travail n'était pas trop difficile. Tandis que maintenant, j'ai tant à faire. Je n'avais alors qu'un seul maître ; maintenant, j'en ai un grand nombre. Que de gens à satisfaire ! »

Épicthète.

II. — *L'Insatiabilité des passions charnelles.*

1

Pour entretenir la vie, notre corps a besoin de peu ; tandis que les caprices de notre corps ne peuvent jamais être contentés.

2

Flatter le corps, lui assurer le superflu, est une grande erreur. En effet, la vie de luxe n'augmente pas, mais diminue le plaisir de manger, de se reposer, de dormir, de s'habiller, de se loger. Si l'on mange trop, ou sans avoir faim, l'estomac se délabre et on n'a pas de goût à la nourriture. Si l'on roule en voiture quand il est facile de faire le même trajet à pied, si l'on s'habitue à un lit moelleux, à une nourriture délicate et recherchée, à une installation luxueuse, si l'on est habitué à faire faire aux autres ce que l'on peut faire soi-même, on n'a plus de plaisir à se reposer après le travail, à avoir chaud après le froid, à bien dormir, et l'on ne fait que s'affaiblir de plus en plus et diminuer ses joies, sa paix et sa liberté.

5

Les hommes devraient prendre exemple sur les bêtes pour savoir traiter leur corps. Dès que l'animal a ce qui est nécessaire à son corps, il se calme. Pour l'homme, il ne suffit pas de contenter sa faim, de pouvoir s'abriter ; il invente continuellement de nouveaux plats et de nouvelles boissons, construit des palais, fabrique une grande quantité d'objets inutiles qui ne le rendent que plus malheureux.

III. — *Péché d'intempérance dans la nourriture.*

1

Un sage disait : Je remercie Dieu de nous avoir rendu facile tout ce qui est nécessaire, et difficile tout ce qui ne l'est pas. C'est juste surtout pour la nourriture ; celle qui est nécessaire à l'homme pour qu'il se porte bien et puisse travailler est simple et bon marché : le pain, les fruits, les légumes, l'eau. On en trouve partout.

Seuls les plats compliqués sont difficiles à préparer. Non seulement ils sont difficiles à préparer, mais encore ils sont nuisibles.

2

On meurt plus rarement de faim que de la bonne chair.

3

Il faut manger pour vivre, et non pas vivre pour manger.

4

Sans la gourmandise, nul oiseau ne serait pris dans les filets de l'oiseleur. On prend les gens au même appât. Le ventre — c'est comme des chaînes aux mains et des fers aux pieds. Celui qui est esclave de son ventre reste toujours esclave. Si tu veux être libre, commence à te libérer de ton ventre. Mange pour calmer ta faim, et non pour y trouver du plaisir.

D'après Saadi.

IV. — *Le péché de manger de la viande.*

1

Pythagore ne mangeait pas de viande. Lorsqu'on demandait à Plutarque, qui avait décrit la vie de Pythagore, pourquoi celui-ci ne mangeait pas de viande, il répondait qu'il s'étonnait non pas de ce que Pythagore ne mangeait pas de viande, mais de ce qu'il y avait encore des gens qui, au lieu de se nourrir de graines, de légumes et de fruits, captivent des êtres vivants et les tuent pour les manger.

2

« Tu ne tueras point » ne se rapporte pas uniquement au meurtre de l'homme, mais de tout ce qui vit. Ce commandement avait été gravé dans le cœur de l'homme avant de l'être au Sinaï.

3

La compassion pour les animaux est si étroitement liée

à la bonté que l'on peut affirmer avec assurance que celui qui est cruel pour les bêtes, ne peut avoir bon cœur.

Schopenhauer.

4

Ne lève pas ta main sur ton frère et ne verse pas le sang des êtres qui peuplent la terre : hommes, animaux domestiques, bêtes fauves et oiseaux ; des profondeurs de ton âme s'élève une voix qui te défend de répandre le sang, car le sang c'est la vie, et tu ne peux pas rendre la vie.

Lamartine.

5

Les joies que la pitié et la compassion pour les animaux donnent à l'homme rachètent au centuple les plaisirs dont il se prive en renonçant à la chasse et à la chair abattue.

V. — *Péché de la griserie : vin, tabac, opium, etc.*

1

Pour pouvoir bien vivre, les hommes ont surtout besoin de leur raison. Ils devraient donc tenir tout particulièrement à leur saine raison. Pourtant, ils trouvent du plaisir à l'étouffer par le vin, le tabac et l'opium, et c'est parce qu'ils désirent mener une mauvaise vie et que leur raison non obscurcie leur montre que leur vie est mauvaise.

2

Pourquoi les hommes, ayant des habitudes différentes, gardent-ils l'habitude de fumer et de boire ? Parce que la plupart parmi eux sont mécontents de leur vie. Ils en sont mécontents parce qu'ils recherchent les plaisirs charnels sans jamais pouvoir les satisfaire. C'est pourquoi les pauvres comme les riches cherchent l'oubli dans l'ivresse.

3

Si l'homme mange trop, il lui est difficile de ne pas être paresseux. S'il boit des boissons grisantes, il lui est difficile de rester chaste.

4

Personne ne s'est jamais enivré ni grisé de fumée pour accomplir une bonne action : travailler, prendre une décision, soigner un malade, prier Dieu. Mais la plupart des mauvaises actions sont faites dans un état d'ébriété.

Ce n'est pas un crime de se griser ; mais c'est créer l'état qui dispose au crime.

VI. — *Servir le corps, c'est nuire à l'âme.*

1

Si un homme a beaucoup plus qu'il ne lui faut, c'est que d'autres manquent du nécessaire.

2

Qui est plus heureux : celui qui se nourrit par son travail juste assez pour ne pas avoir faim, s'habille pour ne pas rester nu, se loge pour ne pas souffrir de la pluie et du froid ; ou bien celui qui se procure une bonne nourriture, des vêtements riches et une habitation luxueuse par la mendicité, la servilité, ou par l'escroquerie et la force ?

3

Si nous n'avions pas inventé le luxe, tous ceux qui sont maintenant dans la misère pourraient vivre sans manquer de rien, et les riches sans craindre pour leur vie ou leurs richesses.

4

De même que le premier principe de la sagesse est la connaissance de soi-même, parce que celui qui se connaît peut connaître les autres, de même le premier principe de la charité est de se contenter de peu, car seul celui qui se contente de peu, peut être charitable.

J. Ruskin.

5

Les grands penseurs et les saints étaient sobres et chastes.

6

De même que la fumée chasse les abeilles de leur ruche, la voracité et l'ivrognerie chassent les meilleures forces spirituelles.

Basile le Grand.

7

Ne tuez pas votre cœur par des excès de nourriture et de boisson.

Mahomet.

VII. — *Seul celui qui est maître de ses désirs charnels est libre.*

1

Lorsque l'homme vit, non pour l'âme mais pour le corps, il imite un oiseau qui irait d'un endroit à l'autre sur ses faibles pattes, au lieu de voler en toute liberté sur ses ailes.

2

Vous dites que la bonne chair, les vêtements riches et le luxe sont le bonheur. Moi, je crois que la plus grande félicité est de ne rien désirer, et, afin de se rapprocher de ce bonheur suprême, il faut s'habituer à avoir besoin de peu.

Socrate.

3

Personne ne s'est jamais repenti d'avoir vécu trop simplement.

4

Ce qui arrive à l'estomac lorsqu'on le bourre jusqu'à l'indigestion, arrive quand il y a excès dans les distractions. Plus les hommes s'évertuent d'augmenter le plaisir de manger, en inventant des plats raffinés, plus l'estomac s'affaiblit et plus le plaisir d'absorber la nourriture diminue. Plus les gens s'efforcent à augmenter le plaisir des distractions par des jeux compliqués, plus leur faculté de goûter ce plaisir s'affaiblit.

CHAPITRE VIII

DE LA LUBRICITÉ

Le principe divin demeure dans tous les êtres humains, femmes et hommes. C'est donc un grand péché que de considérer les porteurs de ce principe comme un moyen de plaisir sensuel.

Pour l'homme, chaque femme doit être, avant tout, une sœur, et l'homme pour la femme, un frère.

I. — *On doit tendre à la complète chasteté.*

1

Il est bon de vivre honnêtement marié, mais il vaut mieux encore de ne jamais se marier. Peu de gens en sont capables. Mais celui qui le peut est heureux.

2

Les gens qui se marient lorsqu'ils peuvent s'en passer, agissent comme celui qui tombe sans avoir trébuché. Si l'on trébuche et que l'on tombe, il n'y a rien à y faire, mais si l'on n'a pas trébuché, pourquoi tomber exprès? Si tu peux vivre chaste, sans pécher, il est préférable de ne pas te marier.

3

C'est une erreur de croire que la chasteté est contraire à la nature humaine. La chasteté est possible et donne bien plus de bonheur qu'un mariage, même heureux.

4

Les excès de nourriture sont funestes à une vie honnête ; mais les excès sexuels le sont plus encore. C'est pourquoi moins l'homme s'adonne aux uns et aux autres, mieux cela vaut pour sa vie spirituelle. La différence entre les uns et les autres est toutefois très sensible. En renonçant entièrement à la nourriture, l'homme ne peut prolonger sa vie, alors qu'en renonçant au besoin sexuel, il ne supprime ni sa vie, ni la vie de son espèce qui ne dépend pas de lui seul.

5

« Celui qui n'est pas marié, s'occupe des choses du Seigneur pour plaire au Seigneur. Mais celui qui est marié s'occupe des choses du monde pour plaire à sa femme. Il y a cette différence entre la femme mariée et la vierge, que celle qui n'est pas mariée s'occupe des choses du Seigneur pour être sainte de corps et d'esprit, tandis que celle qui est mariée s'occupe des choses du monde pour plaire à son mari.

I Cor., 7, 33.

6

Si les gens se marient avec la conviction qu'ils servent ainsi Dieu et les hommes en prolongeant l'espèce humaine, ils s'abusent. Au lieu de se marier pour augmenter le nombre des enfants, ils feraient bien mieux de concourir au sauvetage de millions de petits êtres qui périssent de misère et manquent de soins.

7

Bien que très peu d'hommes puissent atteindre à une chasteté absolue, chacun doit comprendre et se rappeler qu'il peut toujours être plus chaste qu'il ne l'a été, et que plus l'homme se rapproche de la chasteté absolue, plus il sera heureux lui-même et pourra concourir au bonheur des autres.

8

On dit que si tous étaient chastes, le genre humain s'éteindrait. Or, suivant l'Eglise, la fin du monde doit arriver ; de même suivant la science, la vie humaine et notre planète même doivent avoir une fin.

Pourquoi dès lors nous révolter à l'idée qu'une vie morale amènerait également le genre humain à sa fin ?

En réalité, l'extinction ou la prolongation du genre humain ne doit pas nous préoccuper. Chacun de nous ne doit avoir qu'un souci : vivre honnêtement, ce qui, pour le désir sexuel, veut dire s'efforcer d'être aussi chaste que possible.

9

Un savant a calculé que si l'humanité continue à se doubler tous les 50 ans, suivant la progression actuelle, dans 7.000 ans un couple aura produit tant d'hommes qu'en les entassant l'un contre l'autre sur toute l'étendue du globe, une 27e partie seulement de tous les hommes pourrait s'y placer.

Pour éviter cette alternative, il n'y a qu'un moyen, celui indiqué par tous les sages de la terre et qui s'accorde avec les aspirations de l'âme humaine : la chasteté ; il faut tendre à la plus grande chasteté réalisable.

10

« Vous avez entendu qu'il a été dit aux anciens (dit le Christ en citant les paroles de la loi de Moïse) : tu ne commettras point d'adultère. Mais moi, je vous dis, que quiconque regarde une femme pour la convoiter, a déjà commis un adultère avec elle dans son cœur. » (Matth., v, 27-28).

Ces paroles ne peuvent signifier autre chose que la possibilité pour l'homme d'aspirer à la chasteté absolue.

« Comment la réaliser ? objectera-t-on. Si les hommes deviennent entièrement chastes, le genre humain disparaîtra. » Mais en parlant ainsi, on oublie qu'indiquer la perfection à laquelle l'homme doit tendre, ce n'est point exiger la perfection absolue. Il n'est pas donné à l'homme d'atteindre la perfection en aucune chose. La destinée de l'homme est dans la marche vers la perfection.

II. — *Le péché de luxure.*

1

Un homme non dépravé éprouve toujours du dégoût et de la honte à parler des rapports sexuels et à y penser. Garde ce sentiment. Ce n'est pas sans raison que ce sentiment est propre à l'homme. Il l'aide à se contenir de l'impudicité et à rester chaste.

2

On désigne par le même mot l'amour spirituel, — pour

Dieu et son prochain, — et l'amour charnel de l'homme pour la femme et de la femme pour l'homme.

C'est une grande erreur. Il n'y a rien de commun entre ces sentiments. Le premier, — l'amour spirituel pour Dieu et son prochain — est la voix de Dieu ; le second — l'amour entre homme et femme — est la voix de la bête.

3

La loi de Dieu consiste à aimer Dieu et son prochain, c'est-à-dire, tous les hommes sans distinction. Dans l'amour sexuel, l'homme aime une femme plus que tous et la femme n'aime qu'un seul homme. Il s'ensuit le plus souvent que l'amour sexuel empêche l'homme d'observer la loi divine.

III. — *Malheurs provoqués par la licence sexuelle.*

1

Tant que tu n'as pas exterminé dans sa racine le désir sexuel que tu éprouves pour une femme, ton esprit sera lié aux choses de la terre, comme le veau-têtard est lié à sa mère.

Les gens pris de désir s'agitent comme un lièvre pris dans un piège. Dès qu'ils sont pris dans les filets de la passion charnelle, ils restent longtemps sans pouvoir se débarrasser des souffrances.

Sagesse bouddhiste.

2

Le papillon de nuit vole vers la lumière parce qu'il ne sait pas qu'il se brûlera les ailes ; le poisson avale l'amorce parce qu'il ne sait pas que cela le fera périr. Mais nous savons que le désir sexuel nous engluera, nous fera sûrement périr ; malgré cela, nous nous y abandonnons.

3

De même que les feux follets des marécages conduisent les hommes aux fondrières, puis disparaissent ; les plaisirs sexuels illusionnent l'homme.

Il s'égare, empoisonne son existence et, lorsqu'il se dégrise, il n'aperçoit même plus le mirage auquel il avait sacrifié une partie de sa vie.

D'après SCHOPENHAUER.

IV. — Attitude criminelle des conducteurs d'âmes dans la question sexuelle.

1

Pour bien comprendre toute l'immoralité, tout esprit anti-chrétien de la vie des peuples chrétiens, il suffit de se rappeler que la situation des femmes qui vivent du vice est reconnue et réglementée dans tous les pays.

2

Les gens riches se sont fait une conviction partagée par la fausse science, suivant laquelle les rapports sexuels seraient indispensables ; seulement, le mariage n'étant pas toujours possible, les rapports sexuels n'engageraient à rien, sauf à les payer, et seraient absolument naturels. Cette conviction est devenue tellement générale et inébranlable que les parents, sur les conseils d'un médecin, organisent la débauche pour leurs enfants, et les institutions dont le seul but est de s'occuper du bien-être des citoyens, autorisent l'existence d'une classe de femmes qui doivent périr moralement et physiquement, pour satisfaire à la dépravation de l'homme.

3

Parler de l'utilité ou de la nocivité des rapports sexuels, reviendrait à demander s'il est utile ou nuisible de boire le sang d'autrui.

V. — *Lutte contre le péché sexuel.*

1

L'homme, comme l'animal, est obligé de lutter contre les autres êtres et se reproduire pour assurer l'existence de son espèce. Mais, créature douée de raison et d'amour, l'homme ne doit pas lutter contre les autres êtres et ne doit pas penser à se reproduire ; il doit rester chaste. De la combinaison de ces deux aspirations contraires résulte la vie humaine telle qu'elle doit l'être.

2

La lutte contre le désir sexuel est la lutte la plus difficile, et il n'y a pas de situation ni d'âge, excepté l'enfance et la profonde vieillesse, où l'homme en est libéré. C'est pourquoi tout adulte, homme ou femme, doit surveiller l'ennemi qui n'attend qu'une occasion propice pour attaquer.

3

De même que nous devons prendre sur les animaux l'exemple de tempérance dans la nourriture : ne manger que lorsqu'on a faim et sans en abuser, nous devons les imiter dans nos rapports sexuels : s'abstenir comme eux jusqu'à l'âge de puberté, ne s'y adonner que lorsqu'on y est irrésistiblement attiré et s'abstenir encore dès que la conception se manifeste.

VI. — *Le Mariage*.

1

Il est bon à l'homme de ne point toucher la femme. Mais, pour ne pas commettre d'adultère, que chacun ait sa femme et que chaque femme ait son mari.

I Cor., VII, 1-2.

2

La doctrine chrétienne ne donne pas les mêmes règles pour tout et pour tous ; elle ne fait qu'indiquer la perfection vers laquelle il faut tendre. Il en est ainsi pour la question sexuelle : la perfection, c'est la chasteté absolue. Tout effort vers la chasteté absolue constitue une observation plus ou moins grande de la doctrine.

3

Pour toucher une cible, il faut viser plus loin. De même pour que le mariage soit indissoluble et les deux époux fidèles l'un à l'autre, il faut que tous deux tendent à la chasteté.

4

Si l'homme cherche le plaisir dans les rapports sexuels, même entre époux, ainsi que cela arrive parmi nous, il tombera sûrement dans le vice.

5

La cohabitation entre homme et femme ayant des enfants pour résultat est le mariage réel ; toutes les cérémonies extérieures ne font pas le mariage, mais ne s'emploient que pour reconnaître comme mariage une seule union entre beaucoup d'autres.

6

La véritable doctrine chrétienne ne contient aucune allusion à l'institution du mariage. Aussi, les chrétiens de notre temps qui s'en aperçoivent, mais ne voient pas l'idéal du Christ (qui est la chasteté absolue) parce qu'il leur est voilé par l'Eglise, demeurent, quant au mariage, sans aucune règle de conduite. C'est à cela que tient le fait, étrange au premier abord, que chez les peuples professant des doctrines bien moins élevées que le christianisme, mais possédant une définition exacte du mariage, l'esprit de famille, la fidélité conjugale sont bien plus développés que chez les soi-disant chrétiens.

Les peuples qui professent des doctrines inférieures au christianisme admettent le concubinage, la polygamie et la polyandrie dans certaines limites, mais ils évitent en revanche la dépravation qui se révèle par le concubinage, la polygamie et la polyandrie qui règnent parmi les chrétiens et sont masqués par la monogamie apparente.

7

Pour que le mariage soit un acte sage et moral, il faut :

Primo : Ne pas penser que chaque homme ou chaque femme doit absolument se marier, mais se dire, au contraire, qu'il est préférable de rester pur pour que rien ne nous empêche de consacrer toutes nos forces à servir Dieu.

Secundo : Considérer les rapports sexuels comme un mariage indissoluble (Matth, xix, 4-7).

Tertio : Ne pas considérer le mariage comme un encouragement à la satisfaction des désirs charnels, mais comme un péché qui doit être expié par l'accomplissement des devoirs de famille.

VII. — *Les enfants servent à l'expiation du péché mortel.*

1

Si les hommes pouvaient atteindre la perfection et devenir chastes, le genre humain s'éteindrait et n'aurait plus de raison d'exister sur la terre, parce que les hommes seraient devenus pareils aux anges qui ne se marient pas, comme il est dit dans l'Evangile. Mais tant que les hommes ne sont pas arrivés à la perfection, ils doivent produire leur progéniture pour qu'en se perfectionnant, la postérité puisse atteindre à la perfection à laquelle l'homme tend.

2

Le mariage, le vrai mariage qui a pour mission la production et l'éducation des enfants, est un moyen indirect de servir Dieu par les enfants. « Si je n'ai pas fait ce que je pouvais et devais faire, mes enfants le feront. »

C'est pourquoi les gens qui se marient éprouvent toujours un certain apaisement. Ils ont le sentiment de la possibilité de transmettre une partie de leurs obligations à leurs enfants à venir. Mais ce sentiment n'est légitime qu'au cas où les époux élèvent leurs enfants de façon qu'ils ne soient pas une entrave à l'œuvre divine, mais ses ouvriers. La conviction que si je n'ai pas pu me consacrer entièrement au service de Dieu, je ferai tout mon possible pour que mes enfants le fassent — cette conviction donne un sens moral au mariage ainsi qu'à l'éducation des enfants.

3

Bénie soit l'enfance qui, au milieu des cruautés de la terre, laisse entrevoir un peu de ciel ! Les 80.000 naissances quotidiennes dont parle la statistique, constituent le débordement d'innocence et de fraîcheur, luttant non seulement contre l'extinction de l'espèce, mais encore contre la corruption humaine et contre une infection générale par le vice. Tous les bons sentiments éveillés par le berceau et l'enfance sont un des mystères de la grande Providence ; supprimez cette rosée vivifiante, et la rafale des passions égoïstes séchera, comme par le feu, la société humaine.

Si l'humanité se composait d'un milliard d'êtres immortels, dont le nombre ne pourrait ni augmenter ni diminuer, où serions-nous et que serions-nous, Grand Dieu ! Nous serions incontestablement mille fois plus savants, mais aussi mille fois plus mauvais.

Bénie soit l'enfance pour le bonheur qu'elle donne elle-même, pour le bien qu'elle fait sans le savoir et sans le vouloir en obligeant, en permettant de l'aimer ! Ce n'est que grâce à elle que nous apercevons une parcelle de paradis sur terre. Bénie soit également la mort ! Les anges n'ont pas besoin de naître, ni de mourir pour vivre ; mais, pour les hommes, l'un et l'autre sont nécessaires, indispensables.

Amiel.

5

Les gens riches, qui considèrent les enfants comme une entrave au plaisir, un accident malheureux ou une sorte de jouissance quand il en naît un nombre fixé à l'avance, ne les élèvent pas en vue de la mission humaine qu'ils auront à accomplir en tant qu'êtres intelligents et affectueux, mais en vue des plaisirs qu'ils peuvent donner à leurs parents. Les enfants de tels parents sont, pour la plupart, entourés de soins en vue de les rendre propres, blancs, rassasiés, beaux, et, par conséquent, douillets et sensuels.

Les costumes, les lectures, les spectacles, la musique, la danse, la bonne chair, tout l'arrangement de leur existence, depuis les images sur les boîtes, jusqu'aux romans, nouvelles et poèmes, ne fait qu'exciter leur sensualité, ce qui suscite chez les enfants des classes aisées les plus bas vices et les maladies sexuelles.

CHAPITRE IX

DE L'OISIVETÉ

Il est injuste de demander aux hommes plus de travail qu'on ne peut leur en donner soi-même. Mais comme on ne saurait peser si on donne aux autres plus qu'on ne leur demande, qu'en outre, on peut à tout moment faiblir ou tomber malade et qu'on devra alors prendre sans donner, on doit, tant qu'on a des forces, tâcher de travailler pour les autres le plus possible et leur demander le moins de travail possible.

I. — *L'homme commet un grand péché s'il profite du travail d'autrui sans travailler lui-même.*

1

Celui qui ne veut pas travailler n'a pas le droit de manger.

Apôtre Paul.

2

En te servant de n'importe quel objet, souviens-toi que c'est le produit du travail humain et que, lorsque tu dépenses, supprimes ou abîmes cet objet, tu dépenses le travail et parfois la vie humaine.

3

Celui qui ne se nourrit pas de son propre travail et fait travailler les autres pour soi est un cannibal.

Sagesse orientale.

4

Toute la morale chrétienne en son application pratique se réduit à considérer tous les hommes comme des frères, à être l'égal de tous ; et pour arriver à cela, il faut, avant tout, cesser de faire travailler les autres pour soi et, dans l'organisation sociale actuelle, profiter le moins possible du produit du travail des autres, de tout ce qui s'acquiert pour de l'argent, dépenser le moins d'argent et vivre le plus simplement possible.

5

Ne fais pas faire aux autres ce que tu peux faire toi-même. Que chacun balaye devant sa porte. Si chacun agit ainsi, toute la rue sera propre.

6

Quelle est la meilleure nourriture ? Celle que vous avez gagnée vous-même.

MAHOMET.

7

Il est très utile pour les gens riches d'abandonner pour un certain temps leur vie luxueuse et de vivre, ne serait-ce que quelques jours, comme les ouvriers, en faisant soi-même tout ce que les salariés font chez les gens riches ; si le riche faisait ainsi, il verrait le grand péché qu'il commet en faisant travailler les autres.

8

Ceux qui vivent dans le luxe ne peuvent pas aimer les hommes. Ils ne le peuvent pas, parce que tout ce dont ils se servent est fait à contre-cœur, par nécessité, souvent avec des malédictions, par ceux qu'ils forcent à les servir. Pour que ces gens-là puissent aimer leurs prochains, ils doivent tout d'abord cesser de les tourmenter.

II. — *La loi du travail n'est pas pénible, mais agréable à accomplir.*

1

Tu mangeras ton pain à la sueur de ton front. C'est une loi immuable. De même que la femme obéit à la loi de l'enfantement dans la souffrance, l'homme doit obéir à la loi dure du travail. La femme ne peut se libérer de son sort. Si elle adopte un enfant qui n'est pas né d'elle, ce sera, malgré tout, un étranger et elle sera privée des joies de la maternité. Il en est de même pour le travail des hommes. Lorsqu'un homme mange le pain qu'il n'a pas gagné, il se prive des joies du travail.

Bondarev (1).

2

L'homme craint la mort à laquelle il est soumis. L'homme qui ne connaît ni le bien ni le mal semble plus heureux, mais il est irrésistiblement attiré à les connaître.

---

(1) Paysan russe, auteur d'un ouvrage sur la loi du travail. Tolstoï a connu l'auteur et commenté son ouvrage. (N. du trad.).

L'homme aime l'oisiveté et la satisfaction des désirs sans souffrances, mais ce n'est que le travail et les souffrances qui lui donnent la vie, à lui et à toute son espèce.

3

C'est une grande erreur que de supposer que les hommes peuvent avoir une vie spirituelle élevée, alors que leur corps demeure dans le luxe et l'oisiveté. Le corps est toujours le premier élève de l'âme.

Thoreau.

4

Si l'homme vit seul et se dispense de la loi du travail, il en est immédiatement puni par le fait que son corps s'anémie et s'affaiblit. Si l'homme vit dans l'oisiveté et force les autres à travailler pour lui, il s'en trouve immédiatement puni par ce fait que son âme s'obscurcit et s'abaisse.

5

L'homme vit d'une vie spirituelle et d'une vie matérielle. Il y a une loi pour la vie spirituelle et une autre pour la vie matérielle. La loi de la vie matérielle, c'est le travail, et la loi de la vie spirituelle, c'est l'amour. Si l'homme déroge à la loi matérielle, celle du travail, il dérogera inévitablement à la loi spirituelle, celle de l'Amour.

6

Bien que les habits offerts par le roi soient magnifiques, ceux qu'on se fait soi-même sont meilleurs ; bien que la nourriture des riches soit bonne, le pain que l'on gagne soi-même est le meilleur plat.

Saadi.

7

La puissance divine égalise les hommes : elle prend à ceux qui ont beaucoup et donne à ceux qui ont peu. L'homme riche a plus de choses, mais elles lui donnent moins de plaisir. Le pauvre a moins de choses, mais plus de plaisir. L'eau puisée à la source et une croûte de pain semblent bien meilleures au pauvre travailleur, que les mets et les boissons les plus chers le paraissent à l'oisif. Le riche blasé ne trouve plus goût à rien. Pour le travailleur, la nourriture, la boisson et le repos sont chaque fois un plaisir nouveau.

8

L'enfer est caché par les plaisirs, le paradis par le travail et les malheurs.

Mahomet.

9

Sans travail manuel, il n'y a pas de corps sain, il n'y a pas non plus de pensées saines.

10

Si tu veux toujours être de bonne humeur, travaille jusqu'à la fatigue, mais non pas au-dessus de tes forces. L'oisiveté rend les gens mécontents et méchants. Il en est de même lorsqu'on travaille trop.

11

La meilleure et la plus pure joie est celle du repos après le travail.

Kant.

III. — *Le meilleur travail est le travail agricole.*

1

Tous les hommes reconnaîtront avec le temps la vérité comprise depuis longtemps par les grands esprits de tous les peuples ; la plus grande vertu de l'humanité consiste dans la soumission aux lois de l'Être suprême. « Tu es cendre et tu redeviendras cendre ». C'est la première loi que nous apprenons sur notre vie ; la deuxième loi commande la culture de la terre dont nous sommes issus et à laquelle nous retournerons. C'est en cultivant cette terre avec l'amour pour des bêtes et des plantes que cette culture exige, que l'homme comprend et vit le mieux sa vie.

J. Ruskin.

2

L'agriculture n'est pas l'une des occupations propres à l'homme. L'agriculture est une occupation propre à tous les hommes ; ce travail leur donne le plus de liberté et le plus d'honneur.

3

La terre dit à celui qui ne la cultive pas : parce que tu ne me travailles pas de la main droite et de la main gauche, tu resteras éternellement à la porte des hommes avec tous les autres quémandeurs ; tu n'auras jamais que les restes des riches.

Zoroastre.

4

La vie des hommes de notre temps est organisée de façon que la plus grande rémunération est obtenue pour un travail vain et inutile : dans les confiseries, les fabriques de tabacs, les pharmacies, les banques, le commerce, la littérature, la musique, etc. ; et l'on paie bien moins le travail agricole. Si l'on attache de l'importance à la rémunération pécuniaire, cet état de choses est très injuste. Mais si l'on envisage principalement la joie du travail, son influence sur la santé corporelle et ses attraits naturels, c'est très juste.

5

Le travail manuel, le travail agricole surtout, est utile non seulement au corps, mais encore à l'âme. Les gens qui ne travaillent pas de leurs mains, éprouvent des difficultés à comprendre sainement les choses. Ils ne cessent de penser, de parler, d'écouter ou de lire. L'esprit n'a pas de repos, il s'irrite et s'embrouille. Le travail agricole est utile, parce qu'en outre du repos qu'il offre à l'homme, il lui permet d'envisager sainement, simplement et clairement la situation de l'homme dans la vie.

6

J'aime les paysans. Ils ne sont pas assez instruits pour raisonner faussement.

MONTAIGNE.

IV. — *Ce qu'on appelle la division du travail, n'est qu'une excuse de l'oisiveté.*

1

Ces derniers temps on parle beaucoup d'une des raisons principales du succès obtenu par les hommes dans la production et la division du travail. Nous disons : division du travail ; mais cette expression n'est pas juste. Dans notre société, ce n'est pas le travail qui est divisé, mais les hommes ; ils sont divisés, réduits en petites parcelles d'homme. A la fabrique, un homme ne fait qu'une infime partie de l'objet ; de sorte que la partie d'initiative laissée à l'homme ne suffit pas pour faire toute une épingle ou tout un clou ; il s'épuise à faire un bout d'épingle ou la tête d'un clou. C'est vrai qu'il serait bon et désirable de fabriquer un grand nombre d'épingles par jour ; mais si nous pouvions voir seulement de quel sable nous les frottons, nous aurions réfléchi que ce n'est pas avantageux, pour cette raison que nous les frottons avec le sable de l'âme humaine.

On peut tourmenter les hommes, les mettre aux fers, les atteler comme des bêtes, les tuer comme des mouches en été, et cependant, dans un sens, dans le meilleur, ces hommes peuvent rester libres. Mais écraser leurs âmes immortelles, les étrangler et transformer les gens en machines — c'est la vraie servitude. Seule cette humiliation, cette transformation des hommes en machines force les ouvriers à lutter désespérément et inutilement pour leur liberté dont ils ne conçoivent pas le sens eux-mêmes. Leur animosité n'est pas provoquée par la faim, ni par les atteintes à l'amour propre (ces deux causes ont toujours produit leur effet, mais les bases de la société n'ont jamais été aussi ébranlée que maintenant). Cela ne tient pas à ce que les ouvriers se nourrissent mal, mais à ce qu'ils n'ont pas de plaisir au travail par lequel ils gagnent leur pain ; ce qui fait qu'ils considèrent la richesse comme l'unique moyen de plaisir. Ils souffrent moins du mépris que leur témoignent les classes impérieuses que du mépris qu'ils ont pour eux-mêmes, parce que le travail auquel ils sont condamnés les humilie, les déprave, les amoindrit.

Jamais plus qu'aujourd'hui les classes supérieures n'ont témoigné autant de sympathie et d'affection pour les classes inférieures, et, cependant, elles n'ont jamais été autant méprisées par celles-ci.

John Ruskin.

2

L'homme, comme l'animal, doit besogner, employer ses mains et ses pieds. Il peut forcer les autres à faire ce qui lui est nécessaire, mais il devra quand même dépenser à quelque chose ses forces corporelles. S'il ne travaille pas à des choses utiles, raisonnables, il travaillera à des choses inutiles et stupides. C'est ce qui se produit, en effet, parmi les classes aisées.

3

Les classes oisives excusent leur fainéantise par ce qu'elles s'occupent des arts et des sciences nécessaires au peuple. Ces gens se chargent d'en fournir à ceux qui travaillent ; malheureusement, ce qu'ils apportent au peuple en fait de science et d'art, est une fausse science et un faux art. Aussi, au lieu de récompenser le peuple de son travail, la science et l'art qu'on lui offre ne font que le tromper et le dépraver.

4

Un Européen vantait devant un Chinois les avantages de la production mécanique : « Elle libère l'homme du travail » disait l'Européen. « La libération du travail serait un grand malheur, répondit le Chinois. Sans travail il n'y a pas de bonheur possible. »

5

L'homme ne peut acquérir la richesse que par trois moyens : le travail, la mendicité et le vol. Ceux qui peinent gagnent peu, justement parce qu'une trop grande part revient aux mendiants et aux voleurs.

Henry George.

V. — *Les occupations des gens qui se sont libérés de la loi du travail sont toujours vaines et inutiles.*

1

De même qu'un cheval tournant une roue inclinée ne peut pas s'arrêter et doit toujours avancer, l'homme ne peut pas rester oisif. Par conséquent, un homme qui travaille a tout autant de mérite qu'un cheval monté sur une roue et qui remue les jambes. L'important n'est pas dans le fait que l'homme travaille, mais à quoi il travaille.

2

Ceux qui se sont dispensés du travail manuel peuvent être intelligents, mais rarement raisonnables. Si l'on écrit, imprime et enseigne tant de futilités dans nos écoles, si notre littérature, notre musique, nos tableaux sont si subtils, si peu compréhensibles pour tous, c'est parce que tous ceux qui s'en occupent se sont libérés du travail manuel et mènent une vie oisive.

D'après Emerson.

3

Les hommes cherchent le plaisir d'un côté et d'autre parce qu'ils sentent le vide de leur existence, mais ne sentent pas encore le vide du nouveau plaisir qui les attire.

Pascal.

4

Personne n'a encore calculé les millions de journées de dur travail et, peut-être des milliers de vies qui se dépensent à préparer les distractions. C'est pour cette raison que les distractions de notre monde ne sont pas joyeuses.

VI. — *Le mal de l'oisiveté.*

1

On ne peut avoir honte d'aucun travail même du plus malpropre ; seule l'oisiveté doit faire honte.

2

Les gens oisifs et riches n'ont qu'un souci — c'est de tirer orgueil de leur luxe. Ils sentent que, sans cela, tous les mépriseraient comme ils le méritent.

3

Honte à l'homme à qui l'on doit conseiller de prendre sur la fourmi l'exemple de l'amour pour le travail. Doublement honteux à lui quand il ne suit pas ce conseil.

Le Talmud.

4

L'oisiveté devrait figurer parmi les tourments de l'enfer, et c'est elle qui se trouve placée parmi les joies du paradis.

Montaigne.

5

Celui qui ne fait rien a toujours de nombreux aides.

6

Ne fais jamais faire par les autres ce que tu peux faire toi-même.

7

Le doute, la tristesse, l'abattement, l'indignation, le désespoir, tous ces démons veillent sur l'homme, et dès qu'il mène une vie oisive, ils l'attaquent. Le moyen le plus sûr de se protéger contre ces démons, c'est un travail corporel assidu. Dès que l'homme se met à cette besogne, aucun démon n'ose plus l'approcher et ne fait que grogner de loin.

CARLYLE.

8

Le démon, lorsqu'il pêche les hommes à la ligne, se sert de différentes amorces. Mais l'homme oisif n'a pas besoin d'amorce, il se fait prendre sans amorce.

9

Il est préférable de prendre une corde, d'aller chercher du bois dans la forêt et de le vendre pour acheter du pain que de demander aux gens de vous en donner. Si l'on vous refuse, vous en aurez du dépit ; si on vous le donne ce sera pis encore : vous aurez honte.

MAHOMET.

10

Il y avait une fois deux frères ; l'un travaillait chez un seigneur, l'autre vivait du travail de ses mains. Le frère riche dit un jour au pauvre :

— Pourquoi ne vas-tu pas travailler chez le seigneur ? Tu ne connaîtrais pas de besogne pénible.

A cela le pauvre répliqua :

— Pourquoi ne travailles-tu pas ? Tu ne connaîtrais pas d'humiliation ni de servitude.

Les sages disent qu'il est préférable de manger tranquillement le pain qu'on a gagné, que de porter une écharpe d'or et d'être le serviteur d'un autre. Il est préférable de pétrir la chaux et l'argile de ses mains, que de joindre ses mains sur la poitrine en signe d'humilité.

Saadi.

11

Ne pas rester à la porte des riches et ne pas parler d'une voix de quémandeur — c'est la meilleure vie. Et, afin que cela n'arrive pas, il ne faut pas craindre le travail.

Hotopadezé hindou.

12

Si tu ne veux pas travailler, humilie-toi, ou opprime les autres.

13

L'aumône d'une pauvre veuve est égale aux plus riches dons, avec cette différence qu'elle est la vraie charité.

Seuls les pauvres qui travaillent peuvent avoir la joie de la charité. Les riches, les oisifs, en sont privés.

CHAPITRE X

DE LA CUPIDITÉ

Le péché de cupidité est dans l'accumulation d'une quantité toujours grandissante d'objets ou d'argent nécessaires aux autres hommes, et de garder ces objets ou cet argent afin de jouir à sa guise du travail d'autrui.

I. — *Le péché du riche.*

1

Dans notre société, un homme ne peut pas dormir sans payer sa place. L'air, l'eau, la lumière du soleil ne lui appartiennent que sur la grand'route... L'unique droit reconnu chez nous, c'est de marcher sur cette grand'route jusqu'à ce que l'on commence à chanceler de fatigue, parce qu'on ne peut s'arrêter et que l'on doit marcher toujours.

GRANT ALEN (1).

2

Dix hommes bons s'étendent et dorment paisiblement sur le même feutre, mais deux riches ne peuvent pas vivre

---

(1) Moraliste anglais (*N. du tr.*).

en paix dans dix chambres. Si un homme de cœur trouve une miche de pain, il en donne la moitié à celui qui a faim. Mais lorsqu'un conquérant conquiert une partie du monde, il ne se tranquillise pas tant qu'il n'en n'a pas pris une autre partie encore.

3

Les riches ont quinze chambres pour trois personnes, et il ne peuvent pas laisser un mendiant se chauffer et coucher chez eux.

Le paysan a une chaumière de sept mètres pour sept personnes ; mais il laisse volontiers entrer un voyageur en disant : « Dieu nous ordonne de partager ».

4

Les riches et les pauvres se complètent les uns les autres. Quand il y a des riches, il y a et il doit y avoir des pauvres. Quand existe le luxe effréné, existe et doit exister l'affreuse misère qui force ceux qui n'ont rien à être au service du luxe.

. . . .

Le Christ aimait les pauvres et s'éloignait des riches.

Dans le royaume de vérité qu'Il prêchait, les riches et les pauvres seraient également impossibles.

Henry George.

5

Le vagabond est le complément indispensable du millionnaire.

Henry George.

6

Les plaisirs des riches sont obtenus par les larmes des pauvres.

7

Lorsque les riches parlent du bonheur social, je ne doute pas qu'ils forment sous ce prétexte un complot en vue d'assurer leurs intérêts.

Thomas Moor.

8

Les honnêtes gens ne sont jamais riches. Les gens riches ne sont jamais honnêtes.

Lao-Tseu.

9

« Ne vole pas un pauvre parce qu'il est pauvre, » dit Salomon. Pourtant, ce pillage du pauvre parce qu'il est pauvre est une chose très ordinaire : le riche profite toujours de la misère du pauvre pour le forcer à travailler pour lui, ou bien pour lui acheter ses produits à vil prix.

On dévalise rarement les riches sur les grand'routes, parce qu'il est dangereux de voler un riche, alors qu'on peut dévaliser un pauvre sans aucun risque.

D'après John Ruskin.

10

Les gens qui appartiennent aux classes ouvrières tâchent le plus souvent de passer dans la classe des gens aisés qui vivent du travail d'autrui. Ils appellent ça se joindre aux bonnes gens, alors qu'il faudrait dire quitter les bonnes gens pour les méchants.

La richesse est un grand péché devant Dieu, la pauvreté l'est devant les hommes.

Proverbe russe.

II. — *L'homme et la terre.*

1

Etant issu de la terre, la terre m'est donnée pour que j'y prenne tout ce qu'il me faut pour cultiver et ensemencer, et j'ai le droit de réclamer ma part.

Montrez-moi donc où elle est.

EMERSON.

2

La terre est notre mère à tous ; elle nous nourrit, nous donne asile, nous réjouit et nous chauffe ; depuis notre naissance et jusqu'au moment où nous nous endormons du dernier sommeil sur son cœur de mère, elle nous caresse constamment de son étreinte affectueuse.

Et voici que les gens parlent de sa vente ; et elle présente, en effet, à notre époque vénale, un article de négoce, elle est vendue et achetée.

Mais la vente de la terre créée par le Créateur céleste est une énorme ineptie. La terre ne peut appartenir qu'au Dieu tout-puissant et à tous les fils des hommes qui la travaillent, de même qu'à ceux qui la travailleront dans l'avenir.

Elle est la propriété non seulement d'une seule génération, mais de toutes les générations passées, futures et présentes qui la travaillent.

CARLYLE.

3

Nous occupons une île sur laquelle nous vivons des produits de nos mains. Un marin naufragé est rejeté sur notre côte. A-t-il le même droit naturel que nous d'occuper sur les mêmes bases que nous, une parcelle de terre pour s'y nourrir de son travail? Il semblerait que ce droit est incontestable. Et cependant, combien d'hommes naissent sur notre planète auxquels les gens qui y vivent refusent ce droit.

De Laveleye.

III. — *Les conséquences nuisibles de la richesse.*

1

Les hommes se plaignent d'être pauvres et s'efforcent, par tous les moyens, d'arriver à la richesse ; cependant, la misère et la pauvreté donnent aux gens la fermeté et la force, alors que les excès et le luxe les affaiblissent et les amènent à leur perte.

Les pauvres ont tort de vouloir échanger l'indigence utile au corps et à l'âme contre la richesse qui est nuisible au corps et à l'âme.

2

Si le pauvre a des peines, le riche en a doublement.

3

Le riche est malheureux ; d'abord, parce qu'il craint toujours pour ses richesses, ensuite, parce que plus il a de biens, plus il a de soucis et d'affaires. Mais il est surtout malheureux parce qu'il ne peut se lier qu'avec des riches comme lui, qui sont peu nombreux, et non avec les pauvres qui sont la majorité. S'il se lie avec un pauvre, il voit trop nettement son péché, et il ne peut pas ne pas en avoir honte.

4

La richesse a l'or, la pauvreté a la joie.

Proverbe.

5

La richesse habitue les gens à l'orgueil, à la cruauté, à l'ignorance présomptueuse et à la débauche.

6

Seul un homme riche peut être insensible et indifférent au malheur d'autrui.

Le *Talmud*.

7

La misère assagit, la richesse abêtit. Les chiens eux-mêmes deviennent enragés à force de trop bien manger.

Proverbe russe.

8

Celui qui est charitable n'est jamais riche. Le riche n'est sûrement pas charitable.

Proverbe mandchourien.

9

Les gens cherchent la richesse ; s'ils savaient seulement combien ils perdent de bonté en gagnant l'opulence et en vivant au milieu d'elle, ils auraient cherché à s'en débarrasser avec le même zèle qu'ils mettent à l'acquérir.

10

Le moment est proche où les hommes cesseront de croire que la richesse donne le bonheur et comprendront, enfin, la simple vérité qu'en gagnant et en conservant leur richesse, ils rendent plus malheureuse et non meilleure l'existence des autres et la leur.

IV. — *On ne doit pas envier la richesse, mais en avoir honte.*

1

Il ne faut pas respecter et envier les riches, mais les plaindre et s'éloigner d'eux. Quant au riche, il ne doit pas être fier de ses biens, mais honteux.

2

Si le pauvre envie le riche, il ne vaut pas mieux que lui.

3

L'orgueil des riches est mauvais, mais l'envie des pauvres n'est pas moins mauvaise. Combien il y a de pauvres qui, tout en blâmant les riches, agissent de même qu'eux envers ceux qui sont plus pauvres qu'eux-mêmes !

V. — *L'excuse de la richesse.*

1

Si tu as des revenus sans travailler, il y a sûrement quelqu'un qui travaille sans être payé.

2

Seul celui qui est sûr de n'être pas un homme comme tous les autres, mais meilleur qu'eux, peut posséder des richesses au milieu des pauvres et avoir la conscience tranquille. Seule la pensée qu'il est meilleur que les autres peut justifier un tel homme à ses propres yeux. Et, chose extraordinaire, la possession des richesses, qui devrait rendre un tel homme honteux, est pour lui la principale justification de sa supériorité sur les autres hommes. « Je jouis de la richesse parce que je suis meilleur que les autres. Et je suis meilleur que les autres parce que je jouis de la richesse, » se dit-il.

3

Rien ne prouve aussi clairement la fausseté de la religion professée parmi nous que ce fait que les hommes qui se considèrent comme chrétiens peuvent non seulement jouir de leurs richesses, au milieu des pauvres, mais encore en être fiers.

4

L'une des erreurs les plus fréquentes et les plus significatives que les hommes commettent, est de croire comme bon ce qu'ils aiment. Ils aiment la richesse, et bien que le mal de la richesse soit évident, ils se persuadent que la richesse est bonne.

5

Est-ce que Dieu a donné quelque chose à l'un, sans le donner à l'autre ? Est-ce que notre Père commun a exclu l'un de ses enfants ? Vous qui exigez le droit exclusif de profiter de ses dons, montrez le testament par lequel il aurait privé les autres frères de son héritage.

Lamennais.

6

Il semblerait que, connaissant l'affreuse misère des ouvriers qui meurent de privations et d'excès de travail (et il est impossible de ne pas le savoir), les gens riches, qui profitent de ce travail homicide, seraient forcés de s'en émouvoir. Cependant, ces gens riches, libéraux, humanitaires, très sensibles non seulement aux souffrances des hommes, mais à celles des bêtes, cherchent à s'enrichir davantage, c'est-à-dire à profiter de plus en plus du travail des autres et le font en toute sérénité.

Cette sérénité des riches est due à l'intervention d'une nouvelle science dénommée économie politique, qui a posé des lois en vertu desquelles la répartition du travail et la jouissance de ses produits dépendent de l'offre et de la demande, du capital, de la rente, du taux des salaires, des bénéfices, etc.

Il a été écrit sur ce thème, en peu de temps, un nombre incalculable de traités, de brochures ; il a été fait des cours et des conférences, et on en écrit et on conférencie encore à l'infini.

Bien que la plupart des gens ignorent les détails de ces explications rassurantes de la science, ils savent quand même que cette explication existe, que les savants, des gens subtils, ne cessent de démontrer que l'ordre de choses actuel est tel qu'il doit être, et que l'on peut se laisser vivre tranquillement dans cet état de choses, sans essayer de le modifier.

Ce n'est qu'ainsi qu'on peut expliquer l'aveuglement surprenant dans lequel se trouvent les hommes sensibles de notre société, qui plaignent sincèrement les animaux, mais qui, la conscience tranquille, s'attaquent à la vie de leurs semblables.

VI. — *Pour atteindre le bonheur, l'homme ne doit pas se soucier de l'accroissement de son avoir, mais de l'amour qui est en lui.*

1

Gagne une richesse que personne ne pourra te prendre, qu'elle te reste même après ta mort et qu'elle ne diminue ni ne tarisse jamais. Cette richesse — c'est ton âme.

Proverbe hindou.

2

Les gens se soucient mille fois plus d'augmenter leurs richesses que de développer leur raison. Pourtant chacun devrait comprendre qu'il vaut bien mieux pour son bonheur conserver ce qui est en lui que ce qui est chez lui.

D'après Schopenhauer.

3

Et il leur dit cette parabole : « Les terres d'un riche donnèrent une abondante récolte ; et ce riche se demanda : Que ferai-je ? Je n'ai pas assez de place pour serrer ma récolte. Voici, dit-il, ce que je ferai : j'abattrai mes greniers, j'en bâtirai de plus grands, et j'y amasserai toute ma récolte et tous mes biens. Puis je dirai à mon âme : Mon âme, tu as beaucoup de biens en réserve pour plusieurs années ; repose-toi, mange, bois et réjouis-toi. Mais Dieu lui dit : Insensé, cette nuit même ton âme te sera prise, et ce que tu as amassé, à qui cela appartiendra-t-il ?

Luc, xii, 16-20.

4

Pourquoi l'homme voudrait-il être riche ? Pourquoi lui faut-il des chevaux de race, de riches habits, de magnifiques chambres, des droits d'entrée dans les lieux de distractions ?

Parce qu'il manque de vie spirituelle.

Donnez à cet homme une vie spirituelle, et il n'aura besoin de rien.

Emerson.

5

De même qu'un vêtement riche embarrasse les mouvements du corps, la richesse entrave les mouvements de l'âme.

VII. — *La lutte contre le péché de cupidité.*

1

Celui qui possède moins qu'il ne veut avoir doit se souvenir qu'il a plus qu'il ne mérite.

LICHTENBERG.

2

On peut éviter la misère par deux moyens : augmenter son avoir, ou bien apprendre à se contenter de peu. Augmenter les richesses n'est pas toujours possible, et c'est presque toujours malhonnête ; tandis que diminuer nos caprices est toujours en notre pouvoir et est salutaire à notre âme.

3

Le pire voleur n'est pas celui qui a pris ce qui lui est nécessaire, mais bien celui qui garde sans en donner aux autres ce dont il n'a pas besoin.

4

« Celui qui aurait des biens de ce monde et qui, voyant son frère dans le besoin, lui fermerait son cœur, comment l'amour de Dieu demeurerait-il en lui ? Mes enfants, n'aimons pas en paroles, mais en actes et par la vérité ! » I. JEAN, III, 17-18.

Pour qu'un riche n'aime pas en paroles mais en actes et par la vérité, il doit donner à celui qui demande, ainsi que l'a dit le Christ. Et si l'on donne à celui qui demande, toute richesse s'épuise bientôt. Et dès que l'homme cesse d'être riche, il lui arrive ce que Jésus a dit au jeune homme, c'est-à-dire que ce qui empêchait le jeune homme riche de le suivre n'existe plus.

5

La charité est véritable seulement quand tu t'es privé en la faisant. C'est alors que celui qui reçoit un don matériel, reçoit également un don spirituel. Et si ton don n'est pas un sacrifice, mais le résultat de la surabondance, il ne fait qu'irriter celui qui le reçoit.

6

Les opulents bienfaiteurs ne voient pas ce qu'ils donnent au pauvre, ils l'enlèvent souvent des mains de plus pauvres encore.

CHAPITRE XI

DE LA COLÈRE

I. — *Péché de malveillance.*

1

« Il a été dit aux anciens : Tu ne tueras point, et celui qui tuera sera jugé (Exode, xx, 13). Mais moi je vous dis que quiconque se met en colère contre son frère sera jugé. »

Matth., v, 21-22.

2

Si tu éprouves une douleur dans le corps, tu sais que quelque chose n'est pas en bon état : ou tu fais ce que tu ne devrais pas faire, ou bien tu ne fais pas ce que tu devrais faire. Il en est de même de la vie spirituelle. Si tu te sens triste, irrité, sache que quelque chose est en mauvais état : ou tu aimes ce qu'il ne faudrait pas aimer, ou bien tu n'aimes pas ce qu'il faudrait aimer.

3

Les péchés de la gourmandise, de l'oisiveté, de la volupté, sont mauvais par eux-mêmes. Mais ces péchés sont surtout répréhensibles parce qu'ils engendrent le pire des péchés : la malveillance, l'iniquité envers les gens.

4

Ce ne sont pas les pillages, les assassinats, les exécutions qui sont effrayants. Qu'est-ce que le pillage ? C'est le passage de la propriété des uns aux autres. Cela a toujours existé, cela sera toujours, et il n'y a rien d'effrayant à cela.

Que sont les exécutions, les assassinats ? C'est le passage des hommes de la vie à la mort. Ces passages ont été, sont et seront toujours, et cela n'a également rien d'effrayant. Ce qu'il y a de réellement effrayant, c'est la haine des hommes qui engendre le brigandage, le vol, le meurtre.

II. — *L'absurdité de la colère.*

1

Les Bouddhistes disent que tout péché vient de la bêtise. Cela est juste pour tous les péchés, mais surtout pour l'inimitié. Le pêcheur, l'oiseleur se fâche contre le poisson ou l'oiseau parce qu'il ne l'a pas pris, et moi je me fâche contre l'homme, parce qu'il fait ce dont il a besoin pour lui, et non pas ce que je voudrais de lui. N'est-ce pas également stupide ?

2

Un homme t'a offensé. Tu t'es fâché contre lui. L'affaire est terminée. Mais la colère contre cet homme s'est figée dans ton cœur, et lorsque tu penses à lui, tu t'irrites. Comme si le diable, qui est toujours en faction à la porte de ton cœur, avait profité de l'heure où tu as ressenti ta colère contre cet homme ; comme si elle lui eut ouvert la porte, qu'il eut bondi dans ton cœur et qu'il y fût maître maintenant. Chasse-le. Et à l'avenir, sois plus prudent, n'ouvre pas la porte par laquelle il entre.

3

Plus l'homme se croit haut placé, plus facilement il s'irrite contre les gens. Plus l'homme est modeste, plus il est bon et se fâche moins.

4

Ne pense pas que la vertu consiste dans la bravoure et la force. Si tu peux te placer au-dessus de la colère, pardonner et aimer celui qui t'a offensé, tu auras fait le mieux de ce qu'un homme peut faire.

DJERBELOTE, persan.

5

Il est vrai, que tu n'as peut-être pas la force de ne pas te fâcher contre celui qui t'a offensé, outragé. Mais tu peux toujours te contenir, ne manifester ta colère ni en paroles ni en actes.

6

La colère vient toujours de l'impuissance.

III. — *La colère contre les hommes nos frères est déraisonnable parce que le même Dieu vit en nous tous.*

1

On doit s'observer depuis le matin et se dire : tout à l'heure, je pourrai avoir affaire à un homme insolent, effronté, importun, hypocrite, nerveux. Il y a souvent des gens comme ça. Ils ne savent pas ce qui est bien et ce qui est mal. Mais si je sais, moi, où est le bien et le mal, si je comprends que le mal pour moi ne peut venir que de la mauvaise action que j'ai commise moi-même, aucun mauvais homme ne peut me nuire. Personne ne peut me forcer à faire mal. Si je pense encore que tout homme m'est proche, non par le sang et la chair, mais par l'esprit, que le même Esprit divin vit en chacun de nous, je ne peux pas me fâcher contre un être qui m'est proche. Je sais donc que nous sommes créés l'un pour l'autre, que nous sommes appelés à nous entr'aider comme les mains, les pieds, les yeux et les dents s'aident entre eux et servent le corps entier ; comment puis-je me détourner de mon prochain si, contrairement à sa vraie nature, il me fait du mal.

Marc-Aurèle.

2.

Si tu t'es fâché contre un homme, c'est que tu menais une vie charnelle, et non pas une vie spirituelle. Si tu vivais selon la volonté divine, personne ne pourrait t'offenser, car on ne peut offenser Dieu, et Dieu, le Dieu qui est en toi, ne peut se fâcher.

3

On ne doit ni trop mépriser ni trop respecter aucun homme.

Si tu le méprises, tu ne pourras pas apprécier le bien qu'il y a en lui ; si tu l'honores trop, tu exigeras trop de lui.

Pour ne pas se tromper, il faut mépriser le côté charnel autant chez autrui qu'en soi-même et respecter l'homme comme un être spirituel en qui demeure l'esprit divin.

IV. — *Plus l'homme se diminue, mieux il vaut.*

1

On dit qu'un homme de bien ne peut pas faire autrement que de se fâcher contre les méchants. Mais si cela est ainsi, plus l'homme est bon comparativement aux autres, plus il doit se mettre en colère contre eux ; en réalité, plus un homme est bon, plus il est doux et bon pour tous les autres hommes. Cela tient à ce qu'un homme bon se souvient que lui aussi a souvent péché, et que s'il s'irrite contre les méchants, il doit, tout d'abord, s'irriter contre lui-même.

Sénèque.

2

Un homme raisonnable ne peut pas se fâcher contre les hommes méchants et déraisonnables.

— Comment puis-je ne pas me fâcher s'ils sont voleurs et filous ? dis-tu.

— Qu'est-ce qu'un voleur et un filou ? C'est un homme qui s'est égaré. On doit non pas se fâcher contre un tel homme, mais le plaindre. Si tu peux, persuade-le que ce n'est pas bon pour lui-même de vivre comme il vit, et il cessera de faire le mal. S'il ne le comprend pas encore, quoi d'étonnant qu'il vive ainsi.

Tu diras que ces gens là doivent être punis.

Si un homme a mal aux yeux et qu'il est devenu aveugle, tu ne diras pas qu'il faut l'en punir. Pourquoi donc veux-tu punir celui qui est privé de quelque chose de bien plus précieux que les yeux, qui est privé du plus grand bonheur qui existe, celui de savoir vivre raisonnablement ?

On ne doit pas se fâcher contre ces gens, mais les plaindre.

Aie pitié de ces malheureux et tâche de faire en sorte que leurs égarements ne t'irritent pas. Souviens-toi combien souvent tu t'es trompé et tu as péché toi-même, et fâche-toi plutôt contre toi-même de ce que ton âme renferme tant d'inimitié et de méchanceté.

Épictète.

3

Tu dis que tu n'es entouré que de mauvaises gens. Si tu penses ainsi, c'est une preuve certaine que tu es méchant toi-même.

4

Souvent les gens croient se faire valoir en remarquant les défauts des autres ; mais ils ne font que montrer leur faiblesse.

Plus l'homme est bon et intelligent, plus il voit le bien chez les autres ; plus il est bête et méchant, plus il voit les défauts des autres.

5

Il est vrai, qu'il est difficile de se montrer bon envers un vicieux, un menteur, surtout s'il vous offense; mais c'est précisément envers de pareils hommes qu'on doit être bon, et pour eux, et pour soi.

6

Lorsqu'on se fâche contre quelqu'un, on cherche généralement à justifier sa colère et, à ne voir que le mal en la personne contre laquelle on s'irrite ; et l'on ne fait qu'augmenter son inimitié. Alors, qu'au contraire, plus on est irrité, plus on doit chercher le bien que peut contenir celui contre qui on s'irrite. Et lorsqu'on réussit à découvrir le bien et à aimer un tel homme, non seulement on apaise sa colère, mais encore on éprouve une joie profonde.

7

Si tu veux reprocher à un homme ses incohérences, ne qualifie pas ses actes ou ses paroles de sottises, ne dis et ne pense pas que ce qu'il a fait ou dit n'a aucun sens. Au contraire, suppose toujours qu'il voulait faire ou dire quelque chose de raisonnable et tâche de le prouver. Il faut s'efforcer de découvrir les idées erronées qui ont trompé l'homme et les lui faire voir de façon à ce qu'il arrive lui-même à la conclusion, qui est qu'il se trompe. On ne peut persuader un homme que par sa propre raison. De même, on ne peut persuader un homme de l'immoralité de son acte que par son sentiment moral. Il ne faut pas supposer que l'homme le plus vicieux ne puisse pas devenir un être vertueux et libre.

D'après KANT.

6

Si tu te fâches contre un homme parce qu'il a commis un acte que nous considérons comme répréhensible, tâche de savoir pourquoi il a fait ce que nous considérons comme mauvais. Dès que tu l'auras compris, tu ne seras plus fâché, parce qu'on ne peut se fâcher de ce que la pierre tombe du haut en bas et non de bas en haut.

V. — *La nécessité de l'amour pour la communion entre les hommes.*

1

Pour que tes relations avec les hommes ne soient pas

un sujet de souffrance pour toi et pour eux, n'entre pas en rapports avec les gens si tu n'éprouves pas d'affection pour eux.

2

Sans amour, on ne peut manier que les objets ; sans amour, on peut abattre des arbres, faire des briques, forger le fer ; on ne peut sans amour traiter les hommes.

Si tu n'éprouves pas d'amour pour les hommes, occupe-toi de toi-même, manie des choses, ce que tu voudras, mais laisse les hommes tranquilles. Dès que tu te permettras de les traiter sans amour, tu deviendras non pas un homme, mais une bête, tu leur nuiras et tu seras malheureux toi-même.

3

Lorsqu'on voit des gens toujours mécontents, critiquant tout et tout le monde, on a envie de leur dire : « Le but de votre existence n'est pas de dévoiler l'absurdité de la vie, de la critiquer, de vous fâcher et de mourir. Cela n'est pas possible. Réfléchissez ; vous ne devriez pas vous fâcher, ni critiquer, mais travailler à réparer le mal que vous voyez.

« Si vous voulez faire disparaître le mal que vous voyez vous n'y arriverez certainement pas par l'inimitié, mais uniquement par la bienveillance envers tous les hommes, car ce sentiment vit toujours en nous et vous le sentirez aussitôt que vous cesserez de l'étouffer en vous. »

4

Il faut nous habituer à être mécontents d'un autre homme de la même façon qu'il nous arrive d'être mécontents de nous-mêmes. Cela nous arrive lorsque nous ne sommes pas satisfaits d'un de nos actes, et non de notre âme. Il faut agir de même à l'égard des autres : critiquer leurs actes, et les aimer eux-mêmes.

5

Pour ne pas faire tort à son prochain, pour l'aimer, il faut s'habituer à ne pas dire de mal ni de lui, ni à lui, et pour y parvenir, il faut s'habituer à ne pas penser mal de lui, à ne pas laisser pénétrer dans notre âme le sentiment de malveillance.

6

Peux-tu te fâcher contre un homme parce qu'il a des plaies purulentes ? Ce n'est pas sa faute si l'aspect de ses plaies est désagréable. Comporte-toi de même envers les vices d'autruis.

Mais tu diras que l'homme a une raison pour comprendre et corriger ses vices. C'est juste. Par conséquent, toi aussi, tu as une raison et tu peux réfléchir que tu ne dois pas te fâcher contre l'homme en raison de ses vices, mais au contraire, tu dois t'efforcer d'éveiller sa conscience en le traitant avec bonté et intelligence, sans colère, sans impatience et sans orgueil.

Marc-Aurèle.

7

Il y a des gens qui aiment se fâcher. Ils sont toujours occupés à quelque chose et toujours heureux de l'occasion de brusquer, de gronder celui qui s'adresse à eux pour quelque affaire. Ces gens-là sont très désagréables, mais il faut se souvenir qu'ils sont très malheureux, ne connaissent pas la joie de la bonne humeur, et c'est pourquoi, il ne faut pas se fâcher contre eux, mais les plaindre.

8

On ne peut mieux calmer une colère, même juste, qu'en disant à celui qui se fâche que celui contre lequel il se fâche, n'est qu'un malheureux. La pluie a le même effet sur le feu que la compassion sur la colère.

9

L'homme qui désire faire du tort à son ennemi, n'a qu'à s'imaginer qu'il lui a déjà fait mal et qu'il souffre de corps et d'âme ; il n'a qu'à se l'imaginer et à comprendre que tout cela est l'œuvre de nos mains, pour que, à l'idée des souffrances de l'ennemi, l'homme le plus méchant cesse de garder sa rancune.

SCHOPENHAUER.

VI. — *La lutte contre le péché de malveillance.*

1

On me blâme, je suis ennuyé, j'ai de la peine. Comment me débarrasser de ce sentiment désagréable ? D'abord, par l'*humilité* ; quand on connaît sa faiblesse, on ne se fâche pas de ce que les autres la montrent. Ce n'est pas aimable de leur part, mais ils ont raison. Ensuite, par le *raisonnement* ; car, en définitive, on reste toujours ce qu'on a été, et si l'on avait trop de vénération pour soi-même, on aurait qu'à modifier son opinion. Enfin, et principalement, par le *pardon* ; il n'y a qu'un seul moyen pour ne pas haïr ceux qui nous font du mal et nous offensent, c'est de leur faire du bien. Si l'on ne parvient pas à les changer, du moins, arrive-t-on à se maîtriser soi-même.

AMIEL.

2

La meilleure boisson qu'un homme peut boire est la mauvaise parole qu'il a déjà sur les lèvres ; qu'il ne la laisse pas, échapper et l'avale.

Mahomet.

3

Comprends bien et souviens-toi que tout homme agit toujours au mieux de ses propres intérêts,

Si tu y penses toujours, tu ne te fâcheras contre personne, tu ne reprocheras rien à personne, tu ne gronderas personne ; car si quelqu'un a réellement du profit à faire ce qui t'est désagréable, il a raison et il ne peut agir autrement. S'il se trompe et ne se fait du tort qu'à lui-même, tant pis pour lui ; on doit le plaindre et non se fâcher contre lui.

Epictète.

4

Souvenons-nous que tous nous redeviendrons poussière, et soyons humbles et modestes.

D'après Saadi.

VII. — *La malveillance nuit toujours à celui qui la ressent.*

1

Bien que la colère soit nuisible aux autres, elle fait surtout du tort à celui qui se fâche. La colère est toujours plus nuisible que la chose pour laquelle on se fâche.

2

Il y a des gens qui aiment se fâcher, qui s'irritent et font du mal aux autres sans aucune raison. On peut comprendre pourquoi un avare offense les autres : il veut s'emparer de leur bien pour s'enrichir ; il fait du mal aux gens dans son propre intérêt. Un méchant homme fait du tort aux autres sans aucun bénéfice personnel. Quelle folie !

D'après Socrate.

3

Ne pas faire de mal, pas même à ses ennemis, est une grande vertu.

Celui qui cherche à faire périr les autres, périt sûrement lui-même.

Ne fais pas de mal. La pauvreté ne peut excuser le mal. Si tu fais du mal, tu seras plus pauvre encore.

Les gens peuvent éviter les conséquences de la méchanceté de leurs ennemis, mais ils n'éviteront jamais les conséquences de leurs péchés. Cette ombre les poursuivra pas à pas, jusqu'à ce qu'elle les fasse périr.

Que celui qui ne veut pas vivre triste et malheureux ne fasse pas de tort aux autres.

Si l'homme se veut du bien, qu'il ne fasse pas le moindre mal.

Kouran hindou.

4

Etre vertueux, c'est avoir l'âme libre. Les gens qui s'irritent continuellement contre quelqu'un, qui craignent constamment quelque chose et qui s'adonnent aux passions, ne peuvent avoir l'âme libre. Celui qui ne peut pas avoir l'âme libre ne verra pas en regardant, n'entendra pas en écoutant, ne sentira pas de goût en mangeant.

Confucius.

5

Goutte à goutte, le seau se remplit ; de même l'homme s'emplit de colère, bien qu'il la ramasse petit à petit, lorsqu'il se permet de s'irriter contre les gens. Le mal revient à celui qui le commet, de même que la poussière jetée contre le vent.

Ni au ciel, ni dans la mer, ni dans les profondeurs des montagnes, il n'y a de place dans tout l'univers, où l'homme pourrait se débarrasser de la méchanceté qui est dans son cœur. Souviens-t-en.

DJAMAPADA.

6

La loi hindoue dit : De même qu'il est juste qu'il fasse froid en hiver et chaud en été, il est juste qu'un mauvais homme soit malheureux et un bon heureux. Que personne n'entame de querelle, bien qu'il soit offensé et qu'il souffre ; que personne n'offense, ni par un acte, ni par une parole, ni par une pensée. Tout cela prive l'homme du vrai bonheur.

7

Lorsque je sais que la colère me prive du vrai bonheur, je ne peux plus chercher consciemment querelle aux autres ; je ne peux pas, ainsi que je le faisais avant, me réjouir de mon péché, en être fier, l'encourager, le justifier, me donner de l'importance et me croire raisonnable, considérer les autres comme nuls, perdus, insensés ; je ne peux plus maintenant, en sentant que je me laisse emporter par la colère, ne pas reconnaître que j'en suis seul coupable, et ne pas tâcher de me réconcilier avec ceux qui me cherchent querelle.

Mais cela ne suffit pas. Si je sais maintenant que la colère est un mal pour mon âme, je sais aussi ce qui me conduit au mal. C'est que j'oublie que la même chose vit en moi et en tous les hommes. Je vois maintenant que l'habitude de se distinguer des autres hommes et de se considérer comme étant supérieur à eux — est l'une des raisons principales de mon inimitié.

En repassant ma vie écoulée, je vois que je n'ai jamais laissé s'accroître mon sentiment d'inimitié envers les gens que je considérais supérieurs à moi, et je ne les offensais jamais. Mais, par contre, le moindre acte de celui que je considérais comme mon inférieur provoquait ma colère, et plus je me considérais supérieur, plus il m'était facile de l'offenser. Parfois même, rien que l'idée de l'infériorité de l'homme, provoquait déjà une offense de ma part.

8

Un jour d'hiver François, accompagné du frère Léon se rendait de Pérouse à Porcioncule. Il gelait, et tous deux tremblaient de froid. François appela Léon qui marchait devant, et lui dit : « O frère Léon, Dieu veuille que nos frères donnent par toute la terre, l'exemple de la vie de sainteté. Note, cependant, que ce n'est pas là qu'est la joie parfaite. »

Un peu plus loin, François appela encore une fois Léon et lui dit :

« Note encore que si nos frères guérissent les malades, chassent le diable, rendent la vue aux aveugles font ressusciter les morts, ce n'est pas là non plus que sera la joie parfaite. »

Encore plus loin, François appela de nouveau Léon et lui dit : « Note encore frère Léon, brebis du Seigneur, que si nous avions appris le langage des anges, si nous connaissions le cours des étoiles, si tous les trésors de la terre nous étaient apparus, et que si nous avions compris tous les mystères de la vie des oiseaux, des poissons, des bêtes, des gens, des arbres, des pierres et des eaux, note que cela non plus ne serait pas une joie parfaite. »

Et un peu plus loin, François appela encore une fois Léon et lui dit : « Note encore que si nous étions des prédicateurs, qui parviendraient à ramener tous les payens au Christianisme, note que là encore, il n'y aurait pas de joie parfaite. »

Alors le frère Léon dit à François :

— En quoi donc consiste la joie parfaite ?

Et François répondit : « En ceci : lorsque nous arriverons à Parcioncule sales, mouillés, transis de froid et affamés, et que nous demanderons de nous donner asile, le portier nous dira : « Pourquoi traînez-vous, vagabonds, par les chemins, pourquoi tentez-vous les gens, pourquoi volez-vous l'aumône des pauvres ; allez-vous en d'ici, » et il ne nous ouvrira pas. Si nous ne nous offensons pas et que nous pensons avec humilité et amour que le portier a raison, et que mouillés, gelés, et affamés, nous restons jusqu'au matin dans la neige et l'humidité sans murmurer contre le portier, c'est alors, frère Léon, que sera la joie parfaite. »

CHAPITRE XII

DE L'ORGUEIL

Il est difficile de se débarrasser des péchés, surtout lorsque les tentations les encouragent. Telle est la tentation de l'orgueil.

I. — *L'absurdité de l'orgueil.*

1

Les gens fiers sont tellement occupés à prêcher aux autres qu'ils n'ont pas le temps de penser à eux-mêmes ; au reste, ils le croient inutile ; ils sont parfaits tels qu'ils sont. C'est pourquoi, plus ils prêchent aux autres, plus ils tombent bas eux-mêmes.

2

De même que l'homme ne peut pas se soulever lui-même, il ne peut pas se glorifier lui-même.

3

La fierté est mauvaise parce que les gens sont fiers de ce dont on doit avoir honte : de la richesse, de la gloire, des honneurs.

4

Si vous êtes plus fort, plus riche, plus instruit que les autres, tâchez de venir en aide aux gens avec ce que vous avez de plus qu'eux. Si vous êtes plus fort, aidez les faibles ; si vous êtes plus intelligent, aidez ceux qui ne le sont pas ; si vous êtes instruit, aidez ceux qui le sont moins ; si vous êtes riche, aidez ceux qui sont pauvres. Mais les orgueilleux ne raisonnent pas ainsi. Ils pensent que s'ils possèdent ce que les autres n'ont pas, ils n'ont pas besoin de partager avec ceux-ci, mais n'ont qu'à se vanter devant eux.

5

Ce n'est pas bien si l'homme, au lieu d'aimer ses frères, se fâche contre eux. Mais c'est pis encore lorsque quelqu'un se persuade qu'il n'est pas un homme comme les autres, mais meilleur qu'eux et, par conséquent, qu'il peut traiter les gens autrement qu'il ne voudrait être traité lui-même.

6

C'est stupide lorsque des gens tirent vanité de leur visage, de leur corps, mais c'est plus stupide encore lorsqu'ils sont fiers de leurs parents, de leurs ancêtres, de leurs amis, de leur classe, de leur peuple.

Une grande partie du mal, dans ce monde, vient de ce sot orgueil. C'est de là que proviennent les querelles entre les hommes, entre les familles, et les guerres entre les peuples.

7

La bêtise peut exister sans l'orgueil ; mais l'orgueil ne va jamais sans la bêtise.

8

Prenez l'exemple des eaux qui coulent dans les profondeurs des mers et dans les cavités des montagnes : les ruisseaux descendent avec bruit, mais la mer sans fin est muette, elle se balance à peine.

Les Soutes bouddhistes.

9

Plus la substance est légère et moins elle est dense, plus elle occupe de place. Il en est de même de l'orgueil.

10

Une mauvaise roue grince plus fort, un épi vide s'élève plus haut. Il en est de même d'un homme mauvais et vain.

11

Plus l'homme est content de lui-même, moins il possède ce dont on peut être fier.

12

Un homme fier est comme couvert d'une écorce de glace. Aucun bon sentiment ne peut pénétrer à travers cette écorce.

13

Le plus sot des hommes est plus facile à éclairer qu'un orgueilleux.

14

Si les gens fiers pouvaient seulement savoir ce que pensent d'eux ceux qui profitent de leur fierté, ils cesseraient d'être fiers.

II. — *L'orgueil national.*

1

Se croire meilleur que les autres est mal et stupide, nous le savons tous. Considérer sa famille comme la meilleure de toutes, est plus mal et plus stupide encore ; et, cependant, non seulement nous ne nous en rendons pas compte, mais encore nous y voyons un mérite particulier. Considérer son peuple comme le meilleur entre tous est la chose la plus stupide qui puisse exister. Or, loin d'être jugée comme mauvaise, cette présomption apparaît comme une grande vertu.

2

Les gens se querellent entre eux et savent que ce n'est pas bien. Alors, pour se donner le change à eux-mêmes et pour étouffer leur conscience, ils inventent des excuses à leur animosité. L'une de ces excuses est que je suis meilleur que les autres hommes ; seulement, ceux-ci ne le comprennent pas, et c'est pourquoi je ne puis m'entendre avec eux. Une autre excuse, c'est que ma famille est meilleure que les autres familles ; la troisième, que ma classe est meilleure que les autres classes ; la quatrième, que mon peuple est meilleur que les autres peuples.

Rien ne désunit les hommes autant que l'orgueil, qu'il soit celui de l'individu, de la famille, de la classe ou de la nation.

III. — *Un homme n'a pas de raison de s'enorgueillir devant les autres, parce que le même Esprit vit dans tous les hommes.*

1

L'homme se trouve meilleur que les autres quand il

considère uniquement la vie charnelle : seul le corps peut être plus fort, plus grand, meilleur qu'un autre. Mais si l'homme a une vie spirituelle, il ne peut se considérer meilleur que les autres, car l'âme est la même chez tous.

2

On donne aux hommes les titres d'excellence, de grandeur, d'éminence, de monsieur, de père, etc., alors qu'un seul titre convient à tous et n'offense personne : frère, sœur.

Ce terme est bon pour cette raison encore qu'il nous rappelle Le Père pour qui nous sommes tous frères et sœurs.

3

L'homme a raison s'il croit que, dans tout l'univers, il n'y a pas un seul être qui soit au-dessus de lui ; mais il se trompe s'il pense qu'il y a sur la terre un seul homme qui soit au-dessous de lui.

4

C'est bien pour un homme de se respecter parce que l'Esprit de Dieu vit en lui ; mais c'est mal quand il est fier de ce qu'il a d'humain : de son esprit, de sa sagesse, de sa distinction, de sa richesse, de ses bonnes œuvres.

5

L'homme est bon lorsqu'il élève très haut son « moi » spirituel, divin ; mais il est affreux lorsqu'il veut élever au-dessus des hommes son « moi » charnel, vaniteux, ambitieux et exclusif.

6

Si l'homme est fier des marques de distinctions extérieures, il ne fait que montrer ainsi qu'il ne comprend pas son mérite intérieur qui, en comparaison de toutes les marques extérieures de distinction, est comme le soleil par rapport à la bougie.

7

Un homme ne doit pas se vanter devant les autres. Il ne le doit pas, parce que la chose la plus précieuse en lui, c'est son âme et que personne, sauf Dieu, ne connaît le prix de l'âme humaine.

8

La fierté n'est pas du tout la même chose que la conscience de la dignité d'homme. Les faux honneurs et les fausses louanges augmentent la fierté, alors qu'au contraire, les fausses humiliations et le faux blâme augmentent la conscience de la dignité.

IV. — *Conséquences de la tentation de l'orgueil.*

1

De même que les mauvaises herbes qui poussent parmi le blé, boivent l'eau et le jus de la terre et empêchent le soleil de pénétrer jusqu'au blé, l'orgueil absorbe toutes les forces de l'homme et lui cache la lumière de la vérité.

2

La conscience du péché est souvent plus utile à l'homme qu'une bonne action : la conscience du péché humilie l'homme, alors qu'une bonne action augmente souvent sa fierté.

3

Il y a bien des punitions pour un orgueilleux ; mais la

punition principale et la plus douloureuse est le fait que, malgré tous les mérites qu'il pourrait avoir et tous ses efforts les gens ne l'aiment pas.

4

Dès que je me réjouis en disant : comme je suis bon, c'est fini, je tombe dans l'abîme.

5

L'orgueilleux veut se distinguer des autres et se prive ainsi de la meilleure joie de la vie, de la communication libre et joyeuse avec les hommes.

6

L'orgueilleux craint toute critique. Il la craint parce qu'il sent que sa grandeur n'est pas solide, qu'elle ne tient que jusqu'au moment où il n'y a pas le moindre petit trou dans le ballon qui le gonfle.

7

L'orgueil pourrait encore se comprendre s'il plaisait aux gens et les attirait. Mais il n'y a pas de défaut qui éloigne davantage.

8

L'assurance étonne les gens au début. Et, les premiers temps, ils attribuent à l'homme confiant en lui-même exactement la même importance que celle qu'il se donne. Mais l'étonnement passe vite. Les gens sont bientôt désenchantés et ils paient par le mépris pour avoir été trompés.

V. — *La lutte contre la tentation de l'orgueil.*

1

Il y aurait bien moins de mal sur la terre si le sentiment de l'orgueil n'existait pas. Comment se débarrasser de cette cause du mal ? Il n'y a qu'un moyen : le travail de chacun sur lui-même. Les tentations de l'orgueil ne disparaissent que lorsque nous extirpons en nous cette profonde racine du mal. S'il vit dans notre cœur, comment pouvons-nous espérer qu'il mourra dans les cœurs des autres hommes ? C'est pourquoi, la seule chose que nous puissions faire pour notre bien et pour le bien des autres, c'est de tarir en nous cette source du mal dont les autres souffrent.

Aucune amélioration n'est possible, tant que chacun n'aura commencé cet amendement de lui-même.

D'après Lamennais.

2

Il n'est facile de vivre avec un homme que si on ne se considère pas comme supérieur et meilleur que lui, et qu'on ne le croit ni supérieur ou ni meilleur que soi-même.

3

Le but principal de la vie est le perfectionnement de l'âme. Mais l'orgueilleux se croit toujours très bon. C'est pour cette raison que l'orgueil est particulièrement nuisible. Il empêche de travailler à l'œuvre principale de la vie humaine : devenir meilleur.

4

« Mais que le plus grand d'entre vous soit votre serviteur. Car quiconque s'élèvera sera abaissé, et quiconque s'abaissera sera élevé. » (Matth, xxiii, 11-12.)

Celui qui s'élève dans l'opinion des gens sera abaissé, car celui que l'on croit bon, sage, charitable, ne s'efforcera pas de devenir meilleur, plus sage, plus charitable.

Mais celui qui s'abaisse sera élevé, car celui qui se croit mauvais s'efforcera de devenir meilleur, plus charitable, plus sage.

Les présomptueux font ce que ferait le piéton si, au lieu de marcher, il s'était hissé sur des échasses. Sur les échasses on est plus haut, la boue ne vous atteint pas, les pas sont plus grands, mais le malheur est qu'on ne peut aller loin ainsi, sans compter que l'on risque continuellement de tomber dans la boue, de faire rire les gens et de rester en arrière.

Il en est de même des vaniteux. Ils restent bien en arrière de ceux qui ne s'élèvent pas au-dessus de leur taille et, en outre, ils tombent souvent de leurs échasses et deviennent la risée de tous.

CHAPITRE XIII

DE L'INÉGALITÉ

La base de la vie de l'homme, est le séjour en lui de l'esprit divin, égal chez tous les hommes. Et c'est pourquoi les hommes sont tous égaux entre eux.

I. — *De la tentation de l'inégalité.*

1.

Autrefois, les hommes croyaient qu'ils étaient d'origine différente, appartenant aux tribus de Cham ou à celles de Japhet, et que les uns devaient être maîtres et les autres esclaves. Ils reconnaissaient cette division en maîtres et en esclaves parce qu'ils croyaient qu'elle avait été instituée par Dieu. Cette superstition vulgaire et pernicieuse subsiste encore, mais sous un autre aspect.

2

Il suffit de jeter un coup d'œil sur la vie des peuples chrétiens, divisés en classes, pour être frappé du degré effrayant d'inégalité auquel sont arrivés les gens qui professent la loi du christianisme et mettent en avant le mensonge de l'égalité. Parmi ces classes, les unes passent leur vie entière dans un travail abrutissant, inutile et meurtrier, les autres sont blasées des plaisirs de tous genres.

3

L'une des croyances les plus anciennes et les plus profondes comme idée, était celle des Hindous. La raison pour laquelle elle n'est pas devenue une croyance universelle et n'a pas donné à la vie des hommes les fruits qu'elle pouvait apporter, est que ses maîtres ont estimé que les hommes n'étaient pas égaux et les ont divisés en castes. Pour les gens qui se croient inégaux, il ne peut y avoir de vrai religion.

4

On pourrait comprendre que les gens se croient inégaux parce que l'un est plus fort, plus grand que l'autre, ou plus intelligent, ou plus hardi, ou plus savant ou meilleur. Mais ce n'est pas ainsi que l'on distingue les hommes habituellement. On estime que les hommes ne sont pas égaux parce que l'un s'appelle comte et l'autre paysan, que l'un porte des vêtements riches et l'autre des sabots.

5

Les hommes de notre époque comprennent déjà que l'inégalité des hommes est une superstition et ils la blâment intérieurement. Mais ceux qui en retirent un profit ne se décident pas à s'en séparer, tandis que ceux pour qui elle est désavantageuse ne savent pas comment la supprimer.

6

Les gens se sont habitués à diviser les hommes en

gens distingués et non distingués, valeureux et lâches, instruits et non instruits, et ils se sont si bien accoutumés à ce classement, qu'ils croient, en réalité, que les uns peuvent être meilleurs que les autres, parce que les uns sont placés par les hommes dans une catégorie et les autres dans une autre.

7

Rien que la coutume admise chez les gens riches de tendre la main aux uns et de ne pas la tendre aux autres, de faire entrer les uns au salon et de recevoir les autres dans l'anti-chambre, prouve combien les gens sont loin de reconnaître l'égalité entre eux.

8

Si la superstition de l'inégalité n'existait pas, les hommes ne pourraient jamais commettre tous les forfaits qu'ils commettent sans cesse, uniquement parce qu'ils n'admettent pas que tous les hommes sont égaux.

II. — *Les excuses de l'inégalité.*

1

Rien ne donne tant d'assurance que la camaraderie pour accomplir des mauvaises actions, et cela par le fait que quelques hommes seulement s'unissent entre eux, en laissant tous les autres à l'écart.

2

Ceux qui se font valoir devant les autres sont tout autant fautifs de l'inégalité des hommes que ceux qui se croient inférieurs aux gens qui se vantent devant eux.

3

Nous sommes étonnés de voir combien ce que nous appelons maintenant le christianisme est loin de ce que prêchait Jésus, et combien notre vie est loin du christianisme. Et, cependant, cela pouvait-il être autrement lorsqu'il s'agissait d'une doctrine qui, au milieu des gens qui croyaient que Dieu a divisé les hommes en maîtres et esclaves, en fidèles et infidèles, en riches et pauvres, apprenait aux gens la vraie égalité, disant que tous les hommes était fils de Dieu, que tous sont frères, que la vie de tous étaient également sacrée. Les gens qui embrassèrent la doctrine du Christ ne pouvaient choisir qu'entre ces deux alternatives : modifier toute l'ancienne organisation sociale, ou dénaturer la doctrine. Ils ont choisi la dernière.

III. — *Tous les hommes sont frères.*

1

Il est stupide de voir un homme se croire meilleur que tous les autres ; mais c'est plus stupide encore de voir tout un peuple s'estimer meilleur que les autres peuples. Et chaque peuple, la plus grande partie de chaque peuple, vit dans cette affreuse, sotte et mauvaise superstition.

2

On comprend qu'un Juif, un Grec, un Romain non seulement ait maintenu l'indépendance de son peuple par le meurtre, mais encore ait cherché à soumettre les autres peuples par les mêmes procédés ; il croyait que son peuple était le vrai peuple bon, charitable et aimé de Dieu, et que tous les autres étaient des Philistins, des barbares. Les hommes du Moyen Age pouvaient également le croire ; on pouvait le croire naguère encore, à la fin du siècle dernier. Mais, à notre époque, nous ne pouvons plus le croire.

3

L'homme qui comprend le sens et la signification de la vie est forcé de sentir son égalité et sa fraternité avec tous les hommes non seulement de son peuple, mais de tous les peuples.

4

Chaque homme, avant d'être autrichien, serbe, turc, chinois, est un homme, c'est-à-dire un être raisonnable et aimant dont l'unique mission est de remplir sa destinée pendant le court laps de temps qu'il doit vivre en ce monde. Cette mission est d'aimer tous les hommes.

5

Un enfant accueille un autre, indépendamment de la classe de la religion ou de la nationalité à laquelle il appartient, d'un sourire bienveillant qui exprime la joie. L'homme adulte qui devrait être plus raisonnable que l'enfant, se demande, avant d'entrer en relations avec un autre, quelle est sa classe, sa religion, sa nationalité et le traite de façon ou d'autre, suivant sa classe, sa nationalité. Le Christ disait bien : soyez comme les enfants.

6

Le Christ a appris aux hommes que la distinction entre leur peuple et les peuples étrangers était une supercherie et un mal. Ayant compris cela, le chrétien ne peut plus concevoir un sentiment d'inimitié pour d'autres peuples ;

il ne peut plus excuser, ainsi qu'il le faisait auparavant, les actes de cruauté à l'égard des peuples étrangers, par le fait que ces peuples étaient pires que le sien. Le chrétien ne peut pas ignorer que sa distinction des autres peuples est un mal, que cette distinction est une tentation, et, par conséquent, il ne peut plus se laisser abuser, ainsi qu'il le faisait auparavant.

Le chrétien ne peut pas ignorer que son bonheur est lié, non pas à celui des hommes de son peuple seul, mais au bonheur des hommes de tout l'univers ; il sait que son union avec tous les hommes ne peut être rompue par la frontière et les règlements relatifs à sa nationalité. Il sait que tous les hommes sont frères partout, et sont, par conséquent, tous égaux.

IV. — *Tous les hommes sont égaux.*

1

L'égalité, c'est la reconnaissance à tous les hommes de droits égaux aux bienfaits de la nature de leur vie en commun et au respect de la personnalité humaine.

2

La loi de l'égalité des hommes renferme toutes les lois morales ; c'est le point auquel ces lois ne peuvent atteindre, mais vers lequel elles convergent toutes.

E. Carpenter.

3

Le vrai « moi » de l'homme est spirituel. Et ce « moi » est le même en tous. Alors comment les hommes pourraient-ils ne pas être égaux ?

4

Et un jour la mère et les frères de Jésus-Christ vinrent chez lui, mais ne purent le voir parce qu'il y avait beaucoup de monde autour de Lui. Et un homme les aperçut, et il s'approcha de Lui et dit : « Les gens de ta famille, Ta mère et Tes frères sont dehors et veulent te voir. » Mais, Jésus dit : — Ma mère et mes frères sont ceux qui ont compris la volonté de mon Père et qui l'accomplissent.

Les paroles de Jésus signifient que pour un homme raisonnable qui comprend sa destination, il ne peut y avoir de différence ou d'avantages entre les uns et les autres.

5

Nous sommes mécontents de la vie parce que nous ne cherchons pas le bonheur là où il nous est donné.

C'est là la raison de toutes les tentations.

Le bonheur incomparable de la vie, avec toutes ses joies, nous est donné. Et nous disons : nous avons peu de joies. On nous donne le plus grand bonheur de la vie : la communion entre tous les hommes, mais nous disons : je veux mon bonheur à moi, celui de ma famille, celui de mon peuple.

V. — *Pourquoi tous les hommes sont égaux.*

1

Seul celui qui ignore que Dieu vit en lui, peut attribuer à certaines gens plus d'importance qu'aux autres.

2

Lorsque l'homme aime les uns plus que les autres, il

aime d'un amour humain. Pour l'amour divin, tous les hommes sont égaux.

3

Le même sentiment d'attendrissement tout particulier que nous éprouvons indifféremment à la vue d'un nouveau-né, aussi bien qu'à la vue d'un être humain qui vient de mourir, indépendamment de la classe à laquelle il appartient, nous démontre notre conscience innée de l'égalité de tous les hommes.

4

Si l'on considère tous les hommes comme ses égaux, cela ne veut pas dire que l'on est aussi fort, aussi agile, aussi intelligent, aussi instruit, aussi bon que les autres ; cela veut dire qu'il y a en toi la chose la plus importante au monde qui est la même en tous les hommes : l'Esprit de Dieu.

5

Dire que les hommes ne sont pas égaux, serait prétendre que le feu de la cheminée, de l'incendie, de la bougie n'est pas le même. L'esprit divin vit en chaque homme. Comment pouvons-nous faire une différence entre les porteurs du même principe ?

Un feu a pris, l'autre prend seulement ; mais le feu est le même et nous nous comportons envers chaque feu de la même façon.

VI. — *La reconnaissance de l'égalité de tous les hommes est possible et l'humanité s'y rapproche.*

1

Les hommes s'occupent à établir l'égalité devant leurs

lois, mais ils ne veulent rien savoir de l'égalité établie par la loi éternelle qu'ils transgressent par leur loi.

2

Ne devrions-nous pas nous efforcer d'organiser notre vie de façon à ce que l'élévation sur les degrés de l'échelle sociale ne séduise pas les hommes, mais les effraye ; car cette élévation les prive de l'un des principaux bienfaits de la vie : des rapports égaux entre tous les hommes.

D'après Ruskin.

3

On dit que l'égalité est impossible. Il faudrait dire au contraire : l'inégalité est impossible parmi les chrétiens.

On ne peut pas faire qu'un homme grand, devienne petit, un fort faible, un intelligent sot, un ardent froid, mais on peut et on doit également aimer et respecter un petit comme un grand, un faible comme un fort, un sage comme un sot.

4

On dit toujours que les uns sont plus forts, les autres plus faibles, que les uns sont plus intelligents, les autres plus bêtes. C'est précisément parce que les uns sont plus intelligents, ou plus forts que les autres, dit Lichtenberg, que l'égalité des droits des hommes est nécessaire. Si, outre l'inégalité intellectuelle et physique, il y avait encore l'inégalité des droits, l'oppression des faibles par les forts serait encore plus grande.

5

Ne crois pas que l'égalité est impossible, ou bien qu'elle ne puisse être réalisée dans un avenir très éloigné. Apprendsla chez les enfants. Elle peut exister dès à présent pour chaque homme. Toi-même, tu peux établir dans ta vie l'égalité envers tous les gens que tu rencontres. Seulement, ne témoigne pas de respect particulier à ceux qui se croient grands et haut placés, mais traite surtout avec le même respect ceux que l'on considère comme petits et placés au bas de l'échelle sociale.

VII. — *Tous les hommes sont égaux pour celui qui vit de la vie spirituelle.*

1

Pour le chrétien l'amour est un sentiment qui veut le bonheur de tous les hommes. Pour bien des gens le mot « amour » exprime un sentiment absolument contraire, parce qu'ils l'envisagent sous son aspect animal : c'est le sentiment qui force la mère, pour le bien de son enfant, à ravir, en prenant une nourrice, le lait de sa mère à un autre enfant ; un père à arracher le dernier morceau à ceux qui ont faim pour le donner à ses enfants ; celui qui aime une femme, à la faire souffrir en la séduisant, ou, par jalousie, causer sa perte et la sienne ; le sentiment qui détermine les gens du même clan à nuire à ceux des camps étrangers ou ennemis ; celui qui pousse les hommes outragés dans leur orgueil national à couvrir les champs de bataille de morts et de blessés. Ces sentiments ne sont pas de l'amour, car ceux qui les éprouvent ne reconnaissent pas tous les hommes comme égaux. Et sans la reconnaissance de l'égalité des hommes, il ne peut y avoir de véritable amour.

2

On ne peut combiner l'inégalité avec l'amour. L'amour

est comme le soleil qui éclaire indifféremment tout ce qui tombe sous ses rayons. Quand l'amour luit sur l'un et exclut l'autre, cela montre qu'il n'est pas amour, mais seulement quelque chose qui lui ressemble.

3

Il est difficile d'aimer également tous les hommes ; mais pour la raison que cela est difficile, on ne peut pas dire qu'on ne doit pas s'efforcer de le réaliser.

Tout ce qui est bien est difficile.

4

Plus les hommes sont inégaux par leurs qualités, plus on doit se donner de la peine pour les traiter d'une façon égale.

5

En toi, en moi, en chacun de nous demeure le Dieu de la vie. Tu as tort de te fâcher contre moi, de ne pas supporter mon approche : sache que nous sommes tous égaux.

MAKHMUD HASCHA *hindou*.

CHAPITRE XIV

DE LA VIOLENCE

Une des raisons principales des malheurs des hommes est de croire à la possibilité d'améliorer, d'organiser la vie des autres hommes en recourant à la violence.

I. — *La violence de l'homme exercée sur l'homme.*

1

L'erreur de croire que les hommes peuvent, par la force, organiser la vie de leurs pareils, provient non de l'invention de cette duperie par tel ou tel, mais de ce que, poussés par leurs passions, les hommes avaient commencé par violenter leurs semblables, puis ont cherché une excuse à cette violence.

2

Les hommes voient qu'il y a quelque chose de mauvais dans leur vie, qu'il y a quelque chose à améliorer. Mais nous ne pouvons améliorer que ce qui est en notre pouvoir : nous-même. A cette fin, il faut tout d'abord reconnaître que nous ne sommes pas bons, et on n'en a pas envie. Dès lors, toute notre attention se concentre non pas sur ce qui est en notre pouvoir : notre âme, mais sur les conditions extérieures qui ne sont pas en notre pouvoir et dont la modification ne pourrait pas plus améliorer la situation des hommes que le transvasement du vin d'un récipient dans un autre ne peut changer sa qualité. De là, la vie oisive, d'abord, puis, nuisible, présomptueuse (nous corrigeons les autres hommes) et méchante (on peut tuer les hommes qui entravent le bonheur général).

3

On croit forcer les gens à bien vivre en employant la contrainte, alors que l'on montre soi-même l'exemple de la mauvaise vie en recourant à la violence. Les hommes sont dans la boue et, au lieu de tâcher d'en sortir, ils apprennent aux autres ce qu'il faut faire pour ne pas se salir.

4

Il est facile d'organiser la vie des autres, parce que si nous l'organisons mal, ce n'est pas nous qui en souffrons, mais les autres.

5

Seul celui qui ne croit pas en Dieu peut s'imaginer que des gens pareils à lui peuvent organiser sa vie de façon à ce qu'elle soit meilleure.

6

L'erreur de croire qu'il y a des gens qui peuvent organiser la vie des autres est effrayante parce qu'avec cette croyance, plus les gens sont pervers, plus ils sont estimés.

7

Lorsque les gens disent que tous doivent vivre en paix,

n'offenser personne, alors qu'eux-mêmes forcent les gens, non par la douceur, mais par la violence, à vivre comme ils veulent ; c'est comme s'ils disaient : faites ce que nous disons, mais non ce que nous faisons. On peut craindre ces gens-là, mais on ne peut pas avoir foi en eux.

II. — *La lutte contre le mal par la violence est inadmissible parce que les hommes conçoivent le mal différemment.*

1

Étant donné que chaque homme détermine le mal à sa manière, il semblerait évident que si chacun combat le mal par la violence, cela ne peut qu'augmenter le mal au lieu de le diminuer. Si Jean estime que Pierre n'agit pas bien et se croit en droit de faire du mal à Pierre, celui-ci prend le même droit de faire du mal à Jean, et le mal ne fait qu'augmenter.

Mais chose étrange : tout en pénétrant les lois du mouvement des étoiles, les hommes ne comprennent pas une vérité aussi évidente. Pourquoi ? Parce qu'ils croient que la violence est bienfaisante.

2

La doctrine conformément à laquelle l'homme ne peut et ne doit jamais faire violence pour arriver à ce qui lui semble bien, est juste pour cette simple raison que tous les hommes n'entendent pas le bien et le mal de la même façon. Ce que l'un considère comme mal est douteux (d'autres le considèrent comme bien), tandis que la violence dont il use afin de supprimer le mal : coups, blessures, entraves à la liberté, mort, est incontestablement un mal.

3

Le plus grand mal de la superstition suivant laquelle on peut organiser la vie des autres, par la violence, réside en ce fait, qu'aussitôt qu'un homme se permet d'user de violence à l'égard d'un seul pour le bien de tous, il n'y a plus de borne au mal qu'il pourrait commettre. C'est la même superstition qui justifiait dans les temps passés, les tortures, l'inquisition, le servage, et à notre époque, les guerres qui font périr des millions d'hommes.

III. — *L'inefficacité de la violence.*

1

Forcer les gens par la violence à cesser de faire le mal revient au même que de poser une digue sur une rivière, et de se réjouir que, l'eau soit devenue moins profonde derrière la digue. De même que la rivière inondera la digue en son temps et coulera comme par le passé, les hommes qui font le mal ne cesseront pas de le faire, mais attendront simplement une occasion propice.

2

Celui qui exerce sur nous la violence semble nous priver de nos droits, et c'est pourquoi nous le détestons. Par contre, nous aimons comme nos bienfaiteurs ceux qui savent nous convaincre. Ce n'est pas le sage, mais l'homme grossier et ignorant qui a recours à la violence. Pour employer la force, il faut de nombreux collaborateurs ; pour convaincre, on n'a besoin de personne. Celui qui se sent suffisamment fort pour agir sur la raison n'aura pas recours à la violence. Seuls ceux qui se reconnaissent incapables de persuader, usent de violence.

D'après Socrate.

3

Contraindre les gens à faire ce qui me semble bon, est le meilleur moyen de les en dégoûter.

4.

Chacun sait combien il est difficile de modifier sa vie et de devenir tel que l'on voudrait. Mais lorsqu'il s'agit des autres, il nous semble qu'il suffit seulement d'ordonner et d'effrayer pour que les autres deviennent tels que nous désirerions qu'ils soient.

5

S'il est possible de soumettre les hommes à l'équiter par la violence, cela ne veut pas dire qu'il soit juste de soumettre les hommes par la violence.

Pascal.

IV. — *L'erreur d'organiser la vie par la violence.*

1

Il a déjà été fait, tant de sacrifices sur l'autel du Dieu de la violence qu'on aurait pu peupler de ces victimes vingt planètes de la grandeur de la terre ; mais est-on arrivé au moindre résultat ? A aucun, sinon à ce fait que la situation des peuples empire de plus en plus. Malgré tout, la violence demeure toujours l'idole. Devant son autel, baigné de sang, l'humanité semble vouloir se prosterner jusqu'à la consommation des siècles, au son du tambour, au bruit des canons et des gémissements humains.

Adin Ballou.

2

« L'instinct de conservation est la première loi de la nature » disent ceux qui nient la loi de la non-résistance.

« D'acccord, mais qu'en résulte-t-il ? » demandai-je !

« Il en résulte que la défense contre ce qui menace est également une loi de la nature. Et de là, cette conclusion que la lutte et, sa conséquence, la disparition du plus faible, est une loi de la nature ; et cette loi justifie incontestablement la guerre, la violence et la vengeance ; de sorte que la conséquence de l'instinct de conservation, — est que la défense est légitime ; par suite, la doctrine qui défend l'emploi de la violence est erronée, comme étant contraire à la nature et aux conditions de la vie sur la terre. »

— Je suis d'accord que l'instinct de conservation est la première loi de la nature, et qu'il incite à la défense. Je suis d'accord que les hommes, à l'instar des organismes inférieurs, luttent ordinairement les uns contre les autres, s'offensent et s'entre-tuent même, sous le prétexte de se défendre et de se venger. Mais j'y vois uniquement que la plupart des hommes, malgré la loi humaine supérieure qui leur est révélée continuent malheureusement à vivre suivant la loi bestiale, et se privent ainsi du moyen de défense le plus efficace : de payer le mal par le bien, ce dont ils auraient pu profiter s'ils n'avaient pas suivi la loi bestiale de la violence, mais la loi humaine de l'amour.

Adin Ballou.

3

Il est certain que la violence et le meurtre révoltent l'homme et que son premier mouvement est d'y opposer la violence et le meurtre. Un tel procédé, bien qu'il se rapproche de celui employé par les animaux et soit peu efficace, n'a rien d'insensé ni de contradictoire. Mais il n'en est pas de même lorsqu'il s'agit de justifier ces procédés. Dès que les gens qui organisent notre vie, veulent excuser ces actes par une argumentation raisonnable, il devient indispensable d'échaffauder des inventions ingénieuses et complexes afin de masquer l'ineptie d'une pareille tentative.

Le moyen principal de justification est de citer l'exemple d'un brigand imaginaire qui torture et assassine des innocents devant nous.

« Vous pouvez vous sacrifier en vertu de votre conviction sur l'illégalité de la violence, mais cette fois vous sacrifiez la vie d'un autre, » disent les défenseurs de la violence.

Mais d'abord, un tel brigand est un cas exceptionnel ; bien des gens peuvent vivre des centaines d'années sans rencontrer un brigand qui tuerait des innocents devant eux. Pourquoi baserai-je les règlements de ma vie sur cette invention ? En envisageant la vie réelle et non pas des inventions, nous apercevons tout autre chose. Nous voyons des gens, et nous-mêmes, accomplissant les actions les plus cruelles, et cela non pas isolément, comme ce brigand imaginaire, mais en commun avec d'autres personnes, et non pas parce que nous serions des malfaiteurs comme le dit brigand, mais parce que nous nous trouvons sous l'influence de la supertition suivant laquelle la violence est légitime. Ensuite, nous voyons que les actions les plus cruelles viennent non pas du brigand imaginaire, mais de gens qui fondent leur conduite sur l'existence imaginaire de ce brigand. De sorte que l'homme qui réfléchit reconnaîtrait que la cause du mal ne réside nullement en ce brigand imaginaire, mais dans la cruelle erreur qui incite à faire un mal réel en vertu d'un mal imaginaire.

V. — *Les conséquences néfastes de la superstition de la violence.*

1

Le mal dont les gens croient se défendre par la violence est incomparablement moindre que celui qu'ils se font en se défendant par la violence.

2

Non seulement le Christ, mais tous les sages de l'univers, et les Brahmanes, et les Bouddhistes, et les Taosistes, et les savants grecs, ont enseigné que les gens raisonnables devaient payer le mal par le bien et non par le mal. Mais ceux qui vivent eux-mêmes de la violence disent que ce n'est pas possible, que la vie serait ainsi plus malheureuse. Et ils ont raison pour eux-mêmes, mais non pas pour ceux qu'ils violentent.

3

Il est difficile d'observer la doctrine de la non-résistance au mal par la violence ; mais est-il plus facile d'observer celle de la lutte et de la vengeance ?

Pour obtenir une réponse à cette question, ouvrez l'histoire de n'importe quel peuple et lisez la description de l'une des cent mille batailles que les hommes se sont livrées pour obéir à la loi de la lutte. Au cours de ces guerres ont été tué des milliards d'hommes, si bien que pendant une seule on a sacrifié un plus grand nombre de vies, supporté plus de souffrances qu'il ne s'en accumulerait pendant des siècles en ne résistant pas au mal.

4

La violence provoque la colère, et celui qui en use pour se défendre non seulement n'y trouve pas une garantie, mais s'expose le plus souvent à des dangers plus grands encore. Aussi, employer la violence pour sa garantie est un mauvais calcul.

5

Toute violence ne désarme pas l'homme, mais ne fait que l'irriter davantage. Il est donc évident que la violence ne saurait améliorer la vie des hommes.

6

La violence assure un semblant de justice. tandis qu'elle éloigne les hommes de la possibilité de mener une vie juste sans violence.

7

Pourquoi le christianisme a-t-il été perverti ? Pourquoi la moralité est-elle tombée si bas ? Il n'y a qu'une seule raison à cela ; la foi en l'efficacité du régime de violence.

VI. — *Seule la non-résistance au mal par la violence permet à l'humanité de substituer la loi de l'amour à la loi de la violence.*

1

La signification des paroles : « Vous avez entendu qu'il a été dit : œil pour œil, dent pour dent. Mais moi je vous dis : ne résiste pas au méchant. Et celui qui te frappera etc., » est absolument claire et n'exige aucune explication ni commentaire. Il est impossible de ne pas comprendre que ces paroles signifient que le Christ, en reniant l'ancienne loi de violence : œil pour œil dent pour dent, renie par cela même tout l'ordre des choses fondée sur cette loi, et institue une nouvelle loi d'amour entre tous les hommes sans distinction et, par cela même, une nouvelle organisation sociale qui n'est plus fondée sur la violence, mais sur l'amour universel. Alors, comprenant cette doctrine dans son véritable sens et prévoyant que sa mise en pratique fera disparaître tous leurs privilèges et avantages, certains hommes ont crucifié le Christ et continuent à crucifier ses disciples. D'autres hommes ayant également compris le sens réel de la doctrine sont allés et vont encore à la croix, en rapprochant de plus en plus le moment de la nouvelle organisation de la vie fondée sur la loi de l'amour.

2

La doctrine de la non-résistance au mal par le mal n'est pas une nouvelle loi, mais simplement le signalement de la déviation de la loi de l'amour, savoir que toute admission de violence contre son prochain, que ce soit sous prétexte de vengeance ou sous celui de la libération de soi-même ou de son prochain du mal, est incompatible avec l'amour.

3

Rien n'entrave l'amélioration de la vie humaine tant que le désir des hommes d'améliorer leur vie par des actes de violence. Et la violence des uns envers les autres, nous détourne plus que tout de la seule chose qui pourrait améliorer notre vie : l'effort sur nous-mêmes pour devenir meilleurs.

4

Moins l'homme est satisfait de lui-même et de sa vie intérieure, plus il se fait remarquer dans la vie extérieure, publique.

Afin de ne pas tomber dans cette erreur, l'homme doit comprendre et se souvenir qu'il n'a pas le pouvoir et qu'il n'est pas appelé à organiser la vie des autres, mais qu'il doit s'occuper, comme tous les hommes, uniquement de son perfectionnement intérieur que cela seulement est en son pouvoir et que cette conduite seule peut avoir une action sur la vie des autres.

5

Si les hommes consacraient le temps et les forces dépensés aujourd'hui à l'organisation de la vie des autres à la lutte de chacun contre ses propres péchés, le but qu'ils veulent atteindre — la meilleure organisation de la vie — serait bien vite réalisé.

6

Lorsqu'on demandait à Socrate où il était né, il disait : sur la terre. Lorsqu'on lui demandait de quel pays il était ; il répondait : du pays universel.

Nous devons nous souvenir que, devant Dieu, nous sommes tous les habitants de la même terre, et que nous sommes tous sous le pouvoir suprême de la loi divine.

Cette loi est toujours la même pour tous les hommes.

7

Aucun homme ne peut être ni un instrument, ni un but. Là est sa dignité d'homme. Et de même qu'il ne peut disposer de sa personne à aucun prix (ce qui serait contraire à sa dignité), il n'a pas le droit de disposer de la vie d'autrui ; autrement dit, il doit reconnaître la dignité humaine de chaque homme, et c'est pourquoi, il doit exprimer son respect à chaque homme. KANT.

8

A quoi servirait aux hommes la raison, si l'on ne peut les influencer que par la violence ?

9

Chose étrange ! L'homme se révolte à la vue du mal venant du dehors, des autres, du mal qu'il ne peut supprimer ; mais il ne lutte pas contre son propre mal, bien que cela soit toujours en son pouvoir.

Marc-Aurèle.

10

On peut instruire les autres en leur révélant la vérité et en leur donnant l'exemple du bien, et non pas en les forçant à faire ce que nous voulons.

11

Si, au lieu de vouloir sauver l'humanité, chacun travaillait à son propre salut et au lieu de vouloir libérer l'humanité, tentait de se libérer soi-même, — combien on aurait fait pour le salut et la libération de l'humanité.

Herzen (1).

12

Accomplis ton œuvre de vie en perfectionnant et en améliorant ton âme, et sois persuadé que ce n'est qu'ainsi que tu pourras contribuer de la façon la plus féconde à l'amélioration de la vie commune des hommes.

13

Notre vie serait belle si nous avions aperçu seulement

---

(1) Célèbre écrivain russe, émigré à l'étranger. (*N. du Tr.*).

ce qui détruit notre bonheur. Et c'est la superstition de la violence qui ne peut nous donner ce bonheur qui le détruit.

VIII. — *Interprétation erronée du commandement du Christ interdisant d'user de la violence contre le mal.*

1

La base de l'organisation sociale des païens était la vengeance et la violence. Cela devait être ainsi. Il semblerait, par contre, que l'amour et la renonciation à la violence auraient dû inévitablement être à la base de notre société. Cependant, la violence règne toujours. Pourquoi? Parce que ce qui est professé au nom du Christ n'est pas la doctrine du Christ.

2

Doit-on comprendre les paroles du Christ sur l'amour envers ceux qui nous haïssent, envers nos ennemis, amour qui n'admet aucune violence, comme elles ont été dites, c'est-à-dire commandant l'humilité et l'amour, ou bien doit-on les comprendre autrement? Et si c'est autrement, on doit dire comment. Or, personne ne le fait. Pourquoi? Parce que ceux qui se disent chrétiens veulent cacher à eux-mêmes et aux autres le sens véritable de la doctrine du Christ commandant le changement profond de leur vie. Or, l'ordre actuel leur est profitable.

3

Chose étrange : ceux qui reconnaissent la doctrine du Christ se révoltent contre la règle qui n'admet en aucun cas la violence.

L'homme qui reconnaît que le sens et l'œuvre de la

vie est dans l'amour, se révolte parce qu'on lui indique à cet effet une voie sûre, en même temps que les erreurs les plus dangereuses qui pourraient le détourner de cette voie. C'est comme si le marin s'indignait contre l'indication de la bonne direction au milieu des bancs de sables et de récifs. « Pourquoi cette contrainte ? Il se peut que j'aie besoin d'échouer sur un banc de sable. » Les gens parlent de même lorsqu'ils s'indignent contre la défense d'employer la violence et de rendre le mal pour le mal.

CHAPITRE XV

DU CHATIMENT

Chez l'animal, le mal provoque le mal. N'ayant pas de frein pour se maîtriser, l'animal cherche à rendre le mal pour le mal, sans s'apercevoir que le mal accroît inévitablement le mal. L'homme, pourvu de raison, ne peut pas lui, ne pas s'en rendre compte et doit, par suite, savoir se contenir. Malheureusement, sa nature bestiale l'emporte souvent sur sa raison et il emploie cette même raison à justifier le mal qu'il commet en le qualifiant de châtiment, de punition.

I. — *Le châtiment n'atteint jamais le but par lequel on le justifie.*

1

On affirme qu'on peut rendre le mal pour le mal dans un but de correction. C'est une erreur. On rend le mal pour le mal, non pour corriger les hommes, mais pour se venger. On ne peut corriger le mal par le mal.

2

Punir veut dire en russe : donner une leçon. Or, on ne

peut enseigner que par la bonne parole et le bon exemple. Lorsqu'on rend le mal pour le mal on n'instruit pas, mais on déprave.

3

L'erreur qu'on peut supprimer le mal par la punition est tout particulièrement dangereuse, pour cette raison que les gens qui commettent ainsi le mal considèrent que cela est non seulement permis, mais encore bienfaisant.

4

Par la punition, par la menace du châtiment on peut effrayer l'homme, le retenir du mal pour un temps, mais on ne peut le corriger.

5

La plus grande partie des malheurs des gens provient de ce que les hommes — pécheurs — se sont reconnu le droit de punir.

6

La preuve la plus éclatante de ce que sous le nom de « science » on entend souvent des choses insignifiantes, voire monstrueuses, est dans l'existence d'une science de punitions, c'est-à-dire visant l'acte le plus grossier qu'un homme puisse commettre.

II. — *Superstition de l'efficacité de la vengeance.*

1

De même qu'il existe des superstitions d'idolâtrie, de présages, de culte extérieur, etc., il existe chez les hommes une superstition universelle en vertu de laquelle les uns peuvent contraindre les autres à mener une bonne vie. Les premières superstitions commencent à disparaître ou ont disparu, mais celle qui fait croire à la possibilité de rendre les hommes heureux par le châtiment des mauvais, continue à être reconnue de tous, et l'on commet en son nom les plus grands crimes.

2

« Alors les scribes et les pharisiens Lui amenèrent une femme surprise en adultère et, l'ayant placée au milieu d'eux, Lui dirent : Maître, cette femme a été surprise en flagrant délit d'adultère. Or, Moïse nous a ordonné dans sa loi, de lapider de telles femmes. Et toi, qu'en dis-tu? Ils disaient cela pour L'éprouver, afin de pouvoir L'accuser. Mais Jésus, s'étant baissé, se mit à écrire de son doigt sur le sable. Et comme ils continuaient à L'interroger, Il se releva et leur dit ; — Que celui de vous qui est sans péché lui jette le premier la pierre. Et s'étant de nouveau baissé il se remit à écrire sur le sable. Quand ils entendirent cela, dénoncés par leur conscience, ils se retirèrent l'un après l'autre, en commençant par les plus notables jusqu'aux derniers, et Jésus fut laissé seul avec la femme. Alors Jésus s'étant relevé et ne voyant personne que la femme, lui dit : — Femme, où sont tes accusateurs? Personne ne t'a-t-il condamnée? Elle dit : Personne, Seigneur : Jésus lui dit : Je ne te condamne pas non plus ; va et ne pèche plus. »

Jean VIII, 3-11.

3

Les hommes font du mal par méchanceté pour se venger d'une offense, par une fausse notion des moyens de se protéger ; puis, afin de se justifier, ils persuadent les autres et eux-mêmes qu'ils agissent ainsi afin de corriger celui qui leur a fait du mal.

4

Un certain ordre subsiste dans notre société, non pas parce qu'on inflige des punitions à ceux qui troublent cet ordre, mais parce que, malgré la mauvaise influence de ces châtiments, les hommes s'aiment et ont pitié quand même les uns des autres.

5

Le châtiment est nuisible, moins parce qu'il irrite celui qu'on punit, que parce qu'il déprave celui qui punit.

III. — *La vengeance dans les rapports individuels.*

1

Punir un homme pour ses mauvaises actions revient au même que de chauffer le feu. Tout homme qui a fait le mal est déjà puni, parce qu'il est privé de tranquillité, est tourmenté par sa conscience. Mais si sa conscience ne le tourmente pas, toutes les punitions que les hommes peuvent lui infliger ne le corrigeront pas, mais ne feront que l'irriter davantage.

2

Le vrai châtiment pour chaque mauvaise action est celui qui se produit dans l'âme du criminel même, et qui est dans l'abaissement de sa faculté de jouir des bienfaits de la vie.

3

Un homme a fait le mal. Et voilà qu'un autre homme ou des hommes, ne trouvent rien de mieux que de commettre une nouvelle mauvaise action qu'ils qualifient de châtiment.

4

On tue un ours en suspendant une grosse bûche à une corde au-dessus d'une auge remplie de miel. L'ours repousse la bûche pour manger le miel. La bûche revient et lui donne un coup, l'ours se fâche et repousse la bûche plus fort ; elle le frappe plus fort encore. Et cela dure jusqu'à ce que la bûche tue l'ours. Les hommes agissent de même lorsqu'ils rendent le mal pour le mal. Est-il possible que les hommes ne puissent être plus raisonnables qu'un ours ?

IV. — *La vengeance dans les rapports sociaux.*

1

La thèse sur la rationalité du châtiment non seulement n'a pas contribué et ne contribue pas à la bonne éducation des enfants, à la meilleure organisation des sociétés et à la moralité de ceux qui croient au châtiment dans l'autre monde, mais encore a causé et cause des malheurs innombrables : elle endurcit les enfants, affaiblit les liens sociaux et déprave les hommes par les promesses de l'enfer en privant la vertu de son fondement principal.

2

Si les hommes ne croient pas qu'il faut rendre le bien pour le mal, c'est uniquement en raison de ce fait qu'on les a habitués, depuis leur enfance, à croire qu'en ne rendant pas le mal, aucun ordre social ne saurait exister.

3

S'il est vrai que les hommes bons souhaitent de voir cesser tous les méfaits : vols, misère, meurtres, tous les crimes qui souillent la vie humaine, ils doivent comprendre qu'on ne saurait y parvenir par la lutte et la vengeance. Toute chose engendre une chose à son image et tant que nous ne neutralisons pas les offenses et les violences des malfaiteurs par des actes absolument contraires et que nous continuons à agir comme eux, nous ne ferons qu'encourager et cultiver en eux tout le mal que nous désirons supprimer. Nous arriverons à redonner au mal un aspect différent, mais le fond restera.

D'après BALLOU.

4

Des dizaines, des centaines d'années s'écouleront peut-être, mais il viendra un temps où nos petits enfants s'étonneront de nos châtiments comme nous nous étonnons aujourd'hui des autodafés et des tortures. « Comment pouvaient-ils ne pas voir l'ineptie, la cruauté, l'inutilité de ce qu'ils faisaient » diront nos descendants.

V. — *Dans les rapports personnels des hommes, la vengeance doit faire place à l'amour fraternel et le mal ne sera plus enrayé par la violence.*

1

Que faire lorsqu'un homme se fâche contre toi et te fait du mal ? On peut faire bien des choses, mais il ne faut sûrement pas en faire une ; il ne faut pas faire de mal, c'est-à-dire la même chose qu'il t'a fait.

2

Ne dites pas que si les gens vous font des bienfaits, vous leur en ferez aussi, et que si les gens vous humi-

lient, vous les humilierez aussi ; mais agissez ainsi :
si les gens vous font des bienfaits, faites-leur en aussi,
et s'ils vous humilient, ne les humiliez pas.

MAHOMET.

3

La doctrine d'amour n'admettant pas la violence est
utile non seulement parce que c'est bien pour l'homme
et pour son âme de subir le mal, et de rendre le bien pour
le mal, mais encore parce que seul le bien arrête le mal,
l'éteint, ne lui permet pas de se propager. La vraie doctrine d'amour est salutaire parce qu'elle ne permet pas au
mal de s'éteindre.

4

Il y a assez longtemps que les hommes ont commencé à comprendre l'incompatibilité du châtiment avec
l'essence supérieure de l'âme humaine, et qu'ils ont commencé à imaginer différentes doctrines qui permettent
de justifier ce penchant bestial. Les uns disent que le châtiment est nécessaire pour effrayer ; les autres, qu'il est
nécessaire pour corriger, les troisièmes pour instaurer
la justice. Mais toutes ces doctrines ne sont qu'un amas
de vaines paroles parce qu'elles n'ont pour base que de
mauvais sentiments : la vengeance, la peur, l'égoïsme, la
haine. On invente bien des choses, mais on ne se décide
pas à faire une seule chose utile : ne rien faire ; laisser
celui qui a péché se repentir ou ne pas se repentir, se corriger ou ne pas se corriger ; quant à ceux qui imaginent
ces doctrines et ceux qui les mettent en pratique, ils
n'ont qu'à laisser les autres tranquilles et à avoir eux-mêmes une bonne conduite.

5

Réponds au mal par le bien et tu feras disparaître chez le méchant tout le plaisir qu'il voit au mal.

6

Rien ne réjouit les hommes tant que de voir qu'on leur pardonne, et rien ne procure plus de joie à celui qui le fait.

7

La bonté vainct tout, et elle-même est invincible.

8

On peut résister à tout hormis à la bonté.

D'après ROUSSEAU.

9

Rendez le mal pour le bien ; pardonnez à tous, alors seulement il n'y aura plus de mal sur la terre. Peut-être n'auras-tu pas la force de le faire ; mais sache qu'il ne faut désirer que cela, qu'il ne faut aspirer qu'à cela, car cela seul nous sauvera du mal dont nous souffrons tous.

10

Dieu estime le plus celui qui pardonne l'offense, surtout lorsque l'offenseur est au pouvoir de l'offensé.

MAHOMET.

11

Alors Pierre, s'étant approché de Lui, dit : Seigneur, combien de fois pardonnerai-je à mon frère lorsqu'il péchera contre moi ? Sera-ce jusqu'à sept fois ? Jésus lui répondit : je ne te dis pas jusqu'à sept fois, mais jusqu'à septante fois sept fois.

(MATTH., XVIII, 21, 22).

12

Lorsqu'on pardonne, il ne s'agit pas de dire : « je pardonne », mais il faut extirper de son cœur le mauvais sentiment que l'on éprouve à l'égard de l'offenseur. Et pour le faire, il faut se souvenir de ses propres péchés ; alors on découvrira sûrement en soi des actes plus répréhensibles que ceux pour lesquels on se fâche.

13

La doctrine d'après laquelle, on ne peut se venger quand on aime, est tellement claire qu'elle découle elle-même du sens général de cette doctrine. Si même il n'était pas expréssement mentionné dans la doctrine du Christ que tout chrétien doit rendre le bien pour le mal et aimer ceux qui vous haïssent, quiconque comprend cette doctrine déduit lui-même cette exigence d'amour.

VI. — *Il est tout aussi important de ne pas combattre le mal par la violence dans les rapports sociaux que dans les rapports individuels.*

1

Les hommes désirent rester aussi mauvais qu'ils sont et veulent en même temps que leur vie soit meilleure.

2

Nous ne savons pas, nous ne pouvons savoir en quoi consiste le bien public ; mais, nous savons formellement qu'il ne peut être réalisé que par l'accomplissement de la loi éternelle du bien, qui est révélée à chaque homme, à sa raison et dans son cœur.

3

On dit qu'on est forcé de payer le mal par le mal, parce que si on ne le fait pas, les méchants prendront le dessus sur les bons. Je pense que c'est tout le contraire : les méchants opprimeront les bons, lorsque les hommes croiront qu'il est permis de payer le mal par le mal, comme cela se passe, en effet, chez tous les peuples chrétiens. Les méchants sont aujourd'hui les maîtres des bons précisément parce qu'il a été suggéré à tous qu'il est non seulement permis, mais encore utile de faire du mal aux hommes.

4

En parlant de la doctrine chrétienne, les savants écrivains font généralement semblant de croire que la question de l'impossibilité d'appliquer le christianisme dans son sens réel est déjà définitivement tranchée depuis longtemps.

« Il est inutile de s'occuper de rêves, il faut penser aux choses sérieuses, il faut vérifier les rapports entre le capital et le travail, organiser le travail, la propriété foncière, ouvrir des marchés, instituer des colonies pour le trop plein de la population, régler les rapports de l'Eglise et de l'Etat, conclure des alliances, garantir la sécurité des Etats et ainsi de suite.

« Il faut s'occuper de questions sérieuses, dignes de l'attention et des soins des hommes et non pas rêver à un ordre de choses permettant de tendre la joue lorsqu'on vous frappe l'autre, donner aussi son vêtement lorsqu'on vous enlève votre chemise et de vivre comme les oiseaux du ciel, tout cela n'est que du radotage, dit-on, sans remarquer que le fond de toutes ces questions, est précisément contenu en ce qui est qualifié de vain radotage.

En effet, toutes ces questions, depuis celle de la lutte entre le capital et le travail, jusqu'à celle des nationalités et des rapports entre l'Eglise et l'Etat, reviennent à cette seule question : Y a-t-il des cas dans lesquels l'homme peut et doit faire le mal à son prochain, ou ces cas n'existent-ils pas et ne peuvent-ils pas exister pour un homme raisonnable? Est-ce raisonnable ou non, et par suite, doit-on ou ne doit-on pas rendre le mal par le mal? Il y eut un temps où les hommes pouvaient ne pas comprendre et ne comprenaient pas, en effet, l'importance de cette question. Mais les souffrances affreuses qui accablent l'humanité d'aujourd'hui ont conduit les hommes à reconnaître la nécessité de trouver à cette question une solution. Il y a dix neuf cents ans que cette question est définitivement résolue par la doctrine du Christ. Et c'est pourquoi, à notre époque, nous ne pouvons plus faire semblant de méconnaître cette question et d'ignorer sa solution.

VII. — *La véritable conception des conséquences de la doctrine défendant la nécessité de la violence, commence à pénétrer dans la conscience de l'homme moderne.*

1

Le châtiment est une idée que l'humanité commence à dépasser.

2

L'esprit de Jésus, qu'on s'efforce d'étouffer, se manifeste néanmoins partout d'une façon éclatante. L'esprit évangélique n'a-t-il point pénétré dans les peuples, ne commence-t-il pas à venir à la lumière? Les idées sur les droits et les obligations ne sont-elles pas devenues plus claires pour chacun ? N'entend-on pas de toutes parts des appels aux lois plus équitables, aux institutions protégeant les faibles, fondées sur une juste égalité? L'ancienne inimitié entre ceux qu'on a désunis par force, ne s'éteint-elle pas ? Les peuples ne se sentent-ils pas frères ?

Tout cela est l'œuvre d'un germe prêt à lever, l'œuvre de l'amour, qui débarrassera le monde du péché, qui ouvrira aux peuples une nouvelle voie de vie, dont la loi intérieure ne sera plus la violence, mais l'amour des uns pour les autres.

Lamennais.

CHAPITRE XVI

DE LA VANITÉ

Rien ne pervertit la vie des hommes et ne les prive aussi sûrement de leur vrai bonheur, comme l'habitude de vivre non d'après les préceptes des sages et selon leur propre conscience, mais d'après ce qui est reconnu comme bon et approuvé par les gens parmi lesquels l'on vit.

I. — *En quoi consiste la tentation de la vanité.*

1

La raison principale qui rend notre vie mauvaise, réside en ce que nous réglons notre conduite non selon les besoins de notre corps ou de notre âme, mais uniquement dans l'espoir d'obtenir l'approbation des gens.

2

Aucune tentation ne captive les hommes aussi longtemps, ne les éloigne autant de la compréhension du sens de la vie humaine et du vrai bonheur, que la préoccupation de la gloire, de l'approbation, de l'estime, des louanges des autres.

L'homme ne peut se libérer de la tentation que par une lutte constante contre lui-même, et par l'évocation continuelle de son unité avec Dieu, cherchant ainsi son approbation seule.

3

Il ne nous suffit pas de vivre de notre vie intérieure, la seule vraie, nous voulons vivre d'une autre vie encore, d'une vie imaginaire dans la pensée des autres, et nous nous efforçons à cette fin de paraître autres que nous ne sommes en réalité. Nous nous efforçons sans cesse de dompter cet être imaginaire, sans nous soucier du vrai, de celui que nous sommes en réalité. Si notre âme est paisible, si nous avons foi, si nous aimons, nous nous empressons d'en parler au plus tôt, afin que ces vertus ne soient pas seulement nos vertus, mais aussi celles de l'être imaginaire qui existe dans la pensée des autres.

Pour faire croire aux gens que nous avons des qualités, nous sommes prêts même à y renoncer. Nous sommes prêts à devenir lâches à condition de passer pour braves.

PASCAL.

4

L'une des expressions des plus dangereuses et des plus nuisibles est : « tous font ainsi. »

5

Lorsqu'il est difficile, et presque impossible, de comprendre pourquoi l'homme agit comme il le fait, sois sûr que la raison de ses actes réside dans le désir d'être glorifié par les hommes.

6

On ne berce pas un enfant pour le débarrasser de ce qui le fait crier, mais pour qu'il ne puisse pas crier. Nous agissons de même avec notre conscience lorsque nous l'étouffons pour être agréables aux gens. Nous n'apaisons pas la conscience, mais nous obtenons ce que nous désirons : nous ne l'entendons plus.

7

Intéresse-toi non à la quantité, mais à la qualité de tes admirateurs ; il est désagréable de ne pas plaire aux bonnes gens, mais c'est toujours bien de ne pas plaire aux mauvaises gens.

Sénèque.

8

Nos plus grandes dépenses sont effectuées pour ressembler aux autres. Ni pour notre esprit, ni pour notre cœur nous ne dépensons autant.

Emerson.

9

Dans chaque bonne action, il y a un peu de désir d'être approuvé par les gens. Mais c'est mauvais quand tu agis comme tu le fais uniquement pour être glorifié par les autres.

10

Un homme demanda à un autre pourquoi il travaillait à ce qu'il n'aimait pas.

— Parce que tous le font, répondit celui-ci.

— Pardon, pas tous ; moi, je ne le fais pas, quelques autres, non plus.

— Si ce n'est pas tous, beaucoup le font, la plupart des gens.

— Mais dis-moi quels sont les plus nombreux, les sots ou les intelligents ?

— Certainement ce sont les sots.

— Dans ce cas, tu agis comme tu le fais pour imiter les sots.

II. — *Si beaucoup de gens partagent la même opinion, cela ne prouve pas que cette opinion soit juste.*

1

Le mal ne cesse pas d'être mauvais parce que beaucoup de gens agissent mal et qu'ils s'en vantent, comme cela arrive souvent.

2

Plus il y a de gens qui croient à la même chose, plus il faut être prudent à l'égard de cette croyance et avoir plus d'attention.

3

Lorsqu'on dit : il faut faire comme font les autres, cela veut dire presque toujours qu'il faut faire mal.

La Bruyère.

4

Il n'y a qu'à s'habituer à faire ce que « tout le monde » exige pour être insensiblement entraîné à commettre de mauvaises actions et à les considérer comme bonnes.

5

L'homme a son tribunal — sa conscience. On ne doit tenir qu'à son jugement.

6

Cherche celui qui est le meilleur parmi ceux qui blâment le monde.

7

Si la foule déteste quelqu'un, il faut, avant d'en juger, bien examiner pourquoi il en est ainsi. Si la foule vénère quelqu'un, il faut également, avant d'en juger, bien examiner pourquoi il en est ainsi.

Confucius.

III. — *Conséquences pernicieuses de la vanité.*

1

La société dit à l'homme : « Pense comme nous pensons ; crois comme nous croyons ; mange et bois comme nous buvons et mangeons ; habille-toi comme nous nous habillons. » Si quelqu'un ne se soumet pas à ces exigences, la société l'accable de ses sarcasmes, de ses injures. Il est difficile de ne pas y obéir, mais cependant, si tu t'y soumets, tu t'en sentiras plus mal encore : tu ne seras plus un homme libre, mais un esclave.

D'après Lucie Malaury.

2

C'est très bien quand les hommes s'instruisent pour leur âme, pour être plus sages, meilleurs. De telles études leur sont utiles. Mais s'ils étudient pour la gloire, afin de paraître instruits, l'instruction devient non seulement inutile, mais nuisible ; elle rend les hommes moins sages et moins bons qu'ils ne le seraient s'ils n'avaient pas étudié du tout.

Traduit du chinois.

3

Non seulement vous ne devez pas vous vanter vous-mêmes, mais encore vous ne devez pas permettre aux autres de vous glorifier. Les louanges font périr l'âme en reportant les préoccupations de l'âme sur la gloire des hommes.

4

Il arrive souvent de voir qu'un homme bon, sage et juste, tout en sachant que la guerre, l'exploitation du travail des autres, le blâme, la consommation de la viande et divers actes du même genre sont mauvais, continue à accomplir ces actes. Pourquoi ? Parce qu'il tient plus à l'opinion publique qu'au jugement de sa conscience.

5

L'inobservation des traditions n'a pas occasionné une millième partie du mal causé par le respect des anciennes coutumes.

Les gens ne croient plus depuis longtemps aux anciennes coutumes, mais ils les observent néanmoins parce qu'ils pensent que la plupart des gens les blâmeraient, s'ils n'observaient plus les anciennes coutumes auxquelles personne ne croit plus depuis longtemps.

IV. — *La lutte contre la tentation de la vanité.*

1

Pendant les premiers temps de sa vie, dans son enfance, l'homme vit principalement pour son corps : il mange, il boit, il joue, il s'amuse. C'est le premier degré. Plus l'homme grandit, plus il commence à se préoccuper de l'opinion des gens parmi lesquels il vit, et plus il commence à négliger les besoins de son corps pour ne penser qu'à la gloire des hommes. C'est le second degré. Le troisième et dernier degré est celui où l'homme se soumet surtout aux exigences de son âme et où il néglige le corps, les amusements et l'opinion publique, pour ne penser qu'à son âme.

2

Il est difficile de déroger tout seul aux coutumes établies ; cependant, à chaque pas que l'on fait pour devenir meilleur, on se heurte contre l'usage établi et l'on subit la critique des gens. L'homme qui consacre sa vie à se perfectionner y doit être préparé.

3

C'est mal d'irriter les gens en dérogeant aux coutumes établies, mais c'est plus mal encore de déroger aux exigences de la conscience et de la raison en subissant les coutumes pernicieuses.

4

On ridiculise celui qui garde le silence, comme celui qui parle trop, comme celui qui parle trop peu ; il n'y a pas un homme sur terre qu'on ne critique pas. Il n'y a jamais eu, il n'y a pas et il n'y aura jamais personne qu'on aurait toujours blâmé pour tout ce qu'il fait, de même qu'il n'y a personne qu'on aurait toujours loué. C'est pourquoi, il est inutile de se préoccuper ni des louanges, ni des blâmes des gens.

5

Tu crains que les gens ne te méprisent pour ta douceur ; mais les gens justes ne peuvent pas te mépriser pour cela ; quant aux autres, tu n'as pas besoin de t'en préoccuper — ne fais pas attention à leur opinion. Un bon menuisier ne se chagrinera pas parce qu'un homme qui ne comprend rien à son métier n'approuve pas son travail.

Les gens qui te méprisent pour ta douceur ne comprennent rien à ce qui est bien pour l'homme. Pourquoi donc te préoccuper de leur appréciation ?

D'après Épictète.

6

Il est temps pour l'homme de connaître sa valeur. Serait-il, en effet, quelque être batard? Il est temps de cesser de regarder humblement de tous côtés pour voir s'il a plu ou déplu aux gens. Non ; que ma tête reste droite et ferme sur mes épaules ! La vie ne m'est pas donnée pour la montrer, mais pour que je la vive. Je reconnais l'obligation de vivre pour mon âme. Et je veux me préoccuper non pas de l'opinion que les gens auraient de moi, mais de ma vie, de savoir si je n'accomplis ou si je n'accomplis pas ma destinée devant Celui qui m'a envoyé dans la vie.

Emerson.

7

Quiconque s'est abandonné depuis sa jeunesse à ses grossiers instincts d'animal, ne cesse de s'y adonner, bien que sa conscience réclame autre chose. Il agit ainsi parce que les autres font comme lui. Et les autres agissent ainsi pour la même raison que lui. Il ne peut y avoir qu'une issue : chaque homme doit se libérer de la préoccupation de l'opinion publique.

V. — *On doit se préoccuper de son âme et non pas de sa gloire.*

1

Le moyen le plus rapide et le meilleur pour gagner la réputation d'un homme vertueux, n'est pas de paraître tel devant les hommes, mais de faire des efforts sur soi-même pour devenir vertueux.

Causeries de Socrate.

2

Celui qui ne réfléchit pas par lui-même, se soumet aux idées d'un autre homme. Soumettre sa pensée à quelqu'un est un servage plus humiliant que de soumettre son travail. Réfléchis toi-même et ne te préoccupe pas de ce que te diront les gens.

3

Personne ne manifeste tant de respect et d'attachement pour la vertu, que celui qui perd volontiers la réputation d'un homme de bien, uniquement pour rester bon dans son for intérieur.

Sénèque.

4

Lorsqu'un homme est habitué à ne vivre que pour l'opinion publique, il lui répugne, parce qu'il ne fait pas ce que font les autres, d'avoir la réputation d'un sot, d'un ignorant ou d'un vilain homme. Mais on doit travailler à tout ce qui est difficile. Et à cette œuvre, on doit travailler des deux côtés : apprendre à mépriser l'opinion des gens ; apprendre à vivre pour de telles œuvres qui, bien qu'elles soient critiquées par la foule, n'en restent pas moins des bonnes œuvres.

5

Les hommes vivent et agissent d'après leurs idées, ainsi que d'après les idées des autres. Suivant que les uns et les autres influencent leurs actes, les hommes se distinguent entre eux.

6

Il est difficile de distinguer si tu sers les autres pour ton âme, pour Dieu, ou pour la gloire des hommes. Il n'y a qu'un seul moyen de contrôle : si tu accomplis une œuvre que tu crois bonne, demande-toi si tu continuerais à y travailler si tu savais d'avance que personne n'apprendrait jamais ce que tu fais. Si tu réponds que tu le ferais, c'est que tu travailles sûrement pour ton âme, pour Dieu.

VI. — *Celui qui vit de la vraie vie n'a pas besoin de louanges.*

1

Vis seul, a dit le sage. Cela veut dire que tu dois résoudre le problème de ta vie tout seul, avec le concours du Dieu qui vit en toi, et non pas d'après les conseils et les opinions des autres.

2

Si tu veux être tranquille, tâche de plaire à Dieu et non pas aux hommes. Ceux-ci ont des désirs différents : aujourd'hui, ils veulent une chose ; demain une autre. Jamais ils ne sont satisfaits. Mais le Dieu qui vit en toi désire toujours une seule chose, et tu sais ce qu'Il veut.

3

Il n'y a qu'un seul moyen pour ne pas croire en Dieu : ce moyen consiste à toujours reconnaître l'opinion des gens comme juste, et à ne prêter aucune attention à notre voix intérieure.

John Ruskin.

4

Si nous sommes sur un bateau en marche et que nous regardons un objet qui se trouve sur le même bateau, nous ne remarquons pas que nous voguons, mais en regardant de côté sur ce qui ne se meut pas avec nous, par exemple la berge, nous nous apercevons immédiatement que nous sommes en mouvement. Lorsque tous les hommes vivent autrement qu'il ne le faut, nous ne le remarquons pas ; mais il suffit qu'un seul se ressaisisse et qu'il commence à vivre selon Dieu, pour qu'il devienne clair combien les autres vivent mal. Mais les autres persécutent toujours celui qui ne vit pas comme eux.

Pascal.

CHAPITRE XVII

DES FAUSSES CROYANCES

Les fausses croyances sont celles que les gens acceptent non pas parce qu'elles leur sont nécessaires pour leur âme, mais parce qu'ils croient en ceux qui les prêchent.

I. — *En quoi consiste la supercherie des fausses croyances.*

1

Souvent les hommes pensent qu'ils croient à la loi de Dieu, alors qu'ils ne croient qu'à ce que tous croient. Et tous les hommes ne croient pas à la loi de Dieu, mais qualifient telle ce qui leur convient et ne les empêche pas de mener la vie qui leur plaît.

2

Quand les hommes vivent dans le péché et les tentations, ils ne sauraient être tranquilles. La conscience les dénonce. C'est pourquoi ils sont obligés de choisir entre ces deux alternatives : ou se reconnaître coupables devant les hommes et devant Dieu, et cesser de pécher, ou bien continuer à mener une vie de pécheurs, commettre de mauvaises actions et les qualifier de bonnes. C'est pour ces hommes que l'on a inventé les fausses croyances, grâce auxquelles on peut se considérer comme juste, tout en menant une mauvaise vie.

3

C'est mal de mentir devant les hommes, mais c'est pis encore de se mentir à soi-même. Ce mensonge est tout particulièrement nuisible parce que les autres peuvent dénoncer ton mensonge, tandis que personne ne t'accusera de t'être menti à toi-même. C'est pourquoi, garde-toi de te mentir à toi-même, surtout lorsqu'il s'agit de la foi.

4

« Crois ou sois maudit. » C'est la qu'est la raison principale du mal. Si l'homme accepte sans discuter ce qu'il aurait dû examiner par sa propre raison, il finit par perdre l'habitude de raisonner, il est soumis à la malédiction et induit ses proches au péché. Le salut des hommes réside en ce que chacun doit apprendre à vivre de sa raison.

EMERSON.

5

On ne peut ni peser ni mesurer le tort qu'ont produit et produisent encore les fausses croyances.

La religion règle les rapports de l'homme envers Dieu, à l'égard de l'univers ; elle détermine la destinée de l'homme qui découle de ces rapports. Quelle doit être la vie de l'homme si ces rapports et la destination déterminés ainsi sont faux ?

6

Il y a trois sortes de fausses croyances. La première est de croire à la possibilité de pouvoir apprendre par l'expérience ce qui ne peut l'être d'après les lois de l'expérience. La seconde fausse croyance fait admettre, dans le but de notre perfectionnement moral, des choses sur lesquelles nous ne pouvons nous former aucune idée par notre raison. La troisième fausse croyance reconnaît la possibilité d'évoquer par un moyen surnaturel une action mystérieuse à l'aide de laquelle la divinité exerce son influence sur notre moralité.

KANT.

II. — *Les fausses croyances ne satisfont pas les exigences supérieures, mais les exigences inférieures de l'âme humaine.*

1

L'unique et vraie religion ne contient rien que des lois, c'est-à-dire des éléments moraux dont nous pouvons reconnaître et étudier nous-mêmes la nécessité incontestable, et que nous concevons par notre raison.

KANT.

2

L'homme ne peut plaire à Dieu que par une vie juste. C'est pourquoi tout ce par quoi l'homme croit plaire à Dieu, en dehors d'une vie pure et juste, n'est qu'un grossier et nuisible mensonge.

D'après KANT.

3

Faire pénitence en s'infligeant des souffrances, au lieu de profiter de l'état d'esprit où l'on se trouve afin d'amender sa conduite, est un travail inutile. De plus, une telle pénitence a cette mauvaise conséquence ; l'homme croit avoir payé ainsi toutes ses dettes, et ne songe plus à son perfectionnement qui seul est nécessaire lorsqu'on reconnaît ses erreurs.

Kant.

4

C'est mal lorsque les hommes ne connaissent pas Dieu, mais c'est plus mal encore lorsqu'ils reconnaissent comme Dieu ce qui n'est pas Dieu.

Lactance.

5

On dit : Dieu a créé l'homme à Son image ; on aurait mieux fait de dire que c'est l'homme qui a créé Dieu à son image.

Lichtenberg.

6

Lorsqu'on parle du ciel comme d'un endroit où se trouvent les heureux, on se le représente généralement quelque part très haut, dans les régions infinies de l'univers. On oublie que notre terre, vue de l'une de ces hautes régions, ressemble également à l'un des astres célestes, et que les habitants de ces planètes ont absolument le même droit de dire, en désignant la terre : « Voyez-vous cet astre-là, c'est l'endroit de la félicité éternelle, l'asile céleste préparé pour nous et où nous irons un jour. » Le fait est que, par une étrange erreur de notre raison, l'élan de notre croyance est toujours connexe avec l'idée de notre élévation vers les hauteurs, et nous ne songeons pas que nous aurions beau nous élever, nous devrons néanmoins redescendre encore, afin de pouvoir poser un pied ferme dans quelque autre monde.

7

Les mahométans font bien de couvrir leurs yeux de leurs doigts et de se boucher les oreilles, lorsqu'ils entrent au temple et commencent à prier.

La vraie prière est dans l'abstraction de toutes nos préoccupations habituelles, de tout ce qui peut nous rappeler l'existence de nos sens, et dans l'évocation en soi de l'élément divin. Dans ce but, le mieux est de faire ce que nous dit le Christ : d'entrer seul dans un lieu clos, et de s'y enfermer, c'est-à-dire de prier dans la solitude complète, que l'on soit chez soi, dans la forêt ou dans les champs. La vraie prière est dans ce détachement de toutes les choses extérieures, pendant lequel on contrôle son âme, ses actes, ses désirs, non pas d'après les exigences extérieures du monde, mais d'après les exigences de l'élément divin que nous sentons en nous.

Une telle prière est un secours : elle fortifie et élève l'âme, elle confesse et vérifie les actions passées, elle indique la conduite future.

III. — *Le Culte extérieur.*

1

Bien qu'il y ait une différence de procédé entre un chamane tounghouse et un prélat catholique européen, ou bien, en prenant pour exemple des gens simples, entre un voghoul grossier et sensuel qui, tous les matins, pose sur sa tête la patte d'une peau d'ours, et prononce les paroles de sa prière : « Ne me tue pas, » et un puritain indépendant de Connecticut ; il n'y a aucune différence dans les principes de leurs croyances, car ils appartiennent tous deux à la même catégorie de gens dont le culte ne consiste pas à devenir meilleurs, mais de croire et d'exécuter certains règlements arbitraires. Seuls ceux qui croient que le culte de Dieu consiste à aspirer à une vie meilleure diffèrent des premiers, parce qu'ils reconnaissent un tou autre principe et infiniment plus élevé, réunissant tous les hommes de bonne foi dans un temple invisible qui seul peut être un temple universel.

Kant.

2

« Et quand tu prieras, ne fais pas comme les hypocrites ; car ils aiment à prier en se tenant debout dans les synagogues et aux coins des rues, afin d'être vus des hommes. Je vous dis, en vérité, qu'ils reçoivent leur récompense. Mais toi, quand tu pries, entre dans ta chambre et, ayant fermé ta porte, prie ton Père qui est dans ce lieu secret ; et ton Père qui te voit dans le secret, te récompensera ».

Matth., vi, 5-6.

3

« Gardez-vous des scribes qui se plaisent à se promener en longues robes, et qui aiment les salutations dans les assemblées et les premières places dans les synagogues, et les festins ; qui ruinent les maisons des veuves, tout en affectant de faire de longues prières. »

Luc, xx, 46-47.

IV. — *La pluralité des croyances et l'unité de la religion vraie.*

1

L'homme qui ne pense pas à la religion, s'imagine qu'il n'y a qu'une seule vraie religion — celle dans laquelle il est né. Mais tu n'as qu'à te demander ce qui arriverait si tu étais né dans une autre religion, toi chrétien si tu étais né mahométan ; toi bouddhiste — chrétien ; toi chrétien —

brahmane. Est-il possible que seuls, avec notre religion, nous soyons dans le vrai, et que tous les autres soient dans le mensonge ? La religion ne deviendra pas vraie parce que tu te persuaderas toi-même et que tu persuaderas les autres qu'elle seule est vraie.

V. — *Conséquences de la confession des fausses croyances.*

1

En 1682, en Angleterre, le docteur Leyton, un homme respectable qui avait écrit un livre contre l'épiscopat anglican, a été jugé et condamné aux châtiments suivants. On le fouetta cruellement, puis on lui coupa une oreille et on lui ouvrit un côté du nez, puis on inscrivit sur sa joue, au fer rouge, les lettres SS : semeur de sédition. Sept jours plus tard on le fouetta à nouveau, bien que les plaies qu'il avait au dos n'aient pas encore été fermées ; puis on lui ouvrit l'autre côté du nez, on lui trancha l'autre oreille et on lui tatoua l'autre joue. Tout cela fut fait au nom du christianisme.

Morisson Davidson.

2

En 1415, Jean Huss fut reconnu comme hérétique pour avoir dévoilé la fausse croyance des catholiques et les mauvaises actions du pape, et il fut condamné à mort, sans que son sang puisse être versé, c'est-à-dire à être brûlé.

L'exécution eut lieu derrière les portes de la ville, entre deux jardins. En arrivant sur place, Huss se mit à genoux et commença à prier. Lorsque le bourreau lui ordonna de monter sur le bûcher, il se leva et dit très haut :

« Jésus-Christ. Je vais à la mort pour avoir prêché Ta parole, je souffrirai docilement. »

Les bourreaux déshabillèrent Huss et lui attachèrent les mains derrière le dos au poteau ; ses pieds se trouvaient sur un banc. On mit du bois et de la paille autour de lui. Le bois et la paille lui venaient jusqu'au menton. Le chef impérial s'approcha alors de Huss et lui annonça qu'il serait pardonné s'il se rétractait.

« Non, dit Huss, je ne me connais aucune faute. »

Les bourreaux allumèrent alors le bûcher, et Huss se mit à chanter la prière : « Jésus, Fils du Dieu vivant, aie pitié de moi. »

Le feu monta très haut, et bientôt Huss se tut.

C'est ainsi que les gens qui se qualifiaient de chrétiens, défendaient leur croyance.

N'est-il pas évident que ce n'était pas une religion, mais la superstition la plus grossière ?

3

Les gens ne commettent jamais de mauvaises actions avec plus de sang-froid et d'assurance en leur justice, que lorsqu'ils le font en vertu d'une fausse croyance.

Pascal.

VI. — *En quoi consiste la vraie religion ?*

1

« Ne vous faites point appeler maître ; car vous n'avez qu'un maître — le Christ ; et vous, vous êtes tous frères. Et n'appelez personne sur la terre votre père ; car vous n'avez qu'un seul Père, Celui qui est dans les cieux ; et ne vous faites point appeler docteur, car vous n'avez qu'un seul Docteur — le Christ. » Matth., xxiii, 8-10.

C'est ainsi qu'enseignait le Christ. Et il enseignait ainsi parce qu'il savait que, de même qu'en son temps il y avait des gens qui prêchaient une fausse loi de Dieu, il y en aurait aussi dans l'avenir. Il le savait et disait qu'il ne fallait pas écouter ceux qui s'intitulaient maîtres parce que leur enseignement obscurcit la doctrine simple et claire qui est révélée à tous et qui vit dans le cœur de chaque homme.

Cette doctrine consiste à aimer Dieu, comme le suprême bien et la suprême vérité, à aimer son prochain comme soi-même et à faire aux autres ce qu'on veut qu'ils vous fassent.

2

La religion ne consiste pas à savoir ce qui a été et ce qui sera, ni même ce qui est actuellement, mais elle consiste à savoir ce que chaque homme doit faire.

3

« Si donc tu apportes ton offrande à l'autel, et que là tu te souviennes que ton frère a quelque chose contre toi, laisse-là ton offrande devant l'autel, et va-t-en premièrement te réconcilier avec ton frère ; et après cela viens, et présente ton offrande ».

Matt., v. 23.

Voilà où est la vraie religion : ni dans la cérémonie, ni dans l'offrande, mais dans l'union des hommes.

4

La doctrine chrétienne est tellement claire que les tout petits enfants la comprennent dans son sens exact. Seuls ceux qui ne veulent pas vivre comme des chrétiens ne la comprennent pas.

Pour comprendre le vrai christianisme, il faut tout d'abord renoncer au faux christianisme.

5

Le vrai culte de Dieu est exempt de superstitions ; lorsque la superstition y pénètre, le culte même s'écroule. Le Christ nous a montré en quoi consistait le vrai culte de Dieu. Il nous enseignait que de tout ce que nous faisons dans le monde, il n'y a qu'une lumière et qu'un seul bonheur pour les hommes, — c'est notre amour des uns pour les autres ; Il nous disait que nous ne pourrons atteindre notre bonheur qu'en servant les autres, et non pas nous-mêmes.

6

Si ce qui est présenté comme loi de Dieu ne demande pas d'amour, ce ne sont que des inventions des gens, et non pas la loi de Dieu.

D'après Skoworoda.

7

On ne peut pas apprendre à connaître Dieu d'après ce que l'on raconte de Lui. On ne peut le connaître qu'en accomplissant Sa loi, la loi que le cœur de chaque homme connaît.

8

Le sens de la doctrine du Christ est dans l'indication de la perfection divine vers laquelle les hommes doivent tendre.

Mais les hommes qui ne veulent pas suivre la doctrine du Christ, comprennent volontairement ou non, la doctrine du Christ non pas comme il l'a prêchée — rapprochement continu vers la perfection — mais comme une règle conformément à laquelle le Christ exigerait des hommes la perfection divine. Et en interprétant aussi faussement la doctrine du Christ, ceux qui ne veulent pas la suivre adoptent l'une de ces deux attitudes : ou bien, considérant la perfection comme inaccessible (ce qui est parfaitement juste), ils rejettent toute la doctrine comme un rêve irréalisable, ou bien, attitude la plus nuisible et la plus générale, tout en reconnaissant la perfection comme inaccessible, ils corrigent c'est-à-dire, dénaturent la doctrine et observent des règles que l'on appelle chrétiennes, mais qui sont, pour la plupart, contraires au christianisme.

9

L'idée de l'union des chrétiens, comme une réunion des élus, des meilleurs, est une idée anti-chrétienne présomptueuse et fausse. Quel est le meilleur, quel est le plus mauvais ? Pierre était le meilleur avant que le coq chantât, et le brigand était le plus méchant avant la croix. Ne connaissons-nous pas en nous-mêmes tantôt l'ange, tantôt le diable, qui se mêlent si bien à notre vie, qu'il n'y a pas d'homme qui aurait complètement chassé l'ange, ni qui aurait laissé apparaître le diable derrière l'ange. Comment pouvons-nous, nous qui sommes des êtres si complexes, former la réunion des élus, des justes ?

Il y a une lumière de vérité, et il y a ceux qui s'approchent d'elle de tous côtés; d'autant de côté qu'il y a de rayons dans un cercle, c'est-à-dire par des routes infiniment variées. Tâchons de toutes nos forces d'arriver à la lumière de la vérité qui nous unit tous, et ce n'est pas à nous de juger si nous sommes près d'elle et unis à elle.

VII. — *La seule religion vraie unit les hommes de plus en plus.*

1

Voyez le mécontentement profond de la forme actuelle du christianisme, qui se répand dans la société et s'exprime par le murmure, parfois, par l'irritation, la tristesse. Tous attendent l'avènement du Royaume de Dieu. Et il approche.

Le pur christianisme, bien que lentement, mais toujours de plus en plus, prend la place de celui qui porte ce nom.

Channing.

2

Depuis Moïse à Jésus, il s'est opéré chez les individus et les peuples un grand développement mental et religieux. Les anciennes erreurs sont abandonnées, de nouvelles vérités ont pénétré dans la conscience de l'humanité. Un seul homme ne peut être aussi grand que l'humanité. Si un grand homme est tellement en avance sur ses frères qu'ils ne le comprennent pas, — il arrive un temps où ils le rejoignent d'abord, puis le devancent et s'en vont si loin qu'ils deviennent, à leur tour, incompréhensibles pour ceux qui se trouvent à l'endroit où était l'ancien grand homme. Chaque grand génie religieux explique de plus en plus les vérités de la religion et contribue ainsi à l'union, de plus en plus grande, des hommes.

Parker.

4

Chaque homme séparément, de même que toute l'humanité dans son ensemble doit se transformer, passer de l'état inférieur à l'état supérieur, sans s'arrêter dans sa croissance dont la limite est en Dieu lui-même. Tout état est la conséquence de l'état précédent. La croissance s'effectue continuellement et imperceptiblement et, pareille à la croissance de l'embryon, elle a lieu de façon à ce que rien ne détruit le but des situations successives de ce développement continu. Mais s'il est donné à l'homme et à tout le genre humain de se transformer, cette transformation, tant pour l'individu que pour tout le genre humain, doit s'effectuer dans le travail et les souffrances.

Avant de se parer de grandeur, avant d'apparaître à la lumière, on doit se mouvoir dans les ténèbres, supporter les persécutions, sacrifier son corps pour sauver son âme; il faut mourir pour ressusciter à la vie plus puissante, plus parfaite. Et après dix-huit siècles, ayant accompli un des cycles de son développement, l'humanité tend de nouveau à se transformer. Les anciens systèmes, les anciennes sociétés, tout ce qui composait l'ancien monde s'écroule déjà, et les peuples vivent maintenant au milieu de décombres, dans l'effroi et la souffrance. C'est pourquoi on ne doit pas perdre courage à la vue de ces ruines, de ces morts qui se sont déjà accomplies et qui s'accompliront encore, mais, au contraire, prendre courage. L'union des hommes est proche.

Lamennais.

CHAPITRE XVIII

DE LA FAUSSE SCIENCE

La superstition de la science se révèle par la croyance en ce fait que le vrai savoir nécessaire à la vie de tous les hommes est contenu dans les seules connaissances prises au hasard dans le domaine illimité du savoir qui, à un moment donné, ont attiré l'attention d'un petit nombre d'hommes, de ceux-là même qui se sont affranchis du travail indispensable à la vie et qui mènent, par suite, une vie déraisonnable et dépravée.

I. — *En quoi consiste la superstition de la science.*

1

Quand les hommes acceptent comme vérité incontestable ce que les autres leur présentent pour telle et qu'ils ne la vérifient point, ils tombent dans la susperstition. Telle est, à notre époque, la superstition de la science.

2

De même qu'il existe des hérésies pour religion, il y a une hérésie pour la science. Cette hérésie est dans la reconnaissance comme science unique et véritable de tout ce qui est considéré comme tel par les gens qui se sont, à un certain moment, arrogé le droit de déterminer la vraie science. Et aussitôt qu'on considère comme science non pas ce qui est nécessaire à tous les hommes, mais ce qui est déterminé par les gens qui, à un certain moment se voit arrogé le droit de définir ce qu'est la science, il est forcé que cette science soit fausse. C'est ce qui s'est produit dans notre monde.

3

La science occupe à notre époque exactement la même place que celle qu'occupait la prêtrise il y a quelques siècles.

Les mêmes bonzes attitrés : les professeurs ; les mêmes castes dans la science ; académies, universités, congrès. La même confiance et le manque de critique de la part des croyants, les mêmes différends, et les mêmes discussions. Les mêmes paroles incompréhensibles, la même présomption.

— Inutile de discuter avec lui : il nie la révélation.
— Inutile de discuter avec lui : il nie la science.

4

Ce qu'il y a de plus nuisible pour la vraie science, c'est l'emploi d'expressions et de termes peu clairs. C'est précisément ce que font les pseudo-savants, en imaginant, pour exprimer des idées incertaines des mots inexistants.

5

La fausse science et les fausses religions expriment toujours leurs dogmes en un langage emphatique qui apparaît aux non-initiés comme mystérieux et grave. Les raisonnements des savants sont souvent peu compréhensibles non seulement pour les autres, mais pour les raisonneurs eux-mêmes, et cela au même degré que les discours des professionnels de la foi. Le savant pédant, en se servant de termes latins et de nouveaux mots, rend souvent les choses les plus simples tout aussi incompréhensibles que le sont les prières latines des prêtres catholiques pour les paroissiens illettrés. Le mystère n'est pas un signe de sagesse et de science. Plus un homme est véritablement éclairé, plus le langage dont il exprime ses pensées est simple.

II. — *La science sert à justifier l'organisation de la vie sociale.*

1

Il semblerait que pour reconnaître l'importance des occupations qu'on qualifie de scientifiques, il faudrait prouver leur utilité. Mais les servants de la science affirment ordinairement que dès l'instant qu'ils s'occupent de certains sujets, ces occupations seront sûrement utiles un jour.

2

Le but légitimement poursuivi par la science est la connaissance des vérités servant au bonheur des hommes. Le faux but est de justifier les mensonges qui insinuent le mal dans notre vie. Telles sont la jurisprudence, l'économie politique et, surtout, la philosophie et la théologie.

3

La science contient les mêmes mensonges que la religion et elles partent du même point : le désir de justifier les faiblesses des hommes, et c'est pourquoi les mensonges scientifiques sont tout aussi nuisibles que les mensonges confessionnels. Les hommes errent, vivent mal. Logiquement, ayant compris qu'ils vivent mal, ils devraient s'employer à modifier leur genre de vie afin d'améliorer leur situation. Au lieu de cela, apparaissent toutes sortes de sciences : financière, théologique, pénale, policière, l'économie politique, l'histoire, et la plus à la mode : la sociologie, indiquant les lois de la vie sociale et suivant lesquelles la vie mauvaise ne provient pas des hommes, mais des lois mauvaises que les savants ont découvertes et formulées. Ce mensonge est tellement déraisonnable et contraire à la conscience, que les hommes ne l'auraient jamais accepté, si la conscience n'avait pas encouragé leurs faiblesses.

4

Nous avons organisé notre vie contrairement à la nature morale et physique de l'homme, et nous sommes persuadés, — uniquement parce que tout le monde le pense — que c'est là précisément la vraie vie. Nous sentons vaguement que tout ce que nous appelons notre organisation sociale, notre religion, notre culture, nos sciences et nos arts, que tout cela n'est pas ce qu'il faudrait, parce que cela ne nous débarrasse pas de nos misères, mais ne fait que les accroître. Cependant, nous ne nous décidons pas à soumettre tout cela au contrôle de la raison parce que nous pensons que l'humanité, qui a toujours reconnu la nécessité du régime social de contrainte, de religion et de science qu'il a pour base, ne peut pas vivre en dehors de lui.

Si un poussin dans sa coquille avait été doué de la raison d'un homme et savait tout aussi peu en profiter que les gens de notre époque, il n'aurait jamais brisé la coquille de son œuf et n'aurait jamais connu la vie.

5

La science est devenue maintenant une distributrice de diplômes donnant le droit de profiter du travail d'autrui.

6

Le phraséologie méthodique des écoles supérieures a le plus souvent pour but d'éviter la solution des questions difficiles, et l'on donne aux paroles un sens équivoque parce que le « je ne sais pas » commode et pour la plupart du temps raisonnable, n'est pas en faveur dans nos académies.

KANT.

7

Rien n'est plus inconciliable que le savoir et le profit, la science et l'argent. Si pour devenir plus instruit, il faut de l'argent, si la sagesse s'achète et se vend, l'acheteur et le vendeur sont également trompés. Le Christ a chassé les marchands du temple ; ils auraient dû être chassés de même du temple de la science.

8

Ne considère pas la science comme une couronne pour t'en parer, ni comme une vache pour t'en nourrir.

III. — *Conséquences nuisibles de la superstition de la science.*

1

Il est dangereux de propager l'idée que notre vie est le résultat des forces matérielles et qu'elle dépend d'elles. Mais, lorsque cette idée fausse s'appelle science, et qu'elle est présentée comme la sainte sagesse de l'humanité, le tort causé par elle est effrayant.

2

Le développement de la science ne contribue pas à la purification des mœurs. Chez tous les peuples dont nous connaissons la vie, le développement des sciences contribuait à la dépravation des mœurs. Si nous pensons à présent le contraire, cela vient de ce que nous confondons nos connaissances futiles et trompeuses avec le vrai savoir suprême. La science, dans son sens abstrait, la science, en général, doit être respectée ; mais la science actuelle, ce que les insensés appellent science, ne peut être que ridiculisé et méprisé.

J.-J.-Rousseau

3

L'unique explication de la vie insensée, contraire à la conscience des meilleurs hommes de tous les temps, que mènent les gens de notre époque, se trouve dans le fait que les jeunes générations étudient des matières innombrables : la constitution des astres de la terre, l'origine des organismes, etc., ils n'omettent qu'une chose, c'est de savoir quel est le sens de la vie humaine, comment il faut la vivre, ce qu'ont pensé de cette question les grands sages de tous les temps, et comment ils l'ont résolue. Non seulement les jeunes générations n'en sont pas instruites, mais on leur apprend, sous le nom de religion, les inepties les plus flagrantes, auxquelles ceux qui les enseignent ne croient pas eux-mêmes. Tout l'édifice de notre vie sociale repose sur des bulles gonflées d'air et non sur de la pierre.

4

Ce qu'on appelle aujourd'hui science est un composé d'inventions des gens riches, nécessaire pour occuper leur oisiveté.

5

Nous vivons dans un siècle de philosophie, de sciences et de raison. Il semble que toutes les sciences se soient réunies pour éclairer notre route dans le labyrinthe de la vie humaine. D'immenses bibiothèques sont ouvertes à tous et partout, des lycées, des écoles, des universités nous donnent depuis l'enfance la possibilité de profiter du savoir des hommes qui s'est accumulé pendant des milliers d'années. Il semblerait que tout contribue à la formation de notre intelligence et au consolidement de notre raison. Eh bien, sommes-nous devenus meilleurs ou plus sages? Connaissons-nous mieux la voie et le but de notre vie? Connaissons nous mieux nos obligations et surtout le bien de la vie? Ou qu'avons-nous acquis par ces vaines connaissances, sinon l'inimitié, la haine, l'ignorance et les doutes? Chaque doctrine et chaque secte religieuse prouve qu'elle a trouvé la vérité. Chaque écrivain sait seul en quoi consiste notre bonheur. L'un nous prouve qu'il n'y a pas de corps, l'autre — qu'il n'y a pas d'âme, le troisième — qu'il n'y a aucune connexion entre l'âme et le corps, le quatrième — que l'homme est un animal, le cinquième — que Dieu n'est qu'un miroir.

ROUSSEAU.

6

N'étant pas capable de *tout* pénétrer et ne sachant pas sans l'aide de la religion ce qu'on *doit* étudier, la science d'aujourd'hui ne s'occupe que de ce qui est agréable aux savants qui mènent une vie irrégulière. Et leur agrément est de profiter du régime existant, afin de satisfaire leur oisive curiosité qui ne demande pas de grands efforts intellectuels.

IV. — *La quantité de matières à étudier est innombrable, tandis que les capacités du savoir de l'homme sont limitées.*

1

Un savant persan dit : « Lorsque j'étais jeune, je me suis dit : je veux connaître toute la science ; et j'ai appris presque tout ce que savaient les hommes. Mais lorsque je suis devenu vieux et que j'ai jeté un coup d'œil sur tout ce que j'ai appris, je me suis aperçu que ma vie a passé et que je ne sais rien. »

2

Les observations et les calculs des astronomes nous ont appris bien des choses dignes d'étonnement ; mais le résultat le plus important de leurs études est, sans doute, celui qu'ils nous ont révélé l'abîme de notre ignorance. Sans ces connaissances, la raison humaine ne pourrait jamais se représenter toute l'immensité de cet abîme. Si l'on réfléchi à cela, on peut arriver à une grande transformation dans la détermination des buts finals de l'activité de notre raison.

KANT.

3

« Il y a des herbes sur la terre ; nous les voyons ; de la lune nous ne pourrions pas les apercevoir. Sur ces herbes il y a des fils — sur ces fils des petits organismes ;

mais plus loin — il n'y a plus rien. » Quelle présomption !

« Les corps complexes sont composés d'éléments et les éléments sont indécomposables. » Quelle présomption !

Pascal.

4

Il nous manque des connaissances pour comprendre ne serait-ce que la vie du corps humain. Voyez ce qu'il faut savoir pour cela. Le corps a besoin de place, de temps, de mouvements, de chaleur, de lumière, de nourriture, d'eau, d'air et de bien d'autres choses encore. Mais dans la nature, toutes les choses sont si étroitement liées entre elles qu'on ne peut comprendre l'une sans avoir étudié l'autre. On ne peut comprendre une partie sans avoir compris le tout. Nous ne comprendrons la vie de notre corps que lorsque nous aurons étudiés tout ce qu'il lui faut ; et pour cela, il est indispensable d'étudier tout l'univers. Mais l'univers est infini et sa compréhension est inaccessible à l'homme. Par conséquent, nous ne pouvons nous expliquer entièrement la vie de notre corps.

Pascal.

5

Les sciences expérimentales, lorsqu'on s'en occupe pour elles-mêmes, en les étudiant sans aucun but philosophique, ressemblent à un visage sans yeux. Elles représentent une des occupations qui convient aux capacités moyennes, privées de dons suprêmes qui ne feraient qu'entraver leurs recherches minutieuses. Les gens doués de ces capacités moyennes concentrent toutes leurs forces et tout leur savoir sur un champ d'études limité, où ils peuvent, par suite, atteindre des connaissances aussi complètes que possible, mais à condition d'être complètement ignorants dans tous les autres domaines. Ils peuvent être comparés aux ouvriers qui travaillent dans les ateliers d'horlogerie dont les uns ne font que les roues, les autres les ressorts, et les troisièmes les chaînes.

Schopenhauer.

6

Ce n'est pas la quantité des connaissances qui importe, mais leurs qualités. On peut savoir bien des choses et ignorer ce qui est le plus nécessaire.

7

Socrate n'avait pas la faiblesse commune de parler pendant ses entretiens de tout ce qui existe, de chercher la provenance de ce que les sophistes appelaient nature et de remonter jusqu'aux causes premières dont sont sortis les corps célestes. Est-ce possible, disait-il, que les gens croient avoir pénétré tout ce qu'il importe à l'homme de savoir, s'ils s'occupent de ce qui se rapporte si peu à l'homme?

Il s'étonnait surtout de l'aveuglement des faux savants qui ne se doutent pas de ce que la raison humaine est incapable de pénétrer ces mystères. C'est pourquoi, disait-il, ceux qui s'imaginent savoir en parler ne sont pas d'accord dans leurs principes même, et lorsqu'on les entend parler ensemble on se croirait parmi des fous. De fait, quels sont les signes particuliers de ceux qui sont pris de folie? ils craignent ce qui n'a rien d'effrayant et n'ont pas peur de ce qui est réellement dangereux.

Xénophon

8

La sagesse est une chose vaste et grande; elle demande tout le temps libre qui peut lui être consacré. — Indépendamment du nombres de questions que tu pourrais résoudre, tu devras, néanmoins, te tourmenter d'une quantité de questions, qui doivent être examinées et résolues. Ces questions sont tellement vastes et nombreuses qu'elles exigent l'expulsion de notre esprit de toute chose superflu, afin d'offrir une liberté entière au travail de la raison. Dois-je dépenser ma vie en vaines paroles? Il arrive fréquemment, néanmoins, que les savants pensent plus aux paroles qu'à la vie. Remarque quel mal produit la philosophie outrée et combien elle peut être dangereuse pour la vérité.

Sénèque.

V. — *La quantité des connaissances est innombrable. C'est à la vraie science de choisir les plus importantes et les plus nécessaires.*

1

Il n'y a ni honte, ni faute de ne pas savoir. Personne ne peut tout connaître ; mais il est honteux et nuisible de faire semblant de savoir ce que l'on ignore.

2

La capacité de l'esprit à absorber des connaissances, n'est pas illimitée. C'est pourquoi on ne doit pas croire que plus on sait, mieux cela vaut. La connaissance d'un grand nombre de sottises est une entrave insurmontable pour savoir ce qui est réellement nécessaire.

3

La raison se fortifie par l'étude de ce qui est nécessaire à l'homme, et elle s'affaiblit par l'étude de ce qui est insignifiant et inutile ; ainsi le corps se fortifie par l'air frais et la nourriture fraîche, ou s'affaiblit par l'air vicié et la nourriture corrompue.

John Ruskin.

4

A notre époque naissent un grand nombre de sciences dignes d'être étudiées. Bientôt nos capacités seront trop limitées et la vie sera trop courte, pour que nous puissions assimiler même la partie la plus utile de ces connaissances. Nous avons à notre service une grande abondance de ces trésors intellectuels, et nous sommes obliger, après y avoir puisé, de rejeter bien des choses comme du bric-à-brac inutile. Il serait plus simple de ne jamais nous en embarrasser.

Kant.

5

Le savoir est infini, c'est pourquoi on ne peut pas dire de celui qui sait beaucoup, qu'il sait plus que celui qui sait très peu.

6

La chose la plus ordinaire à notre époque est de voir des gens qui se considèrent comme savants et éclairés, qui connaissent, en effet, une quantité innombrables de choses inutiles, croupir dans l'ignorance la plus grossière, parce que non seulement ils ne connaissent pas le sens de leur vie, mais encore parce qu'ils sont fiers de cette ignorance. Et, d'autre part, il n'est pas moins fréquent de rencontrer parmi des gens presque illettrés, et même complètement illettrés, qui ignorent tout du tableau chimique, des parallaxes, des propriétés du radium, et qui sont pourtant des gens très éclairés, connaissant le sens de la vie, sans se montrer plus fiers pour cela.

7

Les hommes ne peuvent comprendre et savoir tout ce qui se fait dans le monde ; par conséquent, leurs jugements sur bien des choses sont inexacts? L'ignorance de l'homme se montre sous deux aspects ; l'ignorance pure, naturelle, dans laquelle les hommes naissent ; l'autre est celle du vrai sage. Lorsque l'homme aura étudié toutes les sciences, et qu'il saura ce que les gens ont su et savent, il verra que toutes ces sciences, prises dans leur ensemble, sont tellement insignifiantes, qu'elles ne donnent aucune possibilité de comprendre le monde, et cet homme se persuadera qu'en réalité, les savants ne savent absolument rien de plus que les simples ignorants. Mais il y a de ces demi-savants qui ont acquis quelques éléments de diverses sciences et qui s'en montrent très fiers. Ils se sont éloignés de l'ignorance naturelle, mais n'ont pas eu le temps d'arriver à la vraie sagesse des savants, qui ont compris l'imperfection et l'insignifiance de toutes les connaissances humaines. Ce sont ces gens qui, se croyant de fortes têtes, troublent le monde. Ils jugent de tout avec assurance et promptitude et, naturellement, ils se trompent constamment. Ils savent jeter de la poudre aux yeux et jouissent souvent du respect des hommes, mais les masses populaires les méprisent, voyant bien leur inutilité ; quant à eux, ils méprisent le peuple, le croyant ignorant.

PASCAL.

8

Les gens croient souvent que plus on sait, mieux cela vaut. C'est une idée fausse. Il ne s'agit pas de savoir beaucoup de choses ; il importe de savoir l'essentiel de tout ce que l'on peut connaître.

8

Les sages ne sont jamais savants, les savants ne sont jamais sages.

Lao-Tseu.

10

Les hiboux voient dans l'obscurité, mais deviennent aveugles à la clarté du soleil. Il en est de même des savants. Ils connaissent quantité de futilités scientifiques, mais ils ne savent pas et ne peuvent rien savoir de ce qui est le plus nécessaire dans la vie : comment l'homme doit vivre sur la terre.

11

Le sage Socrate disait que la bêtise ne provient pas de peu de science, mais de ce qu'on ne se connaît pas soi-même, et qu'on croit connaître tout ce que l'on ignore. Il appelait cela bêtise et ignorance.

12

Quand l'homme connaît toutes les sciences et parle toutes les langues, mais ignore ce qu'il est et ce qu'il doit faire, il est bien moins instruit que la vieille femme illettrée qui croit à son Seigneur le sauveur, c'est-à-dire en Dieu, selon la volonté duquel elle reconnaît qu'elle vit, et elle sait que ce Dieu exige d'elle une vie juste. Elle est plus instruite que le savant, parce qu'elle possède la réponse à la question essentielle : ce qu'est sa vie et comment doit-elle vivre ; tandis que le savant, tout en possédant des réponses ingénieuses à toutes les questions complexes, mais peu importantes de la vie, n'a pas de réponse à la question principale de tout homme de raison : pourquoi je vis et que dois-je faire ?

13

Les gens qui croient que la science est l'œuvre principale de la vie, sont pareils aux papillons attirés par la clarté de la bougie : ils périssent eux-mêmes et obscurcissent la lumière.

VI. — *En quoi consiste le sens et le but de la vraie science.*

1

Le savant est celui qui a appris beaucoup de choses dans les livres ; l'homme instruit est celui qui est au courant de tout ce qui intéresse actuellement les hommes ; l'homme éclairé est celui qui sait pourquoi il vit et ce qu'il doit faire. Ne t'efforce ni d'être savant, ni d'être instruit tâche de devenir un homme éclairé.

2

Si dans la vie réelle l'illusion défigure la réalité pour un instant seulement, dans la région abstraite, l'erreur peut dominer pendant des milliers d'années, peut peser de son joug sur des peuples entiers, étouffer les élans les plus nobles de l'humanité, et, à l'aide de ses esclaves qu'elle a trompés, elle peut mettre aux fers celui qu'elle n'a pu tromper. Elle est l'ennemi contre lequel les plus grands esprits de tous les temps ont mené un combat inégal, et l'humanité n'a gagné que ce qu'ils ont pu lui enlever. Si l'on dit que l'on doit rechercher la vérité même là où l'on en attend aucun profit parce que l'utilité peut en apparaître là où elle n'avait pas été prévue, il faut ajouter encore qu'on doit rechercher et supprimer avec le même zèle toute erreur, là même où elle ne peut faire aucun tort, parce que le danger des erreurs peut facilement apparaître un jour, là où on ne s'y attendait pas, toute erreur contenant du poison. Il n'y a pas d'erreur inoffensive et il y a d'autant moins d'erreur honorable et sacrée.

Pour consoler ceux qui consacrent leur vie et leurs forces à la noble et difficile lutte contre les erreurs, on peut hardiment dire que, si avant la venue de la vérité, l'erreur continuera quand même à faire son œuvre, elle n'évincera pas jusqu'au bout la vérité conquise et clairement exprimée, pour prendre librement sa place vacante, pas plus que les hiboux et les chauves-souris pendant la nuit n'intimideront et n'empêcheront le soleil de réapparaître radieux à son lever. Telle est la puissance de la vérité ; sa victoire est difficile et pénible, mais une fois gagnée, elle ne peut pas être reprise.

SCHOPENHAUER.

3

Depuis que les hommes vivent sur la terre, tous les peuples ont eu des sages qui leur ont enseigné ce qui était le plus nécessaire de savoir: quelle est la destination et, par conséquent, le vrai bonheur de chaque homme et de tous les hommes. Seul l'homme qui connaît cette science peut juger de l'importance de toutes les autres.

Les objets d'études sont *innombrables* ; aussi, l'ignorance de la mission et du bonheur des hommes rend-elle impossible le choix dans cette quantité infinie des connaissances et c'est pourquoi sans cette connaissance primordiale, toutes les autres deviennent et sont, en effet, un amusement vain et nuisible.

4

Tous les hommes qui s'adressent à la science de notre

époque, non pour satisfaire une vaine curiosité, non pour jouer un rôle dans la science, écrire, discuter, enseigner, non pour vivre de la science, mais pour lui poser des questions directes, simples, vitales, s'aperçoivent que tout en répondant à des milliers de questions très ingénieuses et complexes, elle est impuissante à répondre à la seule question qui intéresse tout homme de raison : que suis-je et comment dois-je vivre ?

5

On peut étudier les sciences inutiles à la vie spirituelle, telles que l'astronomie, les mathématiques, la physique, de même que jouir de divers plaisirs, jeux, promenades, quand ces occupations ne nous empêchent pas de faire ce que nous devons ; mais ce n'est pas bien de s'occuper de vaines sciences et de jouir de plaisirs, quand ils entravent la véritable œuvre de la vie.

6

Socrate démontrait à ses élèves qu'une instruction bien organisée commande de parvenir dans chaque science à une certaine limite qu'on ne doit pas franchir. Il suffit de connaître assez de géométrie, disait-il, pour être, à l'occasion en état de mesurer régulièrement une bande de terre que l'on achète ou que l'on rend, pour diviser un héritage ou pour savoir répartir le travail aux ouvriers. « C'est si facile, disait-il, qu'avec un peu de bonne volonté on ne s'arrêtera plus devant aucun calcul, quand bien même il faudrait mesurer toute la terre. Mais il n'approuvait pas lorsqu'on se passionnait pour les difficultés de cette science, et, bien qu'il les connût, il disait, qu'elles pouvaient occuper toute la vie d'un homme et le distraire des sciences utiles, tandis qu'elles ne servaient à rien. Il trouvait bien que l'on connaisse assez d'astronomie pour pouvoir, d'après de menus indices reconnaître les heures de la nuit, les jours du mois, et les saisons de l'année, s'orienter sur sa route, maintenir la direction en mer, et relever les gardes. Cette science, est si facile, ajoutait-il, qu'elle est accessible à chaque chasseur, à tout navigateur et, en général, à tout homme qui voudrait quelque peu s'en occuper. Mais lorsqu'on voulait arriver à étudier les différentes orbites parcourues par les astres célestes, calculer la dimension des planètes et des étoiles, leur éloignement de la terre, leurs mouvements et modifications, — il blâmait les gens, car il ne voyait aucune utilité à ces occupations. Il en avait une si basse opinion, non pas par ignorance, car il avait étudié ces sciences, mais parce qu'il ne voulait pas qu'on dépense à des études superflues, le temps et les forces qui pourraient être employés à la chose la plus nécessaire à l'homme : à son perfectionnement moral. »

Xénophon.

VII. — *De la lecture des livres.*

1

Fais attention que la lecture de nombreux écrivains, de livres de tous genres n'embrouillent et ne troublent ta raison. On ne doit alimenter son esprit que par la lecture d'écrivains dont la valeur est incontestable. Trop de lecture distrait l'esprit et le déshabitue du travail personnel. C'est pourquoi ne lis que les vieux livres incontestablement bons. Si jamais tu as envie de passer à des œuvres d'un autre genre, n'oublie pas de revenir aux anciennes.

Sénèque.

2

Lisez avant tout les meilleurs livres ; autrement vous n'aurez pas le temps de les lire.

THOREAU.

3

Il est préférable de ne jamais lire un seul livre que d'en lire beaucoup et de croire à tout ce qui y est dit. On peut être intelligent sans lire un seul livre, tandis qu'en croyant à tout ce qui est écrit dans les livres, on devient forcément sot.

4

Dans la fabrication des livres se répète le même fait que dans la vie. La plupart des gens s'égarent sottement. C'est pour cela que tant de mauvais livres, tant de relent littéraire s'accumulent parmi la bonne graine. Les hommes ne font que perdre leur temps, leur argent, et leur attention à la lecture de ces livres.

Les mauvais livres ne sont pas seulement inutiles, mais encore nuisibles. Car neuf dixièmes de tous les livres ne s'impriment que pour prendre l'argent des autres.

C'est pourquoi il est préférable de ne pas lire du tout les livres dont on parle et dont on écrit beaucoup. Les gens doivent chercher avant tout à lire et à connaître les meilleurs écrivains de tous les siècles, et de tous les peuples. Ce sont ces livres là qu'on doit lire en premier lieu ; autrement, on n'aura pas le temps de les lire du tout. Seuls ces écrivains nous instruisent et contribuent à notre éducation.

Nous ne lirons jamais trop peu de mauvais livres et nous ne réussirons jamais à lire trop de bons livres. Les mauvais livres sont un poison moral qui ne fait que griser.

D'après SCHOPENHAUER.

5

Les superstitions et les erreurs tourmentent les hommes. Il n'y a qu'un moyen pour s'en débarrasser : la vérité. Or, nous apprenons la vérité tant par nous-mêmes que par l'entremise de sages et de saints qui ont vécu avant nous. C'est pourquoi pour mener une vie de bien, il faut chercher soi-même la vérité, tout en profitant des indications qui sont venues jusqu'à nous des anciens sages et des saints.

6

L'un des moyens les plus puissants de connaître la vérité qui libère des superstitions, consiste à apprendre tout ce que l'humanité a fait dans le passé pour connaître et exprimer la vérité commune à tous les hommmes.

VIII. — *De la pensée indépendante.*

1

Chaque homme peut et doit profiter de tout ce que la raison commune de l'humanité a élaboré, mais il doit en même temps contrôler par sa propre raison les données élaborées par toute l'humanité.

2

Le savoir est vraiment le savoir, lorsqu'il est acquis par les efforts de la pensée et non par la mémoire.

Nous commençons à savoir réellement lorsque nous nous arrivons à oublier complètement ce que nous avons appris. Je ne me rapprocherai pas à une distance d'un cheveu de la connaissance des objets, tant que je considèrerai l'objet comme on me l'a appris. Pour connaître un objet, je dois m'en approcher comme d'une chose d'absolument inconnue de moi.

THOREAU.

3

Nous attendons du professeur qu'il fasse de son élève un homme raisonnable, d'abord, sage, ensuite, et savant, enfin.

Ce procédé présente cet avantage que si l'élève n'atteint jamais le dernier degré, comme cela a, en effet, généralement lieu dans la réalité; il gagnera néanmoins à s'instruire et aura plus d'expérience et de sagesse dans la vie.

Mais si l'on retourne ce procédé à l'envers, alors les élèves saisissent quelque chose qui ressemble à la raison avant d'avoir acquis la faculté de raisonner et emportent de l'enseignement une science empruntée, comme collée à eux et non n'adhérant, sans compter que leurs facultés spirituelles restent tout aussi improductives que par le passé et se trouvent en même temps fortement corrompues par la sagesse imaginaire. C'est là la raison pourquoi nous rencontrons souvent des savants (ou plutôt des gens instruits) qui manifestent très peu de raisonnement, et c'est pourquoi il sort des académies plus d'idiots que de n'importe quelle autre classe sociale.

KANT.

4

Dans toutes les classes il y a des hommes qui jouissent d'une supériorité mentale, bien qu'ils n'aient souvent aucune instruction. L'esprit naturel peut remplacer presque tous les degrés de l'instruction, tandis qu'aucune instruction ne peut remplacer l'esprit naturel, bien qu'elle possède l'avantage de la connaissance des événements et des faits (science historique), de la définition des causes (sciences naturelles) — le tout en une revue facile et régulière ; mais cela ne lui donne pas une opinion plus exacte et plus approfondie du sens réel de tous ces événements, faits et causes. L'homme non instruit, mais perspicace et prompt à voir les choses, saura se passer de ces richesses. Un incident de sa propre expérience lui apprendra bien plus qu'à un savant qui connaît des milliers de cas, mais qu'il ne *comprend* pas très bien, parce que le peu de savoir de l'homme non instruit est *vécu*.

SCHOPENHAUER.

5

J'aime les paysans : ils ne sont pas assez instruits pour pouvoir raisonner erronement.

MONTAIGNE.

6

Combien de lectures multiples nous aurions pu éviter si nous savions réfléchir avec indépendance.

Est-ce que la lecture et l'étude sont la même chose ? Quelqu'un a affirmé, non sans raison, que si l'impression des livres a contribué au développement plus vaste de l'instruction, cela a été au détriment de leur qualité et de leur teneur. Trop lire est mauvais pour la pensée. Les plus grands penseurs, rencontrés parmi les savants que j'ai étudiés, étaient précisément les moins érudits.

Si l'on avait enseigné aux hommes *comment* ils doivent penser, et non pas à quoi ils doivent penser, le malentendu aurait pu être évité.

LICHTENBERG.

CHAPITRE XIX

L'EFFORT

Les péchés, les tentations, les superstitions arrêtent, voilent à l'homme son âme. Pour se révéler à soi-même son âme, l'homme doit faire des efforts de conscience. C'est donc dans ces efforts de conscience que consiste l'œuvre principale de la vie de l'homme.

I. — La libération des péchés, des tentations et des superstitions est dans l'effort.

1

L'abnégation libère les hommes des péchés, l'humilité — des tentations, la véracité — des superstitions. Mais pour que l'homme puisse renoncer aux désirs charnels, s'humilier devant les tentations de l'orgueil et contrôler par la raison les superstitions qui le désorientent, il doit faire des efforts. Seul l'effort de sa conscience permet à l'homme de se libérer des péchés, des tentations et des superstitions qui le privent de bonheur.

2

Le Royaume de Dieu est conquis par l'effort. Le

Royaume de Dieu est en vous (Luc, xvi, 16 ; xvii, 21).
Ces deux strophes de l'Evangile signifient que ce n'est que
par des efforts de conscience que les hommes peuvent
vaincre en eux les péchés, les superstitutions et les tentations qui retardent l'approche du Royaume de Dieu.

3

Ici, sur la terre, il ne peut et ne doit pas y avoir de repos, parce que la vie est une marche vers le but qu'on ne peut jamais atteindre. Le repos est immoral. Je ne puis dire en quoi consiste ce but ; mais quel qu'il soit, il existe et nous savons que nous nous en approchons. Sans ce rapprochement, la vie serait une absurdité et un mensonge. Et nous ne pouvons nous rapprocher de ce but que par notre propre effort.

Joseph Mazzini.

4

Devenir de plus en plus meilleur, c'est toute l'œuvre de la vie, et on ne peut devenir meilleur que par l'effort.

Chacun sait que sans effort, on ne peut rien faire dans le travail. Il faut savoir également que dans l'œuvre principale de la vie, dans la vie spirituelle, on ne peut rien faire sans effort.

5

La force ne se manifeste pas par le pouvoir de faire un nœud avec un attisoir en fer, par la possession des billions et des trillions de roubles, ni par la domination sur des millions d'hommes ; la vraie force est dans le pouvoir sur soi-même.

6

Ne dis jamais d'une bonne action : « Ce n'est pas la peine de se donner du mal ; c'est si difficile que je n'y arriverai jamais ; » ou bien : « C'est si facile que je n'ai qu'à vouloir pour le faire. » Ne pense pas et ne parle pas ainsi : même si le but visé n'est pas atteint, ou si ce but est insignifiant, chaque effort fortifie l'âme.

7

Les gens pensent souvent que pour être un vrai chrétien, il faut accomplir des actes extraordinaires. C'est une erreur. Le chrétien n'a pas besoin d'œuvres spéciales, extraordinaires ; il ne lui faut qu'un effort d'esprit perpétuel qui le libère des péchés, des tentations et des superstitions.

8

Les mauvaises actions — celles qui causent nos malheurs, — s'accomplissent facilement ; mais ce qui est noble et bon pour nous se fait uniquement au prix d'un effort.

Sagesse bouddhiste.

9

Si l'homme prend pour règle de faire ce qu'il veut, il ne restera pas longtemps à vouloir faire ce qu'il fait. La vraie œuvre n'est jamais que celle à laquelle on doit travailler pour l'accomplir.

10

La route vers la connaissance du bien n'a jamais été tracée sur un gazon soyeux jonchée de fleurs ; l'homme a toujours dû escalader des rochers dénudés.

JOHN RUSKIN.

11

On ne cherche jamais la vérité avec joie, mais avec émotion et inquiétude ; et cependant, on doit la chercher ;

car n'ayant pas trouvé la vérité et appris à l'aimer, tu périras. Mais, diras-tu, si la vérité voulait que je la cherche et que je l'aime, elle se serait révélée à moi-même. Aussi se révèle-t-elle à toi, mais tu n'y prêtes pas attention. Cherche donc la vérité, — elle le veut.

PASCAL.

II. — *La vie pour l'âme exige des efforts.*

1

Je suis l'instrument avec lequel Dieu travaille. Mon vrai bonheur consiste à participer à Son travail. Mais je ne peux y parvenir qu'au moyen des efforts que je fais pour garder toujours en état propre et aiguisé l'instrument de Dieu qui m'est confié : moi-même, mon âme.

2

La chose la plus chère à l'homme, c'est d'être libre, de vivre à sa guise et non suivant la volonté d'autrui. Afin de vivre ainsi, l'homme doit vivre pour son âme. Et afin de vivre pour l'âme, l'homme doit réprimer les désirs du corps.

3

La vraie vie humaine n'est autre chose que le passage progressif de la nature bestiale inférieure à une conception de plus en plus grande de la vie spirituelle.

4

Nous faisons un effort pour nous réveiller et nous nous éveillons effectivement lorsque le rêve devient affreux et que nous n'avons plus de forces de le supporter. Il faut agir de même dans la vie réelle lorsqu'elle devient intolérable. Dans ces moments-là, il faut faire un effort de conscience pour s'éveiller à une vie nouvelle, supérieure, spirituelle.

4

La lutte contre les péchés, les tentations et les superstitions est nécessaire déjà pour cette raison que si tu cesses de les combattre, ta chair prend le dessus.

5

Il nous semble qu'un vrai travail ne peut être fait qu'à quelque chose de visible : à bâtir une maison, à labourer un champ, à nourrir le bétail, mais que travailler à son âme, à quelque chose d'invisible, n'est pas une besogne importante, une besogne que l'on peut faire ou ne pas faire ; pourtant tout autre travail, — en dehors du travail intérieur, celui qui nous rend tous les jours plus moral et plus aimant, — tout autre travail n'est rien. C'est le seul vrai, et tous les autres ne sont utiles que si ce travail principal de la vie s'effectue.

7

Celui qui reconnaît que sa vie est mauvaise et qui veut commencer à vivre mieux, ne doit pas penser qu'il ne peut commencer à le faire que lorsqu'il aura modifié les conditions de sa vie. On doit et on peut améliorer sa vie non pas par les transformations extérieures, mais par un changement de soi-même, en notre âme. Et cela, on peut le faire toujours et partout. Et chacun a suffisamment à faire dans ce but. C'est seulement lorsque ton âme aura changé au point que tu ne pourras plus vivre comme par le passé, que tu pourras la modifier, et non quand tu croiras qu'il te sera plus facile de te corriger si tu changes ta vie.

8

Il n'y a, dans la vie, qu'une seule chose importante pour tous les hommes. Cette œuvre seule est destinée à tous les hommes. Tout le reste n'est rien en comparaison avec elle. On voit que cela est ainsi parce que dans cette œuvre seule, l'homme n'a pas d'entraves et qu'elle seule donne toujours la joie.

9

Prends l'exemple du ver à soie : il travaille tant qu'il n'est pas en mesure de voler. Et toi, tu t'es collé à la terre. Travaille à ton âme, et il te poussera des ailes.

D'après Angélus.

III. — *Le perfectionnement de soi-même ne saurait être atteint que par des efforts de conscience.*

1

« Soyez parfaits comme votre Père céleste est parfait », est-il dit dans l'Evangile. Cela ne signifie point que le Christ ordonne à l'homme d'être aussi parfait que Dieu, mais que chaque homme doit faire des efforts de conscience pour se rapprocher de la perfection et que la vie de l'homme est dans ce rapprochement.

2

Tout être ne grandit pas d'un coup, mais peu à peu. On ne peut non plus apprendre une science d'un coup. De même, on ne peut pas vaincre le péché d'un coup. Il n'y a qu'un moyen pour devenir meilleur : le raisonnement sage et l'effort continu et patient.

Channing.

3

Lessing disait que ce n'est pas la vérité qui donne la joie à l'homme, mais l'effort qu'il fait pour la connaître. Il en est de même de la vertu : la joie que donne la vertu est dans l'effort qui nous rappoche d'elle.

4

Les paroles suivantes étaient gravées sur la baignoire du Roi Tching-Tchang : « Renouvelle-toi tous les jours complètement ; fais-le à nouveau et encore à nouveau. »

Sagesse chinoise.

5

Si les gens ne s'occupent pas d'explorations, et s'ils s'en occupent, mais qu'ils n'y réussissent pas, ils ne doivent pas se désespérer ni s'arrêter ; si les gens n'interrogent pas les personnes éclairées sur les choses qu'ils ignorent, et si, en interrogeant, ils ne deviennent pas plus avancés, ils ne doivent pas désespérer ; si les gens ne raisonnent pas, et s'ils raisonnent, mais ne peuvent pas comprendre clairement en quoi consiste le bien, ils ne doivent pas désespérer ; si les gens ne distinguent pas le bien et le mal, et s'ils le distinguent, mais n'en ont pas une conception exacte, ils ne doivent pas désespérer ; si les gens ne font pas le bien, et s'ils le font, mais sans lui consacrer toutes leurs forces, ils ne doivent pas désespérer : ils feront en dix fois ce que d'autres auraient fait en une fois ; ils feront en mille fois ce que d'autres auraient fait en cent fois.

Celui qui suivra réellement cette règle de la continuité de l'effort deviendra, si ignorant qu'il soit, sûrement fort, et, si vicieux qu'il soit, il deviendra sûrement vertueux. *Sagesse chinoise.*

6

Lorsque l'homme fait le bien uniquement parce qu'il est habitué à le faire, ce n'est pas encore la vie de bien. Cette vie commence lorsque l'homme fait un effort pour être bon.

7

Tu dis : ce n'est pas la peine de faire des efforts ; on aura beau s'appliquer, on ne parviendra jamais à la perfection. Ton œuvre n'est pas d'atteindre la perfection, mais de t'en rapprocher de plus en plus.

8

Pour que la vie soit non un chagrin, mais une joie continuelle, on doit toujours être bon pour tous, hommes et animaux. Et pour être bon, il faut s'y habituer ; et pour s'y habituer, il ne faut pas laisser passer une seule de ses mauvaises actions sans s'en faire de reproches.]

Si tu agis ainsi, tu t'habitueras bientôt à être bon pour tous les hommes et pour tous les animaux. Et si tu t'habitues à la bonté, tu auras toujours la joie au cœur.

9

La vertu de l'homme ne se mesure pas par ses exploits extraordinaires, mais par son effort de chaque jour.

Pascal.

IV. — *Pour se rapprocher de la perfection, l'homme ne doit compter que sur ses propres forces.*

1

Combien il est erroné de demander à Dieu, ou même aux hommes, de me délivrer d'une situation difficile.

L'homme n'a besoin de l'aide de personne ; il n'a pas besoin non plus de sortir de la situation où il se trouve ; il ne lui faut qu'une seule chose : faire un effort de conscience pour se libérer des péchés, des tentations et des superstitions. La situation de l'homme changera et s'améliorera seulement en tant qu'il se sera libéré des péchés, des tentations et des superstitions.

2

Rien n'affaiblit les forces de l'homme que l'espoir de trouver le salut et le bonheur ailleurs que dans son effort.

3

Il faut se débarrasser de l'idée que le Ciel peut corriger nos erreurs. Si vous préparez négligemment quelque plat, vous n'espérez pas que la Providence le rendra bon ; de même, si pendant une série d'années de folie, vous avez mal dirigé votre vie, vous ne devez pas espérer que l'intervention divine dirigera et arrangera tout pour le mieux.

JOHN RUSKIN.

4

Tu possèdes la connaissance de ce qui est la perfection suprême. En toi également sont les obstacles qui t'empêchent d'y arriver. Ta situation est précisément celle qui t'engage à travailler pour te rapprocher de la perfection.

CARLYLE.

5

C'est toi qui pèches, c'est toi qui projettes le mal, c'est toi qui fuis le péché, c'est toi qui purifies tes desseins, c'est toi qui es méchant ou pur ; un autre ne pourra pas te sauver.

DJAMAPADA.

6

Il n'y a pas de loi morale si je ne puis l'accomplir. Les gens disent : nous sommes nés égoïstes, avares, sensuels, et nous ne pouvons pas être autres. Non, nous le pouvons. La première chose, c'est de sentir dans son cœur ce que nous sommes et ce que nous devons être, et la seconde est de faire des efforts pour nous rapprocher de ce que nous devrions être.

Solter.

7

L'homme doit développer ses germes de bien. La Providence ne les a pas semés entièrement levés dans l'homme ; ce ne sont que des germes. Se rendre meilleur, cultiver soi-même — voilà l'œuvre principale de la vie de l'homme.

Kant.

V. — *Il n'y a qu'un seul moyen d'améliorer la vie sociale : l'effort de chaque homme pour obtenir une vie morale et bonne.*

1

Les hommes se rapprochent du Royaume de Dieu, c'est-à-dire de la vie bonne et heureuse, uniquement par l'effort de chaque individu vers une vie morale.

2

Si tu vois que l'organisation de la société est mauvaise et que tu veux l'améliorer, sache qu'il est pour cela un seul moyen : tous les hommes doivent devenir meilleurs. Et pour rendre tous les hommes meilleurs, tu n'as qu'un moyen : c'est de devenir meilleur toi-même.

3

On entend souvent dire que tous les efforts faits pour améliorer la vie, supprimer le mal, instituer la justice sont inutiles, et que tout cela se fera de soi-même. Les gens avançaient en ramant, mais les rameurs, arrivés à destination, sont descendus ; les voyageurs restés dans le bateau ne se mettent pas à ramer parce qu'ils pensent que le bateau continuera à avancer comme il l'a fait jusque-là.

4

« Oui, cela serait ainsi, si tous les hommes avaient compris d'un coup que tout cela est mauvais et inutile pour nous, » dit-on en parlant du mal de la vie humaine. « Mettons qu'un homme renonce au mal, qu'il refuse à y participer, cela avancera-t-il l'œuvre du bien commun ? La transformation de la vie sociale s'opère grâce aux efforts de toute la société et non pas à ceux des individus isolés. »

Il est vrai, qu'une hirondelle ne fait pas le printemps. Serait-il possible, cependant, que parce qu'une hirondelle ne fait pas le printemps, elle ne doit pas s'envoler alors qu'elle sent l'approche du printemps ? Si chaque bourgeon et chaque herbe attendaient, il n'y aurait jamais de printemps. De même, pour établir le Royaume de Dieu, je ne dois pas me demander si je suis la première ou la millième hirondelle, mais faire immédiatement, même si je suis seul, en sentant l'approche du royaume de Dieu, tout ce qu'il faut pour le réaliser.

« Demandez, et il vous sera donné ; cherchez, et vous trouverez ; frappez, et on vous ouvrira. Car quiconque demande, reçoit, et quiconque cherche, trouve ; et l'on ouvre à celui qui frappe. »

Matth., vii, 7-8.

5

Notre vie est malheureuse. Pourquoi ?

Parce que les hommes vivent mal. Et ils vivent mal parce qu'ils sont eux-mêmes mauvais. De sorte que pour que la vie ne soit plus mauvaise, il faut changer les mauvaises gens en bonnes gens. Comment faire cela ? Personne ne peut transformer tout le monde, mais chacun peut s'amender lui-même. Il semble, tout d'abord, qu'on ne peut pas remédier à cela ainsi, car que peut faire un homme contre tous ? Pourtant, tous se plaignent de leur vie malheureuse. Si donc tous les hommes comprennent que la mauvaise vie vient des mauvaises gens, et que chacun peut non pas corriger les autres, mais se corriger lui-même, toute la vie deviendra immédiatement meilleure.

C'est donc que la mauvaise vie dépend de nous, et cela dépend également de nous qu'elle devienne bonne.

VI. — *L'effort vers la perfection donne le vrai bonheur.*

1

L'effort moral et la joie de la conscience de la vie alternent de même que le travail corporel et la joie du repos. Sans travail corporel on n'éprouve pas la joie du repos ; sans effort moral, il n'y a pas de joie d'être conscient de la vie.

2

La récompense de la vertu est dans l'effort même de faire une bonne action.
Cicéron.

3

N'attends pas non seulement un succès rapide, mais même un succès perceptible de tes efforts vers le bien. Tu ne verras pas le fruit de tes efforts, parce que tu t'es avancé tout autant que s'est avancée la perfection à laquelle tu aspires. L'effort de la conscience n'est pas un moyen pour obtenir le bonheur, mais l'effort de la conscience donne par lui-même le bonheur.

4

Dieu a donné aux animaux tout ce qu'il leur faut. Mais il ne l'a pas donné à l'homme. L'homme doit se procurer lui-même tout ce qui lui est nécessaire. La sagesse supérieure de l'homme n'est pas née avec lui ; il doit travailler pour la gagner, et plus son travail est pénible, plus la récompense est grande.

Tablettes des Babides (1).

5

Le Royaume de Dieu est conquis de haute lutte. Cela veut dire que pour se débarrasser du mal et devenir bon, il faut un effort.

L'effort est nécessaire pour se contenir du mal. Contiens-toi du mal, et tu feras le bien, parce que l'âme humaine aime le bien, et elle le fait, si elle est exempte de mal.

6

Vous êtes des travailleurs libres et vous le sentez. Toutes sortes de raisonnements mensongers voulant prouver que la destinée ou les lois de la nature sont maîtresses

---

(1) Secte religieuse persane. *(Note du trad.)*

de tout, ne seront jamais en état de faire taire les deux témoins incorruptibles de la liberté : les reproches de la conscience et les grands martyres. Depuis Socrate jusqu'à Christ, et depuis Christ jusqu'aux hommes qui, de siècle en siècle, meurent pour la vérité, tous les martyrs de la foi montrent le mensonge de cette doctrine d'esclaves et nous disent tout haut : « Nous aussi, nous avons aimé la vie, et aussi tous les hommes qui ont embelli notre vie et qui nous suppliaient de cesser la lutte. Chaque battement de notre cœur semblait nous crier : vivez ! Mais pour accomplir la loi de la vie, nous avons préféré la mort. »

Depuis Caïn et jusqu'à l'homme le plus profondément misérable de notre époque, tous ceux qui ont choisi la voie du mal entendent au fond de leur âme la voix du blâme, du reproche, une voix qui ne leur donne pas de repos, qui leur répète éternellement : Pourquoi avez-vous abandonné le chemin de la vérité ? Vous pouviez, vous pouvez faire un effort. Vous êtes des hommes libres et il était dans votre pouvoir de moisir dans les péchés ou de vous en libérer.

Mazzini.

CHAPITRE XX

LA VIE EST DANS LE PRÉSENT

Les hommes croient que leur vie dure un temps donné : dans le passé et dans l'avenir. Mais ce n'est qu'une apparence ; la vraie vie humaine ne dure pas pendant un temps, elle *est* toujours, se maintenant à un point indéterminé où le passé touche au futur et que nous appelons improprement le présent. A ce point du présent, et rien qu'à ce point, l'homme est libre ; c'est pourquoi la vraie vie de l'homme est dans le présent et rien que dans le présent.

I. — *La vraie vie ne dépend pas du temps.*

1

Le passé n'est plus, le futur n'est pas encore venu. Qu'est-ce qui est donc? Rien que le point où le futur et le passé se touchent. Il semblerait que ce point n'est rien, et cependant, toute notre vie est uniquement dans ce point.

2

Il nous semble seulement que le temps existe. Il n'est pas. Le temps n'est qu'un terme conventionnel grâce auquel nous voyons graduellement ce qui est en réalité et ce qui est toujours un. L'œil ne voit pas toute la sphère à la fois, bien que la sphère existe en entier et en une fois. Pour que l'œil voit, il faut que la sphère tourne devant l'œil qui la regarde. De même le monde se déroule, ou semble se dérouler, dans le temps devant les yeux des hommes. Pour la raison supérieure, il n'y a pas de temps : ce qui sera est déjà. L'idée du temps et de l'espace sert au morcellement de l'infini pour le profit des êtres finaux.

Amiel.

3

Il n'y a ni « avant » ni « après » : ce qui arrivera demain existe réellement dans l'éternité.

Angelus.

4

Il n'y a ni temps, ni espace ; l'un et l'autre nous sont indispensables pour que nous puissions comprendre les objets. C'est pourquoi il est faux de croire que les réflexions concernant les étoiles, dont la lumière n'est pas encore arrivée jusqu'à nous, et sur l'état du soleil à des millions d'années, etc., sont très importantes. Il n'y a là rien d'important ni même de sérieux. Tout cela n'est qu'un vain jeu de l'esprit.

5

Il n'y a pas de temps, il n'y a qu'un instant. Et c'est précisément en cet instant qu'est toute notre vie. C'est pourquoi il faut donner toutes nos forces à cet instant.

6

Si la vie est en dehors du temps, pourquoi se manifeste-t-elle dans le temps et dans l'espace ? Parce que le mouvement, c'est-à-dire la tendance vers le développement, vers l'éclaircissement et la perfection, ne peut se manifester que dans le temps et l'espace. S'il n'y avait pas d'espace et de temps, il n'y aurait pas de mouvement, il n'y aurait pas de vie.

II. — *La vie spirituelle de l'homme en dehors du temps et de l'espace.*

1

Le temps ne sert qu'à la vie corporelle. L'être spirituel de l'homme est toujours en dehors du temps. Et il est en dehors du temps, parce que l'activité de l'être spirituel consiste uniquement dans l'effort de la conscience. Et cet effort est toujours hors du temps, parce qu'il n'a jamais lieu qu'au présent et que le présent n'a pas de temps.

2

Nous ne pouvons nous représenter la vie après la mort et nous rappeler de la vie avant notre naissance, parce que nous ne pouvons rien nous représenter qui soit en dehors du temps ; et cependant, nous connaissons le mieux notre vie hors du temps — dans le présent.

3

Notre âme est jetée dans notre corps où elle trouve le nombre, le temps, la mesure. Elle raisonne d'après cela et appelle cela nature, nécessité, et ne saurait penser autrement.

PASCAL.

4

Nous disons que le temps passe. Ceci n'est pas exact. C'est nous qui avançons, et non pas le temps. Lorsque nous flottons sur l'eau, il nous semble que ce sont les rives qui marchent et non pas le bateau dans lequel nous nous trouvons. Il en est de même du temps.

5

Il est bon de se rappeler souvent que notre vraie vie n'est pas uniquement extérieure, corporelle, telle que nous la vivons ici, sur terre, telle que nous la voyons, mais qu'avec cette vie, nous possédons encore une autre vie, intérieure, spirituelle, qui n'a ni commencement ni fin.

III. — *La vraie vie n'est que dans le présent.*

1

Le faculté de se souvenir du passé et de se représenter l'avenir nous est donnée uniquement afin que, en nous fondant sur des considérations relatives à l'un ou à l'autre, nous puissions décider plus exactement nos actes du présent, mais nullement pour regretter le passé ou préparer l'avenir.

2

L'homme ne vit que dans l'instant présent. Tout le reste est déjà passé, ou bien n'arrivera peut-être pas.

Marc-Aurèle.

3

Si nous nous tourmentons en songeant au passé et que nous nous gâtons l'avenir, c'est uniquement parce que nous nous occupons trop peu du présent. Le passé a été, l'avenir n'est pas ; seul le présent est.

4

Notre état futur semblera toujours un rêve à notre état présent.

Ce n'est pas la longueur de la vie qui importe, mais sa profondeur. Il ne s'agit pas de prolonger la vie, mais de vivre en dehors du temps, et nous ne le faisons que lorsque nous vivons par l'effort du bien. Lorsque nous vivons ainsi, nous ne nous posons pas la question du temps.

D'après Emerson.

5

« Vivre jusqu'au soir et jusqu'à la mort » (1) veut dire vivre comme si l'on se trouvait toujours à sa dernière heure et qu'on n'a le temps que d'accomplir l'essentiel, et en même temps vivre comme si tu pouvais continuer indéfiniment l'œuvre que tu accomplis.

6

Le temps est derrière nous, il est devant nous, mais nous ne l'avons pas avec nous. Lorsqu'on se met à penser davantage à ce qui a été ou à ce qui sera, on perd le principal : la vraie vie dans le présent.

7

On ne peut vaincre les mauvaises habitudes qu'aujourd'hui seulement, et non pas demain.

Confucius.

8

Rien n'a de l'importance, excepté ce que nous faisons dans le moment présent.

9

Il est bon de ne pas penser au lendemain ; mais pour ne pas y penser, il n'y a qu'un seul moyen : c'est de penser

---

(1) Proverbe russe. (*N. du trad.*).

continuellement si j'accomplis bien l'œuvre du jour, de l'heure, de la minute présente.

10

Dès qu'on s'absorbe dans le passé et l'avenir, on s'éloigne de la vraie vie et l'on se sent abandonné, lié, solitaire.

Que de tortures morales, et tout cela pour mourir au bout de quelques minutes ! Pourquoi donc s'inquiéter ?

Non, cela n'est pas vrai : ta vie existe actuellement. Le temps n'est pas, et l'heure présente vaut des centaines d'années si tu vis cette heure avec Dieu.

D'après Amiel.

14

On dit : l'homme n'est pas libre parce que tout ce qu'il fait a une raison antérieure. Mais l'homme n'agit jamais que dans le présent ; or, le présent est en dehors du temps : ce n'est que le point de contact entre le passé et le futur. C'est pourquoi l'homme est toujours libre pendant l'*instant* du présent.

15

La force libre et divine de la vie ne se manifeste que dans le présent ; c'est pourquoi l'activité du présent doit posséder les qualités divines, c'est-à-dire doit être raisonnable et bonne.

16

On demanda à un sage : Quelle est l'œuvre la plus importante ? Quel est l'homme le plus important de la vie ? Quel est le moment le plus important de la vie ?

Le sage répondit : « L'œuvre la plus importante c'est d'aimer tous les hommes parce que c'est là l'œuvre de la vie de chaque homme.

« L'homme le plus important est celui auquel tu as affaire en ce moment, parce que tu ne pourras jamais savoir si tu auras affaire à un autre homme.

« Le temps le plus important est le présent, parce que là seulement l'homme est maître de lui-même. »

IV. — *L'amour ne se manifeste que dans le présent.*

1

L'œuvre principale de la vie est l'amour. Et on ne peut aimer ni dans le passé ni dans le futur. On ne peut aimer que dans le présent, à cette heure, à cette minute.

2

L'amour est une manifestation de l'essence divine qui n'a pas de temps ; c'est pourquoi l'amour ne se manifeste que dans le présent, tout de suite, à tout moment du présent.

3

Aimer, en général, c'est faire le bien. C'est ainsi que nous comprenons tous l'amour, et nous ne pouvons le comprendre autrement.

L'amour n'est pas seulement un mot ; il comprend les œuvres que nous accomplissons pour le bonheur d'autrui.

Si l'homme décide de ne pas répondre aux exigences du plus petit amour vrai en vue d'un grand amour futur, il se leurre, leurre les autres et n'aime personne, sauf lui.

Il n'y a pas d'amour dans le futur : l'amour n'existe que dans le présent. Si l'homme n'accomplit pas l'œuvre de l'amour dans le présent, c'est qu'il n'a pas d'amour.

4

Tu veux le bien. Or, le bien ne peut se produire qu'immédiatement. Il ne peut y avoir de bien dans l'avenir, parce qu'il n'y a pas d'avenir, il n'y a que le présent.

5

Ne remets jamais une bonne action si tu peux l'accomplir aujourd'hui, parce que la mort ne demande pas si tu as fait ce que tu dois. La mort n'attend personne ni rien. La chose la plus importante est donc celle qu'on accomplit à l'instant même.

6

N'attendons pas pour être justes, compatissants. N'attendons pas la venue des souffrances exceptionnelles des autres et les nôtres. La vie est brève ; dépêchons-nous donc à réjouir les cœurs de nos compagnons pendant cette courte traversée. Hâtons-nous d'être bons.

AMIEL.

7

Les hommes de bien oublient les bonnes actions qu'ils ont accomplies : ils sont tellement occupés à ce qu'ils font, qu'ils ne pensent plus à ce qu'ils ont déjà fait.

Proverbe chinois.

8

La vie dans le présent est l'état dans lequel Dieu vit en nous. C'est pourquoi le moment présent est plus cher que tout. Emploie toutes les forces de ton âme à ne pas laisser échapper ce moment, afin de ne pas cacher à toi-même le Dieu qui peut se manifester en toi.

V. — *Tentation de la préparation à la vie, au lieu de la vie même.*

1

« Je ferai cela quand je serai grand. » — « Je vivrai ainsi lorsque j'aurai terminé mes études, lorsque je me serai marié. » « Je ferai cela lorsque j'aurai des enfants, lorsque j'aurai marié mon fils, où lorsque je serai riche, lorsque j'habiterai un autre endroit, ou lorsque je serai vieux. »

Ainsi parlent les enfants, les adultes, les vieillards, et personne ne sait s'il vivra jusqu'au soir. Nous ne pouvons rien savoir de tout cela : si nous aurons ou non la possibilité de le mener à bonne fin, si la mort ne nous empêchera pas de le faire.

Il n'y a qu'une seule œuvre que la mort ne peut entraver : c'est l'accomplissement, à toute heure de la vie, de la volonté de Dieu, celle qui est d'aimer les hommes.

2

Nous pensons et nous disons souvent que « je ne puis pas faire tout ce que je dois par suite de la situation où je me trouve ». Combien cela est faux ! Le travail intérieur, qui est la raison même de la vie, est toujours possible. Tu es en prison, tu es malade, tu es privé de la possibilité d'entreprendre toute activité extérieure ; on t'offense, on te tourmente ; mais ta vie intérieure est dans ton pouvoir : tu peux, dans la pensée, reprocher, blâmer, envier, détester les hommes, et tu peux aussi réprimer ces sentiments et les remplacer par de bons. De sorte que chaque minute de ta vie est à toi, et personne ne peut te la prendre.

3

Se savoir malade, prendre soin pour se guérir, surtout penser à ce que je suis souffrant pour le moment et, par suite, incapable d'agir, se dire que lorsque je redeviendrai valide, j'agirai, est une grande tentation. Car ces paroles signifient : je refuse ce qui m'est donné, mais je veux ce qui n'existe pas. On peut toujours se réjouir de ce que l'on possède à chaque instant et faire immédiatement tout ce que l'on peut.

4

Tu n'es pas bien, et il te semble que cela vient de ce que tu ne peux pas vivre comme tu voudrais, que tu aurais plus facilement fait ce que tu crois devoir faire si ta vie était autre. C'est faux. Tu as tout ce que tu désires. A tout moment de ta vie, tu peux faire la meilleure chose que tu es à même d'accomplir.

5

Les importantes, les grandes œuvres qui ne peuvent être terminées que dans l'avenir, ne sont pas de vraies œuvres, elles ne sont pas faites pour la gloire de Dieu. Si tu crois en Dieu, tu croiras à la vie dans le présent, tu travailleras à des œuvres qui peuvent être achevées dans le présent.

6

Memento mori. Souviens-toi de la mort ! est une grande parole. Si nous nous souvenions que nous mourrons inévitablement et bientôt, notre vie serait tout autre. Si l'homme sait qu'il doit mourir dans une demi-heure, il ne fera sûrement ni des choses vaines, ni bêtes, ni surtout mauvaises, dans ce court laps de temps. Le demi-siècle qui te sépare, peut-être, de la mort, n'est-ce pas une demi-heure ?

VI. — *Les conséquences de nos actes regardent Dieu, et non pas nous.*

1

Les conséquences de nos actes ne dépendent pas de nous, parce qu'elles sont infinies dans l'espace infini et dans le temps infini.

2

Si tu peux voir toutes les conséquences de ton activité, sache que cette activité est nulle.

3

Nos actes de l'instant, du moment, sont à nous ; ce qu'il en résultera, c'est l'affaire de Dieu.

François d'Assise.

4

En vivant d'une vie spirituelle, c'est-à-dire en communion avec Dieu, l'homme, bien qu'il ne puisse pas connaître les conséquences de ses actes, sait sûrement que ces conséquences seront heureuses.

5

L'acte accompli sans la moindre réflexion aux conséquences possibles, uniquement en vue d'accomplir la volonté de Dieu, est la meilleure action que l'homme peut accomplir.

6

La récompense d'une vie juste n'est jamais dans l'avenir,

mais dans le présent. Si tu fais bien à l'instant, tu te sens bien à l'instant. Et si tu agis bien, les conséquences ne peuvent ne pas être bonnes.

VII. — *Ceux qui croient que le sens de la vie est dans le présent ne se préoccupent pas de la vie d'outre-tombe.*

1

Nous nous embrouillons dans nos idées sur la vie future ; nous nous demandons ce qu'il y aura après la mort. Mais on ne peut le demander, parce que la vie et l'avenir sont deux termes contradictoires : la vie est seulement dans le présent. Il nous semble qu'elle *a été* et qu'elle *sera*, tandis qu'elle *est* seulement. Il ne faut pas chercher une solution à la question de l'avenir, mais penser comment nous devons vivre dans le présent, à l'instant même.

2

Nous ignorons toujours tout ce qui a trait à la vie corporelle, parce que cette vie est réglée par le temps et que nous ne pouvons pas connaître l'avenir.

Mais dans le domaine de la vie spirituelle, il n'y a pas de futur. C'est pourquoi l'inconnu de notre vie diminue à mesure qu'elle se transforme de charnelle en spirituelle, à mesure que nous vivons dans le présent.

3

Nous devons accomplir honnêtement et d'une manière impeccable le travail qui nous est confié, indépendamment de notre espoir de devenir un jour des anges, ou de notre croyance d'avoir été jadis des mollusques.

John Ruskin.

4

A mesure que la vie se prolonge, surtout la vie en bonnes actions, l'importance du temps et l'intérêt de la question de ce qui sera tombent. Plus nous sommes vieux, plus le temps passe vite ; ce qui « sera » a de moins en moins d'importance et ce qui « est » en gagne de plus en plus.

Si tu peux élever ton esprit au-dessus de l'espace et du temps, tu te trouves à tout instant dans l'éternité.

Angelus.

CHAPITRE XXI.

LE NON-AGIR

Les hommes gâtent moins leur vie en ne faisant pas ce qu'ils doivent faire, qu'en faisant ce qu'ils ne doivent pas faire. C'est pourquoi le plus grand effort que l'homme doit faire sur lui-même pour avoir une vie heureuse — est de s'abtenir de faire ce qu'il ne faut pas faire.

I. — L'abstention est le meilleur moyen de mener une bonne vie.

1

Ce qui importe le plus à tous les hommes, c'est de vivre bien. Vivre bien, c'est moins de faire tout le bien que nous pouvons, que de ne pas faire le mal que nous pouvons éviter de commettre. L'essentiel, c'est de ne pas faire de mal.

2

Tous les hommes de notre époque savent que notre vie est mauvaise, et ils ne se bornent pas à critiquer son organisation, mais travaillent à ce qui, à leur avis, doit améliorer notre vie. Pourtant, loin de s'améliorer, l'organisation de notre vie empire chaque jour. Pourquoi ? Parce que les hommes accomplissent les travaux les plus compliqués et les plus difficiles pour améliorer la vie, mais ne font pas la chose la plus simple et la plus facile : ils ne s'abstiennent pas de prendre part aux œuvres qui rendent notre vie mauvaise.

3

L'homme apprend ce qu'il doit faire seulement après avoir compris ce qu'il ne doit pas faire. Et, en ne faisant pas ce qu'il ne doit pas faire, il fera inévitablement ce qu'il doit faire, bien qu'il ne saura pas pourquoi il fait ce qu'il fait.

4

Question : Qu'est-ce qu'il y a de mieux à faire quand on est pressé ? Réponse : Rien.

5

Dans les moments d'abattement moral, on doit se comporter envers soi-même comme envers un malade : ne rien entreprendre.

6

Si tu ne sais pas quel parti prendre : agir ou ne pas agir, sache qu'il est toujours préférable de s'abstenir que d'agir. Si tu n'avais pas la force de t'abstenir, et si tu savais sûrement que l'affaire est bonne, tu ne te serais pas demandé si tu dois la réaliser ou non ; si tu te le demandes, c'est que tu sais que tu peux te contenir et, ensuite, tu es sûr que l'affaire n'est pas tout à fait bonne. Si elle était absolument bonne, tu ne te serais pas interrogé.

7

Si tu as grande envie de quelque chose et s'il te semble

que tu ne pourrais pas résister à l'envie, défie-toi. Ce n'est pas vrai que l'homme ne puisse se contenir dans n'importe quel cas. Seul celui qui s'est assuré à l'avance qu'il ne peut se contenir, n'est pas en état de le faire.

8

Que chacun, même un tout jeune homme, se rappelle sa vie. Et si tu regrettes une seule fois de n'avoir pas fait ce que tu devais et ce qui serait bien, tu regretteras des centaines de fois d'avoir fait ce qui était mal et que tu n'aurais pas dû faire,

II. — *Conséquences de l'incontinence.*

1

Il y a moins de mal à ce que nous faisons autre chose que nous aurions dû faire, qu'à ce que nous ne nous abstenons pas de ce que nous n'aurions pas dû faire.

2

Le laisser-aller dans une seule occasion affaiblit la force de la continence dans toute autre. L'habitude prise de ne pas se contenir est comme un torrent invisible sous une maison. Une telle maison ne résiste pas à la poussée.

3

Il est plus mauvais de faire trop que de ne pas faire assez ; il est plus mauvais de se presser que de venir en retard.

Les reproches de la conscience sont toujours plus douloureux pour ce que l'on a fait que pour ce que l'on n'a pas fait.

4

Plus la situation semble difficile, moins on doit agir. C'est précisément par l'action que nous gâtons ordinairement ce qui commençait déjà à s'arranger.

5

La plupart des gens qu'on appelle méchants sont devenus tels parce qu'ils prenaient leur mauvaise humeur pour leur état d'âme normal et s'abandonnaient sans faire d'efforts pour y résister.

6

Si tu ne te sens pas la force de te contenir d'un désir charnel, la cause est sûrement en ce que tu ne t'es pas contenu lorsque tu étais encore en état de le faire ; puis, le désir est devenu une habitude.

III. — *Toute activité n'est pas digne d'estime.*

1

On a tort de croire que toute activité, sans se préoccuper de son caractère, est, en elle-même, une occupation honorable, digne de considération. Il s'agit de savoir quelle est cette activité et dans quelles conditions l'homme s'abstient d'agir.

2

Souvent les hommes refusent fièrement de prendre part à des plaisirs innocents en le motivant par des occupations plus sérieuses. Cependant, sans compter que le jeu simple et joyeux est plus utile et important que bien des affaires, le travail même pour lequel les gens occupés renoncent au plaisir, est souvent tel qu'il serait préférable de ne pas le faire.

3

Pour la marche réelle de la vie, une activité extérieure et turbulente est non seulement inutile, mais encore nuisible. L'inaction, sans les plaisirs procurés par le travail des autres, est la situation la plus pénible, si elle n'est pas comblée par un travail intérieur ; c'est pourquoi, si l'homme vit en dehors du luxe assuré par le travail d'autrui, cet homme ne restera pas oisif. Le plus grand tort est causé à l'humanité, non par l'oisiveté, mais par des actions nuisibles et inutiles.

IV. — *L'homme peut éviter de mauvaises habitudes s'il a conscience d'être non une créature charnelle, mais spirituelle.*

1

Pour apprendre à se contenir, il faut apprendre à se dédoubler en un homme charnel et en un homme spirituel, et à habituer l'homme charnel à faire ce que veut l'homme spirituel.

2

Lorsque l'âme dort, lorsqu'elle n'agit pas, le corps est irrésistiblement soumis aux manifestations des sens que provoquent en lui les actes de ceux qui entourent l'homme. Ils bâillent, il bâille également ; ils s'emportent, il s'emporte aussi ; ils se fâchent, il se fâche ; ils s'attendrissent, pleurent, et il a les larmes aux yeux.

Cette subordination involontaire aux influences extérieures est souvent la cause des mauvaises actions qui sont en désaccord avec les exigences de la conscience. Mets-toi en garde contre ces influences extérieures et ne te soumets pas à elles.

3

Si tu habitues ton côté charnel, depuis ton jeune âge, à obéir à la partie spirituelle, il te sera facile de contenir tes désirs. Celui qui s'est habitué à contenir ses désirs a toujours une vie joyeuse et facile.

V. — *Plus on lutte contre l'incontinence, plus la lutte devient facile.*

1

Une guerre intestine se déroule en l'homme entre sa raison et ses passions. L'homme aurait pu jouir d'un certain calme s'il ne possédait que la raison sans les passions, ou les passions sans la raison. Mais comme il possède l'un et les autres, il ne peut éviter le combat, il ne peut être en paix avec l'un que s'il est en guerre avec l'autre. Il lutte toujours en lui-même. Et cette lutte est indispensable ; c'est là toute la vie.

Pascal.

2

Pour respecter les autres comme soi-même, il faut agir envers eux comme nous voulons que l'on agisse envers nous ; là est l'œuvre principale de la vie. Il faut se maîtriser, et, pour se maîtriser, il faut s'y habituer.

3

Chaque fois que tu as grande envie de faire quelque

chose, arrête-toi et réfléchis afin de savoir si ce dont tu as tellement envie est bien.

4

Pour ne pas commettre de mauvaises actions, il ne suffit pas de s'en abstenir ; il faut apprendre à se contenir des mauvaises conversations et, surtout, des mauvaises pensées. Dès que tu te rends compte que tes paroles sont mauvaises, que tu te moques, blâmes, injuries, arrête-toi, tais-toi et n'écoute pas les autres. Agis de même lorsque tu as de mauvaises idées, lorsque tu penses mal de ton prochain ; qu'il soit digne de blâme ou non, arrête-toi et tâche de penser à autre chose. C'est seulement lorsque tu apprendras à te contenir des mauvaises paroles et des mauvaises pensées, que tu seras en état de te contenir des mauvaises actions.

5

Indépendamment du nombre de fois qu'il t'arrivera de tomber sans pouvoir vaincre les passions, ne te laisse pas abattre. Tout effort de lutte diminue la force de la passion et facilite la victoire.

6

Chaque passion dans le cœur de l'homme est d'abord comme un solliciteur, ensuite comme un hôte, et enfin comme le maître de la maison. N'ouvre pas la porte de la maison de ton cœur à ce solliciteur.

VI. — *La portée de la continence pour chaque homme et pour l'humanité entière.*

1

Si tu veux être libre, habitue-toi à contenir tes désirs.

2

Qui est sage ? Celui qui apprend toujours quelque chose chez quelqu'un. Qui est riche ? Celui qui se contente de son sort. Qui est fort ? Celui qui sait se maîtriser.

Le Talmud.

3

On dit que le christianisme est une doctrine de faiblesse parce qu'il ne recommande pas d'agir, mais plutôt de s'abstenir de l'action. Le christianisme, doctrine de faiblesse ! Une doctrine de faiblesse dont le Fondateur a péri en martyr sur la croix, toujours fidèle à Lui-même, et dont les fidèles comptent des milliers de martyrs, les seuls hommes qui regardaient bravement le mal en face et qui se révoltaient contre lui ! Et les violents d'alors qui ont exécuté le Christ, de même que les violents d'à présent savent quelle est cette doctrine de faiblesse et la craignent plus que tout. Leur flair leur montre que seule cette doctrine détruit sûrement et jusqu'à la base tout le régime qui les soutient. Il faut bien plus de force pour se contenir du mal que pour accomplir la chose la plus difficile que nous considérons comme bien.

4

Toutes les diversités de nos situations dans le monde ne sont rien en comparaison de la maîtrise de l'homme sur lui-même. Si un homme est tombé à la mer, il est absolument indifférent d'où il est tombé et quelle est cette mer. La seule chose qui importe, c'est de savoir s'il sait nager ou non. La force n'est pas dans les conditions extérieures, mais dans le savoir de se dominer.

5

La vraie force n'est pas dans celui qui ne vainc pas les autres; mais dans celui qui se vainc lui-même, qui ne permet pas à la bête de dominer son âme.

6

Celui qui s'abandonne aux désirs de la passion, qui cherche les jouissances, sent ses passions se développer de plus en plus et se trouve enchaîné par les passions.

Celui qui a pu vaincre la passion a brisé les chaînes.

Sagesse bouddhiste.

7

Jeune homme, refuse de satisfaire tes désirs (plaisirs, luxe, etc.), si ce n'est dans l'intention de renoncer absolument à tout cela, du moins dans le but d'avoir devant soi une possibilité continuelle de jouissance. Cette économie à l'égard de ton sentiment de vitalité te rendra, en effet, plus riche parce que tu diffères tes jouissances.

La conscience que la jouissance est dans ton pouvoir est plus féconde et plus vaste, comme tout ce qui est idéal, que le désir satisfait par cette jouissance, parce que la satisfaction détruit le sentiment de jouissance même.

KANT.

8

On doit moins chercher à faire le bien qu'à être bon ; moins chercher à luire qu'à être pur. L'âme semble vivre dans un vase en verre, et l'homme peut le salir ou le tenir propre. Dans la mesure où le verre est pur, la lumière de la vérité luit à travers, pour l'homme lui-même et pour les autres. C'est pourquoi l'œuvre principale de l'homme est interne ; elle consiste à entretenir son vase dans la propreté. Garde-toi seulement de te souiller, et la lumière luira pour toi comme pour les autres.

9

Souvent, pour arriver à ce que nous désirons, il suffit de cesser de faire ce que nous faisons.

10

Il suffit de contempler la vie que les hommes mènent dans notre monde, voir Chicago, Paris, Londres, toutes les villes, les usines, les chemins de fer, les machines, les armements, les canons, les forteresses, les imprimeries, les musées, les maisons à 30 étages, etc., et à se poser la question de ce que l'on doit faire avant tout afin que les hommes puissent vivre bien, pour que cette réponse vienne d'elle-même : cesser avant tout d'accomplir les choses inutiles ; et l'inutile dans notre monde européen constitue les 0,99 de toute l'activité humaine.

11

Si ténu et transparent que soit devenu le mensonge résultant de la contradiction entre notre vie et notre conscience, il s'amincit et s'étire encore, mais ne se rompt pas. Et tout en devenant toujours plus mince en s'étirant de plus en plus, ce mensonge lie l'ordre existant des choses et entrave l'avènement d'un nouveau.

La plupart des hommes du monde chrétien ne croient plus aux règlements païens qui gouvernent leur vie, et croient aux principes chrétiens qu'ils reconnaissent dans leur conscience ; mais la vie continue comme par le passé. Pour supprimer tous les malheurs et les contradictions qui tourmentent actuellement les hommes afin que le Règne de Dieu annoncé à l'humanité depuis 1900 ans arrive, les hommes de notre temps n'ont besoin que d'une seule chose : d'un effort moral. De même que pour faire reprendre à un liquide refroidi au-dessous de son point de congélation la forme de cristaux qui lui est propre, il faut une impulsion, — pour faire passer l'humanité à la forme de vie qui lui est naturelle, il faut un effort moral, l'effort par lequel est conquis le Royaume de Dieu.

Cet effort n'est pas un effort de mouvement, ni l'effort de révélation d'une philosophie nouvelle, de nouvelles idées, ni l'effort exigé pour des exploits nouveaux et extraordinaires ; l'effort nécessaire pour pénétrer dans le royaume de Dieu, ou pour entrer dans une nouvelle forme de vie, est un effort négatif, l'effort de ne pas suivre le courant, l'effort de ne pas accomplir des actes incompatibles avec la conscience intérieure.

Et c'est à la nécessité de faire cet effort que les hommes sont amenés maintenant par la cruauté de la vie et la clarté et la propagation de la doctrine chrétienne.

12

Le moindre mouvement de la matière est important pour la nature. Toute la mer se modifie à cause d'une pierre. De même, dans la vie spirituelle, le moindre mouvement provoque des conséquences sans fin. Tout est grave.

PASCAL.

CHAPITRE XXII

LA PAROLE

La parole exprime la pensée et peut servir à unir ou à désunir les hommes ; c'est pourquoi on doit en user avec précaution.

I. — *La parole est une grande chose.*

1

La parole peut unir les hommes ; la parole peut les désunir ; la parole peut servir l'amour, comme elle peut servir l'inimitié et la haine. Garde-toi de la parole qui divise ou qui provoque l'inimitié et la haine.

2

La parole exprime la pensée ; la pensée manifeste la puissance divine ; c'est pourquoi la parole doit correspondre à ce qu'elle exprime. Elle peut être indifférente, mais ne peut et ne doit pas exprimer le mal.

3

L'homme est porteur de Dieu. Il peut exprimer la

conscience de sa divinité par la parole. Comment dès lors ne pas observer de la prudence en parlant ?

4

Le temps passe, et la parole dite reste.

5

Si tu as le temps de réfléchir avant de commencer à parler, réfléchis sur la nécessité de ce que tu veux dire et si cela ne peut faire de tort à personne. Car il arrive le plus souvent qu'après avoir réfléchi, tu ne commences même pas à parler.

6

Réfléchis avant de parler. Mais arrête-toi avant que l'on ne te dise « assez ». La faculté de la parole met l'homme au-dessus de la bête, mais il lui est inférieur s'il dit tout ce qui lui passe par la tête.

SAADI.

7

Après une longue conversation, tâche de te rappeler tout ce qui a été dit, et tu seras étonné de voir combien tout ce qui a été dit était vain, inutile et souvent méchant.

8

Ecoute, sois attentif, mais parle peu.

Ne parle jamais si l'on ne s'adresse pas à toi ; lorsque l'on t'interroge, réponds de suite et brièvement, et ne sois pas honteux si tu dois avouer que tu ne sais pas ce que l'on te demande.

SOUFFI.

9

Si tu veux être sage, apprends à questionner raisonnablement, à écouter attentivement, à répondre tranquillement et à cesser de parler quand tu n'as plus rien à dire.

LAVATER.

10

Ne loue pas, ne blâme pas, ne discute pas.

11

Ecoute les discours d'un homme savant avec attention, quand bien même ses actes ne correspondraient pas à son enseignement. L'homme doit s'instruire, quand bien même les préceptes seraient gravés sur un mur.

SAADI.

12

Il existe trois mots excellents très courts : *Je ne sais.* Habitue ta langue à les dire plus souvent.

Sagesse orientale.

13

Il y a une ancienne sentence qui dit : *de mortius aut. bene, aut nihil*, c'est-à-dire : « dis du bien des morts ou n'en parle point ». Combien cela est injuste ! On aurait dû dire, au contraire : « Dis du bien des vivants ou n'en parle point. » Combien de souffrances cela aurait évité aux hommes, et comme cela est facile !

Pourquoi ne doit-on pas dire de mal des morts ? Dans notre monde, au contraire, on s'est accoutumé, par suite de l'usage des nécrologies et des jubilés, de ne faire aux morts que des éloges exagérés, par conséquent, dire des mensonges. Et ces éloges mensongers sont nuisibles parce qu'ils cachent la différence entre le bien et le mal.

14

A quoi peut-on comparer la langue dans la bouche de l'homme ? C'est la clef du trésor ; lorsque la porte est fermée, personne ne peut savoir ce qui y est renfermé : des pierres précieuses ou du rebut inutile.

Saadi.

15

Bien que le silence soit utile d'après la doctrine des sages, la parole libre est également utile, mais utile en son temps seulement. Nous péchons par la parole quand nous nous taisons, alors que nous devrions parler, et quand nous parlons, alors que nous devrions nous taire.

Saadi.

II. — *Tais-toi lorsque tu te fâches.*

1

Si tu sais comment les gens devraient vivre et que tu leur veux du bien, tu le leur diras. Tu tâcheras de le leur exprimer de façon à ce qu'ils croient à tes paroles. Et pour qu'ils te croient et te comprennent, tu dois t'efforcer de leur transmettre tes idées sans irritation et colère, mais avec calme et bonté.

2

Si tu veux, dans la conversation, faire part à ton interlocuteur de quelque vérité, l'essentiel est de ne pas te fâcher et de ne pas prononcer une seule parole mauvaise ou blessante.

D'Après Épictète.

3

Une parole non prononcée est d'or.

4

Si tu ne peux pas calmer ta colère immédiatement, tiens ta langue. Tais-toi, et tu te calmeras bientôt.

Bakster.

5

Tâche, pendant la discussion, de rendre tes paroles douces et tes arguments fermes. Tâche non pas de vexer ton adversaire, mais de le convaincre.

Willkins.

6

Dès que nous sentons la colère pendant la discussion, nous ne discutons plus pour la vérité, mais pour nous-mêmes.

Carlyle.

III. — *Ne discute pas.*

1

Une querelle qui s'allume est pareille à un torrent qui mine une digue : dès qu'il la traverse, tu ne peux plus le retenir. Et toute querelle est provoquée et alimentée par la parole.

Le Talmud.

2

La discussion ne convainc personne, mais elle désunit et irrite. La discussion est, par rapport à l'opinion des gens, la même chose que le marteau par rapport au clou. Après la discussion, les opinions, encore vagues, se calent solidement dans la tête, de même que les clous enfoncés dans le mur jusqu'à la tête.

D'après Juvénal.

3

Pendant la discussion, on oublie la vérité. Celui qui est le plus sage cesse le premier à discuter.

4

Prête l'oreille aux discussions, mais ne t'y mêle point. Dieu te préserve de l'emportement et de l'irritabilité, même dans leur moindre manifestation. La colère est toujours déplacée, mais surtout dans une affaire où l'on a raison, parce qu'elle ne fait que l'obscurcir et la troubler.

GOGOL.

5

La meilleure réponse à un fou est le silence. Chaque mot de réplique te reviendra par ricochet. Répondre à une offense par l'offense revient au même que de jeter du bois dans le feu.

IV. — *Ne juge point.*

1

« Ne jugez point, afin que vous ne soyez point jugés ; car on vous jugera du même jugement dont vous jugez ; et on vous mesurera de la même mesure dont vous mesurez. Et pourquoi regardes-tu la paille dans l'œil de ton frère, tandis que tu ne vois pas la poutre dans ton œil ? Ou bien, comment dis-tu à ton frère : Permets que j'ôte cette paille de ton œil, et voici qu'une poutre est dans le tien ? Hypocrite. Ote premièrement de ton œil la poutre, et alors tu penseras à ôter la paille de l'œil de ton frère. »

MATTH. VII, 1-6.

2

En pénétrant en notre for intérieur, nous découvrons

presque toujours le péché que nous blâmons chez un autre. Et si nous ne connaissons pas le même péché, nous n'avons qu'à chercher pour en trouver un plus mauvais encore.

3

Lorsque tu te mets à juger un homme, pense à ne pas dire de mal de lui, si tu es sûr qu'il a commis ce mal, et, à plus forte raison, lorsque tu n'en sais rien et que tu répètes simplement les paroles d'autrui.

4

Il est toujours injuste de juger un autre, parce que personne ne peut jamais savoir ce qui s'est passé et ce qui se passe dans l'âme de celui que l'on juge.

5

Il est bon de s'entendre avec un ami afin que l'un arrête l'autre, si l'un de vous deux commence à médire de son prochain. Et si tu n'as pas un tel ami, entends-toi là-dessus avec toi-même.

6

Il est mauvais de médire des gens en leur présence, parce que cela les offense, et il est malhonnête de le faire en leur absence, parce que cela les trompe. Le mieux est de ne pas chercher le mal chez les autres, de l'oublier, mais de le chercher en soi-même et de s'en rappeler.

7

La médisance spirituelle est comme un plat de charogne à la sauce. La sauce cache toutes les saletés que l'on mange sans s'en apercevoir.

8

Moins on est renseigné sur les mauvaises actions des gens, plus on est sévère envers soi-même.

9

N'écoutez jamais ceux qui disent du mal des autres et du bien de vous-mêmes.

10

Celui qui médit de toi derrière ton dos te craint, et celui qui te loue en ta présence te méprise.

Proverbe chinois.

11

La médisance plaît tellement aux gens qu'il est très difficile de se contenir de ne pas être agréable à ses interlocuteurs en médisant des absents. Mais si tu tiens absolument à régaler les gens, offre-leur autre chose que des mets malsains, tant pour toi-même que pour ceux que tu régales.

12

Cache le péché d'autrui, Dieu t'en pardonnera deux.

V. — *Le danger de l'intempérance de langage.*

1

Nous savons que nous devons manier les fusils chargés avec précaution, et nous ne voulons pas savoir que l'on doit prendre les mêmes précautions avec la parole. La parole peut non seulement tuer, mais causer plus de mal que la mort.

2

Nous nous révoltons devant les crimes de la chair : excès de table, coups de poing, adultère, meurtre ; et nous considérons avec beaucoup de légèreté les crimes de la parole : médisance, offense, trahison, publication de paroles mauvaises et dépravantes, et, cependant, les conséquences des crimes commis par la parole sont bien plus graves que les crimes commis par la chair. La seule différence entre les deux catégories est en ce fait que le mal des crimes de la chair s'aperçoit immédiatement, tandis que nous ne remarquons pas le mal du crime commis par la parole, parce qu'il se manifeste loin de nous, dans le temps et dans l'espace.

3

Il y avait une nombreuse réunion, plus de mille personnes, dans un grand théâtre. Au milieu du spectacle, un sot voulut plaisanter et cria : « Au feu ! » Le public s'élança vers les portes. Tous se ruèrent, s'écrasant, et lorsque le calme revint, on constata que 20 personnes étaient tuées et 50 blessées.

Ce grand mal n'a été causé que par une sotte parole.

Ici, au théâtre, le mal causé est perceptible immédiatement, mais souvent une sotte parole cause lentement bien plus de mal encore, quoiqu'on ne le remarque pas immédiatement.

4

Rien n'encourage l'oisiveté autant que les vains discours. Si les gens se taisaient, au lieu de dire les bêtises pour chasser l'ennui de l'oisiveté, ils n'auraient pu supporter celle-ci et se mettraient à travailler.

5

En parlant mal des gens, on fait du tort à trois personnes à la fois : à celui dont on parle, à celui à qui on parle, et surtout à celui qui parle.

Basile le Grand.

6

Il est surtout mauvais de médire des gens hors leur présence, parce que l'opinion exprimée qui pourrait être utile à l'absent, si elle lui était dite en face, lui demeure cachée ; par contre, elle est communiquée à celui à qui elle est nuisible, parce qu'elle éveille en lui un mauvais sentiment envers celui dont on médit.

7

On se repent rarement d'avoir gardé le silence, mais combien de fois on se repentira d'avoir parlé, et on s'en serait repenti plus souvent encore si l'on connaissait toutes les conséquences de sa parole.

8

Plus on a envie de parler, plus il y a de danger à dire du mal.

9

L'homme qui sait se taire, même s'il a raison, possède une grande force.

Caton.

VI. — *L'utilité du Silence.*

1

Laisse davantage reposer ta langue que tes bras.

2

Le silence est souvent la meilleure des réponses.

3

Tourne ta langue sept fois avant de te mettre à parler.

4

Il faut ou bien se taire, ou bien dire des choses qui sont meilleures que le silence.

5

Celui qui parle beaucoup travaille peu. Un homme sage craint toujours que ses paroles ne promettent plus qu'il ne peut donner ; c'est pourquoi il se tait le plus souvent, et ne parle que lorsque cela lui est nécessaire, à lui, non aux autres.

6

J'ai vécu toute ma vie parmi les sages, et je n'ai rien trouvé de mieux pour l'homme que le silence.

Le Talmud.

7

Si, sur cent fois, tu regrettes une fois de n'avoir pas dit ce qu'il fallait, tu regretteras sûrement 99 fois sur cent d'avoir parlé lorsqu'il fallait te taire.

8

Seul le fait d'avoir exprimé une bonne intention affaiblit déjà le désir de la réaliser. Mais comment retenir l'expression des élans nobles et pleins de fatuité de la jeunesse? Ce n'est que bien plus tard qu'on les regrette, comme on regrette d'avoir cueilli une fleur encore en bouton et que l'on voit ensuite fanée et foulée au pied.

9

La parole est la clef du cœur. Si la conversation est vaine, un seul mot est déjà superflu.

10

Lorsque tu es seul, pense à tes péchés ; lorsque tu es en société, oublie ceux des autres.

Sentence chinoise.

11

Pour un sot, le mieux est de se taire. Mais s'il le savait, il ne serait plus un sot.

12

Quand tu parles, tes paroles doivent être meilleures que le silence.

Proverbe arabe.

Celui qui est loquace ne peut éviter le péché.
Si la parole coûte un denier, le silence en vaut deux.
Si le silence sied aux sages, il convient d'autant plus aux sots.

Le Talmud.

VII. — *L'Utilité de la tempérance du langage.*

1

Moins tu parleras, plus tu travailleras.

2

Deshabitue-toi de médire, et tu éprouveras, dans ton âme, un accroissement de la capacité d'aimer, tu ressentiras une augmentation de vie et de bonheur.

3

Mahomet et Ali rencontrèrent un jour un homme qui, considérant Ali comme son offenseur, se mit à l'injurier. Assez longtemps, Ali supporta cela patiemment et en silence; finalement, ne se contenant plus, il se mit à répondre par des injures aux injures. Alors, Mahomet s'écarta d'eux. Lorsqu'Ali revient à Mahomet, il lui dit d'un ton vexé : « Pourquoi m'as-tu laissé seul à supporter les injures de cet homme insolent ? » — « Lorsque cet homme t'injuriait et que tu te taisais, dit Mahomet, je voyais dix anges autour de toi et qui lui répondaient. Mais quand tu t'es mis à lui répondre par des injures, les anges t'abandonnèrent, et je me suis écarté également ».

Légende musulmane.

4

Cacher les défauts des autres gens et parler de ce qu'ils ont de bon est une preuve d'amour et le meilleur moyen pour attirer l'affection des prochains.

Des *Pieuses Pensées.*

5

Le bonheur de la vie des hommes est dans l'amour entre eux ; or, une mauvaise parole détruit l'amour.

CHAPITRE XXIII

PENSÉE

De même que l'homme peut s'abstenir de commettre un acte qu'il croit mauvais, il peut repousser une pensée qui l'attire et qu'il croit mauvaise. C'est en cette abstention de pensées qu'est la force principale de l'homme, parce que tous les actes naissent de la pensée.

I. — *Le rôle de la pensée.*

1

On ne peut se débarrasser des péchés, des tentations et des superstitions par l'effort physique. Cela n'est possible que par l'effort de la pensée. C'est par l'effort de la pensée qu'on peut s'habituer à l'abnégation, à l'humilité, à la droiture. Quand l'homme aspire à l'abnégation, à l'humilité, à la droiture, il a également la force de lutter dans la vie quotidienne contre les péchés, les tentations et les superstitions.

2

Bien que ce ne soit pas la pensée qui nous ait révélé que l'on doit aimer — elle ne pouvait nous le révéler — elle im porte en raison de ce fait qu'elle nous indique ce qui empêche l'amour. C'est précisément cet effort intellectuel contre ce qui empêche l'amour qui est plus important et plus nécessaire que tout le reste.

3

Si l'homme n'avait pas la faculté de réfléchir, il ne comprendrait pas pourquoi il vit. Et s'il ne le comprenait pas, il n'aurait pu savoir ce qui est bien et ce qui est mal. C'est pourquoi il n'y a rien de plus cher à l'homme que de savoir penser.

4

Les hommes envisagent les doctrines morales et religieuses, d'une part, et la conscience, de l'autre, comme deux guides différents. En réalité, il n'y a qu'un seul guide : la conscience, c'est-à-dire, la reconnaissance de la voix de Dieu qui vit en nous. Cette voix décide indubitablement pour chaque homme ce qu'il doit ou ne doit pas faire ; et chaque homme peut toujours évoquer cette voix par un effort de pensée.

5

Si l'homme ne savait pas que ses yeux pouvaient voir et s'il ne les ouvrait jamais, il aurait été très misérable. De même, et plus encore, est misérable l'homme qui ne comprend pas que la faculté de penser lui est donnée pour supporter tous les malheurs. Si l'homme est raisonnable, il lui sera facile de les supporter ; d'abord, parce que sa raison lui dira que tous les malheurs passent et se transforment en bonheur, et ensuite, que chaque malheur est utile à un homme raisonnable. Et pourtant, au lieu de regarder le malheur en face, les hommes tâchent de l'éviter.

Ne serait-il pas préférable de nous réjouir de ce que Dieu nous ait donné la faculté de ne pas nous chagriner de ce qui nous arrive, indépendamment de notre volonté, et de Le remercier de ce qu'Il ait subordonné notre âme uniquement à ce qui est en notre pouvoir : notre raison ? Il n'a soumis notre âme ni à nos parents, ni à nos frères, ni à la richesse, ni à notre corps, ni à la mort. Par Sa bonté, Il l'a seulement subordonnée à ce qui dépend de nous : à nos pensées.

C'est sur ces pensées-là et sur leur pureté que nous devons veiller de toutes nos forces pour notre bien.

D'après Épictète.

6

Lorsque nous apprenons une nouvelle pensée et que nous la trouvons juste, il nous semble l'avoir connue depuis longtemps et nous rappeler maintenant de ce que nous savions déjà. Toute vérité se trouve déjà dans l'âme de tout homme. Ne l'étouffe pas seulement par le mensonge, et, tôt ou tard, elle se révélera à toi.

7

Souvent nous vient une pensée qui nous semble juste et étrange à la fois, et nous avons peur d'y croire. Mais, après avoir bien réfléchi, nous voyons que la pensée qui nous semblait étrange est la plus simple vérité à laquelle on ne peut plus cesser de croire, dès l'instant qu'on l'a apprise.

8

Pour pénétrer dans la conscience de l'humanité, toute vérité doit traverser trois phases. La première : « C'est tellement inepte que ce n'est même pas la peine de discuter. » La deuxième : « C'est immoral et contraire à la religion. » La troisième : « Ah, c'est tellement connu de tous que ce n'est même pas la peine d'en parler ! »

9

En vivant au milieu des hommes, n'oublie pas ce que tu as appris dans la solitude. Et réfléchis dans la solitude sur ce que tes relations avec les autres t'ont appris.

10

Nous pouvons arriver à la sagesse par trois chemins : d'abord, par la voie de l'expérience, et ce chemin-là est le plus difficile ; ensuite, par la voie de l'imitation, et ce chemin-là est le plus facile ; enfin, par la voie de la réflexion, et ce chemin-là est le plus noble.

Confucius.

II. — *La vie de l'homme est déterminée par ses pensées.*

1

Le sort de l'homme est tel et tel uniquement d'après la façon dont il comprend sa vie.

2

Tous les grands changements dans la vie d'un homme, de même que dans la vie de l'humanité entière, commencent et s'accomplissent dans la pensée. Pour qu'une modification puisse s'effectuer dans les sensations et les actes, un changement dans les pensées doit s'effectuer d'abord.

3

Tout ce qui est bon et nécessaire aux hommes ne s'acquiert pas d'un coup, mais toujours au moyen d'un travail long et continu. C'est ainsi que l'on apprend les métiers, qu'on acquiert des connaissances, et c'est ainsi que l'on apprend la chose plus difficile au monde : savoir vivre d'une vie juste.

Pour apprendre à vivre ainsi, il faut avant tout savoir s'habituer à n'avoir que des bonnes pensées.

4

Les passages de notre vie d'un état dans un autre ne se déterminent pas par les actions accomplies selon notre volonté : par le mariage, le changement du lieu d'habitation, le changement de profession, etc., mais par les pensées qui nous viennent pendant la promenade, au milieu de la nuit, en mangeant et, surtout, par les pensées qui, englobant tout notre passé, nous disent : « Tu as agi ainsi, mais tu aurais mieux fait d'agir autrement. » Et tous nos actes ultérieurs servent ces pensées servilement, exécutent leur volonté.

Thoreau.

5

Nos désirs ne seront pas bons tant que nous n'aurons corrigé les habitudes de notre raison ; et ces habitudes se forment au contact des déductions de sagesse des meilleurs hommes de la terre.

Sénèque.

6

Ce qui est calme peut être maintenu dans le repos. Ce qui ne s'est pas encore manifesté peut être facilement prévenu. Ce qui est encore faible peut facilement être brisé. Ce qui n'est pas encore nombreux peut facilement être dispersé.

Un gros arbre a commencé par être une tige mince. Une tour à neuf étages a commencé à être élevée par la pose de quelques petites briques. Un voyage de mille lieues commence par un pas. Faites attention à vos pensées : elles sont le commencement de vos actes.

Lao-Tseu.

7

De même que la vie et la destinée d'un homme sont déterminées par ce à quoi nous prêtons le moins d'attention, par ses pensées, la vie des sociétés et des peuples est déterminée non par les événements qui ont lieu dans ces sociétés et ces peuples, mais par les idées qui unissent la plupart des hommes de ces sociétés et de ces peuples.

8

Ne pense pas que seuls les hommes extraordinaires peuvent être sages. La sagesse est nécessaire à tous les hommes, et c'est pourquoi ils peuvent tous être sages. La sagesse consiste à savoir quelle est l'œuvre de la vie et comment l'accomplir. Et pour l'apprendre, il suffit de se rappeler que la pensée est une grande chose, et, par conséquent, réfléchir.

III. — *La cause des plus grands malheurs des hommes réside non pas dans leurs actes, mais dans leurs pensées.*

1

Lorsqu'il t'arrive un malheur, sache que cela ne vient pas de ce que tu as fait, mais de ce que tu as pensé.

2

Les pensées qui provoquent les actes mauvais sont bien plus nuisibles que les actes eux-mêmes. On peut ne pas recommencer une mauvaise action et s'en repentir ; tandis que les mauvaises pensées engendrent les mauvaises actions. Une mauvaise action aplanit seulement la route pour les autres mauvaises actions ; les mauvaises pensées entraînent sur cette route.

3

Pour qu'un flambeau puisse donner une clarté calme, il faut qu'il soit mis à l'abri du vent. Si le flambeau est exposé au vent, la lumière vacillera et donnera des ombres étranges. Les mêmes ombres tomberont dans l'âme de l'homme lorsque ses pensées seront futiles, vacillantes et incontrôlées.

Sagesse brahmane.

IV. — *L'homme est maître de ses pensées.*

1

Notre vie peut être bonne ou mauvaise, suivant la qualité de nos pensées. Or on peut les gouverner. C'est pourquoi, pour vivre bien, l'homme doit travailler à ses pensées, ne pas écouter les mauvaises.

2

Travaille à purifier tes pensées. Si tu n'as pas de mauvaises pensées, tu ne commettras pas de mauvaises actions.

CONFUCIUS.

3

Tout est dans le pouvoir du Ciel, sauf notre désir de servir Dieu ou nous-mêmes. Nous ne pouvons empêcher les oiseaux de voler au-dessus de nos têtes, mais nous pouvons ne pas les laisser y faire leurs nids. De même, nous ne pouvons empêcher les mauvaises pensées de traverser notre esprit, mais nous avons le pouvoir de ne pas les laisser y faire leur nid pour couver et engendrer de mauvaises actions.

LUTHER.

4

On ne peut chasser une mauvaise pensée lorsqu'elle vient à l'esprit, mais on peut comprendre que cette pensée est mauvaise. Et si l'on sait qu'elle est mauvaise, on peut ne pas s'y abandonner. Il nous vient l'idée que tel ou tel autre homme est méchant. Je ne pouvais pas m'empêcher de le penser, mais si j'ai compris que cette idée était mauvaise, je peux me souvenir que c'est mal de médire des gens, que je suis mauvais moi-même, et je peux ainsi me contenir de la médisance, même par la pensée.

5

Si tu veux que ta pensée te serve, tâche de réfléchir indépendamment de tes sentiments et de ta situation, c'est-à-dire de ne pas agir contre tes idées afin de justifier la sensation que tu éprouves, ou la chose que tu as faite ou que tu feras.

V. — *Il faut vivre d'une vie spirituelle pour avoir la force de gouverner ses pensées.*

1

Nous croyons souvent que la plus grande force qui existe au monde est la force matérielle. Nous le pensons, parce que notre corps, que nous le voulions ou non, sent toujours cette force. Mais la force spirituelle, la force de la pensée, nous semble insignifiante, et nous ne la reconnaissons pas pour une force. Cependant, c'est en elle qu'est la vraie force, celle qui modifie notre vie et la vie des autres hommes.

2

Notre vie est meilleure ou plus mauvaise, selon que

nous nous reconnaissons notre nature d'êtres charnels ou d'êtres spirituels. Dans le premier cas, nous affaiblissons notre vie réelle, nous développons, nous excitons les passions, la cupidité, la lutte, la haine, la crainte de la mort. Tandis que si nous reconnaissons notre nature d'êtres spirituels, nous exaltons, nous élevons la vie, nous la libérons des passions, de la lutte, de la haine, nous libérons l'amour. Le transfert de la conscience de l'être charnel dans un être spirituel s'effectue au moyen d'un effort de pensée.

3

Voici ce que Sénèque écrivait à un ami : « Tu fais bien, mon cher Lucain, de tâcher de maintenir ton esprit bon et charitable par tes propres forces. Tout homme peut toujours se mettre dans cet état d'âme. Pour cela, on n'a pas besoin d'élever les bras au ciel et de demander au garde du temple la permission de nous approcher de Dieu afin qu'il puisse mieux nous entendre : Dieu est toujours près de nous, Il est en nous. En nous vit le Saint Esprit, témoin et gardien de tout ce qui est bon et de tout ce qui est mauvais. Il agit avec nous comme nous agissons envers Lui. Si nous le soignons, Il nous soigne. »

4

Lorsque, plongés dans nos pensées, nous ne savons pas ce qui est bon et ce qui est mal, nous devons nous retirer du monde ; seule la préoccupation de l'opinion du monde nous empêche de voir le bien et le mal. Se retirer du monde — c'est-à-dire rentrer en soi-même, — c'est aider à la dispersion de tous les doutes.

5

Il n'est facile de lutter avec les tentations que lorsqu'on ne leur est pas encore assujetti.

Dans les soucis et l'excitation des tentations, on n'a pas le temps de chercher des remèdes pouvant contrebalancer nos désirs. Etablis tes desseins lorsque les tentations sont absentes, lorsque tu es seul.

BENTHAM.

VI. — *La faculté de s'unir par la pensée aux vivants et aux morts est un des grands bienfaits dont jouit l'homme.*

1

Les jeunes gens disent souvent : « Je ne veux pas vivre d'après les autres, je réfléchirai par moi-même. » Ceci est absolument juste : l'idée à soi est plus chère que toutes les idées des autres. Mais pourquoi réfléchir à des choses auxquelles on a déjà réfléchi ? Prends ce qui est prêt et va plus loin. La force de l'humanité consiste en ce qu'on peut profiter des pensées d'autrui et aller plus loin.

2

Les efforts qui libèrent l'homme des péchés, des tentations et des superstitions, s'effectuent avant tout dans la pensée.

L'aide principale de l'homme dans cette lutte consiste en ce qu'il peut se joindre à l'activité raisonnable de tous les sages et de tous les saints de ce monde qui ont vécu avant lui. Cette communion avec les pensées des saints et des sages est la prière, c'est-à-dire, la répétition des paroles par lesquelles ces hommes exprimaient leurs rapports envers leur âme, envers les autres hommes, envers le monde et son principe.

3

Depuis les temps les plus reculés, il est reconnu que la prière est indispensable à l'homme.

Pour les hommes de l'ancien temps, la prière était — et elle l'est encore maintenant pour la plupart d'entre nous — un appel à Dieu, ou aux dieux, fait dans certains endroits et au moyen de certains procédés et expressions, avec l'intention d'apaiser les divinités.

La doctrine chrétienne ne connaît pas ces prières-là. Elle nous apprend que la prière est indispensable, non comme un moyen de nous débarrasser des malheurs de ce monde et d'acquérir des bienfaits, mais comme celui de nous raffermir dans nos bonnes pensées.

4

La vraie prière est importante et nécessaire à l'âme, parce que quand nous nous trouvons ainsi seul avec Dieu, notre pensée s'élève jusqu'au degré suprême qu'elle peut atteindre.

5

Le Christ a dit : lorsque tu pries, reste seul (Matth. vi, 5-6). Alors seulement, Dieu t'entendra. Dieu est en toi et, pour qu'Il t'entende, tu dois chasser tout ce qui te Le cache.

6

Priez à toutes les heures. La prière la plus difficile et la plus nécessaire est celle où l'on doit se souvenir, au milieu du mouvement de la vie, de ses obligations devant Dieu et devant Sa loi.

Tu t'effraies, tu te fâches, tu es confus, tu te passionnes, fais un effort, souviens-toi qui tu es et ce que tu dois faire. C'est en cela que consiste la prière. C'est difficile au début, mais cette habitude peut se former.

7

Il est bon de modifier sa prière, c'est-à-dire l'expression

de ses rapports envers Dieu. L'homme grandit constamment, change, et, par suite, ses rapports envers Dieu doivent aussi se modifier et s'éclaircir. La prière aussi doit changer.

VII. — *La vie juste est impossible sans un effort de pensée.*

1

Maîtrise tes pensées si tu veux atteindre ton but. Fixe le regard de ton âme sur l'unique lumière pure qui est exempte de passion.

Sagesse bouddhiste.

2

La réflexion est le chemin de l'immortalité ; l'étourderie est le chemin de la mort. Ceux qui veillent dans la réflexion ne meurent jamais ; les étourdis, les incroyants sont pareils aux morts.

Eveille-toi toi-même ; alors, protégé par toi-même et t'approfondissant toi-même, tu ne changeras pas.

Sagesse brahmane.

3

La vraie force de l'homme n'est pas dans ses élans, mais dans sa tendance ferme et tranquille vers le bien qu'il établit dans ses pensées, exprime par ses paroles et exécute par ses actes.

4

Si tu remarques, en jetant un coup d'œil en arrière sur ta vie, qu'elle est devenue meilleure, plus charitable, plus libre de péchés, de tentations et de superstitions, sache que ce succès n'est dû qu'au travail de ta pensée.

5

Voici ce que Confucius dit de l'importance de la pensée :

La vraie doctrine donne aux hommes le bien suprême : la régénération et la faculté de séjourner dans cet état. Pour obtenir ce bien suprême, il faut que la vie du peuple entier soit bien organisée. Et pour cela, il faut que la famille soit bien organisée ; et pour que la famille soit bien organisée, il faut qu'une bonne organisation préside à ta propre vie ; et pour cela, il faut que ton cœur soit amélioré ; et pour améliorer ton cœur, il faut que tu aies des pensées claires et justes.

VIII. — *Seule la faculté de penser distingue l'homme de la bête.*

1

L'homme se distingue de la bête uniquement parce qu'il possède la faculté de penser. Les uns augmentent cette faculté, les autres ne se soucient pas de cela. Ces gens-là semblent vouloir renoncer à ce qui les distingue de la bête.

Sagesse orientale.

2

Comparé à la nature qui l'environne, l'homme n'est qu'un faible roseau pensant. Il ne faut pas que l'univers entier s'arme pour l'écraser. Une vapeur, une goutte, suffit pour le tuer. Mais quand l'univers l'écraserait, l'homme serait encore plus noble que ceux qui le tuent, parce qu'il sait qu'il meurt ; et l'avantage que l'univers a sur lui, c'est que l'univers n'en sait rien.

Toute notre dignité consiste donc en la pensée. C'est de là qu'il faut nous relever, non de l'espace et de la durée, que nous ne saurions remplir. Travaillons donc à bien penser : voilà le principal de la morale.

Pascal.

3

L'homme peut apprendre à lire et à écrire ; mais cela ne lui apprendra pas s'il doit ou non écrire une lettre à son ami, ou formuler une plainte contre celui qui l'a offensé. L'homme peut étudier la musique, mais cela ne lui apprendra pas quand on peut jouer et chanter et quand on ne peut le faire. Il en est de même de tout. Seule la raison nous dit où et quand on peut faire les choses et où et quand on ne doit pas les faire.

En nous douant de raison, Dieu a mis à notre disposition ce dont nous avions le plus besoin. En nous accordant la raison, il semblait nous dire : Afin que vous puissiez éviter le mal et profiter des bienfaits de la vie, j'ai mis en vous une parcelle divine de Moi-Même. Je vous ai donné la raison. Si vous l'appliquez à tout ce qui vous arrive, rien ne sera pour vous un obstacle ou une entrave sur le chemin que je vous ai destiné, et jamais vous ne vous plaindrez ni de votre sort, ni des gens ; vous ne médirez pas d'eux et vous ne les flatterez point. Ne Me reprochez donc pas de ne pas vous avoir donné davantage. Ne vous suffit-il donc pas de vivre toute votre vie raisonnablement, dans le calme et la joie ?

D'après Epictète.

4

Un sage proverbe dit : « Dieu vient vers nous sans

sonner. » Cela veut dire qu'il n'y a pas de cloison entre nous et l'infini, qu'il n'y a pas de mur entre l'homme-conséquence et Dieu-cause. Les murs sont tombés, nous sommes exposés aux profondes réactions des facultés divines. Seul le travail de l'esprit tient ouvert l'orifice par lequel nous communiquons avec Dieu.

D'après Emmerson.

5

L'homme est visiblement fait pour penser ; c'est toute sa dignité et tout son mérite ; et tout son devoir est de penser comme il faut ; et l'ordre de la pensée est de commencer par soi, et par son auteur et sa fin ; or, à quoi pense le monde? Jamais à cela, mais à danser, à jouer du luth, à chanter, à faire des vers, à courir la bague, etc., à se bâtir, à se faire roi, sans penser à ce que c'est que d'être roi et que d'être homme.

Pascal.

CHAPITRE XXIV

L'ABNÉGATION

Le bonheur de l'homme est dans sa communion d'amour avec Dieu et avec ses prochains. Les péchés entravent ce bonheur. La cause des péchés est en ce fait que l'homme met son bonheur à satisfaire les désirs de son corps, et non à aimer Dieu et son prochain. C'est pourquoi le bonheur de l'homme est dans l'affranchissement des péchés. S'affranchir des péchés, c'est faire un effort pour renoncer à la vie charnelle.

I. — *La loi de la vie est dans le renoncement à la chair.*

1

Tous les péchés charnels : la luxure, l'oisiveté, le luxe, l'inimitié, la cupidité, viennent uniquement de ce qu'on reconnaît son corps comme son « moi », de ce qu'on soumet son âme à son corps.

2

« Alors Jésus dit à Ses disciples : si quelqu'un veut venir avec Moi, qu'il renonce à Lui-même, qu'il se charge de sa croix et me suive. Car quiconque voudra sauver sa vie, la perdra ; et quiconque perdra sa vie pour l'amour de moi, la trouvera ; car que servirait-il à l'homme de gagner tout le monde, s'il perdait son âme ? Ou bien, que donnerait l'homme en échange de son âme ? »

Matth, xvi, 24-26.

3

« Voici pourquoi Mon Père m'aime : c'est que Je donne ma vie pour la reprendre.

« Personne ne me l'ôte, mais Je la donne de Moi-même ; J'ai le pouvoir de la quitter, et le pouvoir de la reprendre. J'ai reçu cet ordre de mon Père ».

Jean, x, 17-18.

4

Le fait que l'homme peut renoncer à sa vie corporelle prouve clairement que l'homme est pourvu de quelque chose en vertu de quoi il renonce.

5

Plus on s'abandonne au charnel, plus on perd le spirituel.

Plus tu renonces au charnel, plus tu reçois de spirituel. Vois lequel des deux t'est plus nécessaire.

6

L'abnégation n'est pas le renoncement à soi-même, mais le transport de son « moi » d'un être charnel dans un être spirituel. Renoncer à soi-même, n'est pas renoncer à la vie. Par contre, renoncer à la vie charnelle, c'est augmenter la vraie vie spirituelle.

7

La raison démontre à l'homme que son bonheur ne peut

être dans la satisfaction des exigences de sa chair ; c'est pourquoi la raison entraîne l'homme irrésistiblement vers le bonheur qui lui est propre, mais qui ne se place pas dans sa vie corporelle.

On pense et on dit généralement que le renoncement à la vie corporelle est un haut fait ; ceci n'est pas exact. Ce renoncement n'est pas un exploit, mais une condition inévitable de la vie de l'homme. Pour la bête, le bonheur dans la vie corporelle, et la prolongation de l'espèce qui en découle, est le but suprême de la vie. Mais pour l'homme, cette vie, et la prolongation de l'espèce, n'est qu'un degré de l'existence d'où s'ouvre pour lui le vrai bonheur de la vie, incompatible avec le bonheur de la vie charnelle. Pour l'homme, celle-ci n'est pas toute la vie, mais uniquement une condition de la vraie vie qui consiste en une communion de plus en plus grande avec le principe spirituel de l'univers.

H. — *L'imminence de la mort amène nécessairement l'homme à la conscience de la vie spirituelle qui n'est pas assujettie à la mort.*

1

Lorsqu'un enfant vient de naître, il lui semble qu'il n'y a que lui qui existe au monde. Il ne cède à rien ni à personne, ne veut rien savoir de personne et ne fait que réclamer ce qui lui est nécessaire. Il ne connaît pas même sa mère, il ne connaît que son sein. Mais des jours, des mois, des années passent, et l'enfant commence à comprendre qu'il y a d'autres hommes pareils à lui qui veulent aussi ce qu'il désire pour lui. Et plus il vit, plus il comprend qu'il n'est pas seul au monde et qu'il doit, s'il en a la force, lutter contre les autres hommes pour obtenir ce qu'il désire posséder, ou bien, s'il n'a pas la force, se soumettre à ce qui est. En outre, plus l'homme vit, plus il comprend clairement que sa vie ne dure qu'un temps, et que chaque heure peut se terminer par la mort. Il voit, aujourd'hui, demain, tantôt l'un, tantôt l'autre, emportés par la mort, et il comprend que cela peut également lui arriver à tout instant et que cela arrivera sûrement tôt ou tard. Et alors, l'homme ne peut ne pas comprendre qu'il n'y a pas de vraie vie dans son corps, et que tout ce qu'il pourrait faire dans cette vie pour son corps ne servirait à rien.

Et lorsque l'homme aura clairement compris tout cela, il comprendra également que l'esprit qui vit en lui n'est pas uniquement en lui, mais en tous les hommes, dans tout l'univers, que cet esprit est l'Esprit de Dieu. Et ayant compris cela, l'homme n'attachera plus d'importance à sa vie corporelle et fondera le but de sa vie sur la communion avec l'Esprit de Dieu, avec ce qui est éternel.

2

La mort, la mort, la mort nous guette à tout instant. Notre vie s'accomplit en vue de la mort. Si vous travaillez pour votre vie charnelle à venir, vous savez qu'une seule chose vous attend dans l'avenir : la mort. Et cette mort détruit tout ce à quoi vous avez travaillé. Vous direz que vous travaillez pour le bien des générations à venir ; mais elles disparaîtront également et il n'en restera rien. Par conséquent, la vie, dans un but matériel, ne peut avoir aucun sens. La mort détruit toute cette vie. Pour que la vie ait un sens, il faut que la mort ne puisse pas détruire l'œuvre de la vie. Et c'est cette vie-là que le

Christ révèle aux hommes. Il montre aux hommes qu'à côté de la vie charnelle, qui n'est qu'une apparence de la vie, il est une autre vie, la vraie, qui donne le véritable bonheur à l'homme, et que chaque homme connait cette vie dans son cœur. La doctrine du Christ indique l'illusion de la vie personnelle, la nécessité d'y renoncer et de reporter le sens et le but de la vie dans une vie juste, la vie de l'humanité entière, dans la vie du Fils de l'homme.

3

Pour comprendre la doctrine du Christ indiquant le salut de la vie, il faut bien comprendre ce que disaient tous les prophètes, ce que disait Salomon, ce que disait Bouddha, ce que disaient tous les sages du monde entier sur la vie individuelle de l'homme. On peut, suivant l'expression de Pascal, ne pas y penser, porter devant soi des petits écrans qui cacheraient au regard l'abîme de la mort auquel nous courons tous ; mais il n'y a qu'à réfléchir à ce qu'est la vie corporelle individuelle, pour se persuader que toute cette vie, si elle n'est que matérielle, n'a non seulement aucun sens, mais encore n'est qu'une mauvaise plaisanterie aux dépens du cœur, de la raison de l'homme et de tout ce qu'il y a de bon en lui. C'est pourquoi, pour comprendre la doctrine du Christ, il faut tout d'abord reprendre ses sens, réfléchir, afin qu'il se fasse en nous ce que dit Jean, le précurseur du Christ, en prêchant sa doctrine à des gens égarés comme nous : « Repentez-vous avant tout, c'est-à-dire, revenez à vous ; sinon, vous périrez tous. »

« Lorsqu'on eut raconté au Christ comment ont péri les Galiléens par la main de Pilate, il dit : « Pensez-vous que ces Galiléens avaient commis plus de péchés que tous les Galiléens pour avoir souffert ainsi ? Je vous dis que non ;

mais si vous ne vous repentez pas, vous périrez tous ainsi. La mort inévitable est devant vous tous. Nous tâchons vainement de l'oublier, mais cela ne nous permettra pas de l'éviter ; au contraire, lorsqu'elle viendra par surprise, elle sera plus affreuse encore. Il n'y a qu'un seul moyen de salut : c'est de renoncer à la vie qui meurt et de vivre de celle pour laquelle il n'y a pas de mort. »

4

Celui qui ne voit pas son « moi » dans son corps mourant, connaît la vérité de la vie.

Sagesse bouddhiste.

5

« C'est pourquoi je vous dis : ne soyez point en souci pour votre vie, de ce que vous mangerez et de ce que vous boirez ; ni pour votre corps, de quoi vous serez vêtus. La vie n'est-elle pas plus que la nourriture, et le corps plus que le vêtement ?

Regardez les oiseaux de l'air ; car ils ne sèment ni moissonnent, ni n'amassent dans des greniers, et votre Père Céleste les nourrit. N'êtes-vous pas beaucoup plus qu'eux ?

Et qui est-ce d'entre vous qui, par son souci, puisse ajouter une coudée à sa taille ?

Ne soyez donc point en souci, disant que mangerons-nous, que boirons-nous et de quoi serons-nous vêtus.

Mais cherchez premièrement le Royaume de Dieu et sa justice, et toutes ces choses vous serons données par surcroît.

Ne soyez donc point en souci du lendemain ; car le lendemain aura le souci de ce qui le regarde : « à chaque jour suffit sa peine ».

MATTH., VI, 25-37, 31, 33-34.

III. — *Le renoncement à son « moi » corporel revèle Dieu dans l'âme de l'homme.*

1

Plus l'homme renonce à son « moi » corporel, plus Dieu se révèle à lui. Le corps cache Dieu à l'homme.

2

Si tu veux arriver à connaître le « moi » universel, tu dois, avant tout, apprendre à te connaître toi-même. Et pour cela, tu dois sacrifier ton « moi » au « moi » universel.

Sagesse brahmane.

3

Si tu méprises le monde, ce n'est pas un grand mérite. Pour celui qui vit selon Dieu, lui-même et le monde seront toujours rien.

Angélus.

4

Le renoncement à la vie corporelle est précieux, nécessaire et joyeux uniquement lorsqu'il est religieux, c'est-à-dire, lorsque l'homme renonce à lui-même, à son corps, afin d'accomplir la volonté du Dieu qui vit en lui. Mais lorsque l'homme renonce à la vie corporelle, non pour exécuter la volonté de Dieu, mais pour accomplir sa volonté à lui et celle des hommes qui sont pareils à lui, une telle abnégation n'est ni précieuse, ni nécessaire, ni joyeuse, mais uniquement nuisible à lui-même et aux autres.

5

Si vous tâchez de plaire aux hommes pour qu'ils vous

soient reconnaissants, vous travaillerez en vain. Mais si vous faites du bien aux autres sans songer à eux, pour Dieu, vous vous ferez du bien, et les autres vous seront reconnaissants.

Dieu se souvient de celui qui ne pense pas à lui-même, et Dieu oublie celui qui pense à lui-même.

6

C'est seulement quand notre corps meurt, que nous ressuscitons en Dieu.

7

Si tu n'attends rien et que tu ne veux rien recevoir des autres hommes, ceux-ci ne peuvent pas te faire peur, de même qu'une abeille ne craint pas une autre et qu'un cheval n'a pas peur d'un autre. Mais si ton bonheur est dans le pouvoir des autres hommes, tu les craindras sûrement.

C'est par là que l'on doit commencer : il faut renoncer à tout ce qui ne nous appartient pas, y renoncer au point qu'il ne soit pas notre maître, renoncer à tout ce qui est nécessaire au corps, renoncer à l'amour de la richesse, de la gloire, des fonctions, des honneurs, renoncer à ses enfants, à sa femme, à ses frères. Tu dois te dire que tout cela n'est pas ta propriété.

Mais comment arriver à cela? Subordonner sa volonté à la volonté de Dieu : s'Il veut que j'aie la fièvre — je le veux aussi. S'il veut que je fasse ceci et non pas cela — je le veux aussi. S'Il veut qu'il m'arrive une chose à laquelle je ne m'attendais pas — je le veux aussi.

ÉPICTÈTE.

8

La volonté propre ne se satisfera jamais, quand elle

aurait pouvoir de tout ce qu'elle veut ; mais on est satisfait dès l'instant qu'on y renonce. Sans elle, on ne peut être content. La vraie et unique vertu est donc de se haïr, car on est haïssable par sa concupiscence, et de chercher un être véritablement aimable, pour l'aimer. Mais, comme nous ne pouvons aimer ce qui est hors de nous, il faut aimer un être qui soit en nous, et qui ne soit pas nous, et cela est vrai d'un chacun de tous les hommes. Or, il n'y a que l'être universel qui soit tel. Le royaume de Dieu est nous (Luc, xvii, 21) ; le bien universel est en nous-mêmes et ce n'est pas nous.

Pascal.

IV. — *Le vrai amour envers les hommes n'est possible que par l'abnégation.*

1

Seul ce qui ne vit pas pour soi-même ne périt pas. Mais pourquoi celui qui ne vit pas pour lui-même vivra-t-il ? On peut ne pas vivre pour soi-même alors seulement qu'on vit pour Tout. C'est en vivant pour le Tout que l'homme peut être et est tranquille.

Lao-Tseu.

2

Quand même tu le voudrais, tu ne pourrais pas séparer ta vie de celle de l'humanité. Tu vis dans l'humanité, par elle et pour elle. En vivant parmi les hommes, tu ne peux pas ne pas renoncer à toi-même, parce que nous sommes tous créés pour agir d'un commun accord, comme les jambes, les bras, les yeux, et l'accord ne serait pas possible sans l'abnégation.

Marc-Aurèle.

3

On ne saurait se contraindre à l'amour des autres. On ne peut que rejeter ce qui empêche l'amour. Et ce qui l'empêche, c'est l'amour de son « moi » matériel.

4

« Tu aimeras ton prochain comme toi-même » ne veut pas dire que tu dois tâcher d'aimer ton prochain. On ne peut pas se forcer à aimer. « Tu aimeras ton prochain » veut dire que tu dois cesser de t'aimer plus que tout. Et dès que tu ne t'aimeras plus ainsi, tu te mettras à aimer ton prochain comme toi-même.

5

Il faut s'habituer de se dire lorsqu'on rencontre un homme : je ne penserai qu'à lui, et non pas à moi-même.

6

Il suffit de penser à soi au beau milieu d'un discours, pour perdre le fil de ses idées. De même, quand nous nous oublions complètement, que nous sortons de nous-mêmes, nous pouvons communiquer fructueusement avec les autres, les servir et avoir sur eux une influence bienfaisante.

7

Plus la vie d'un homme est confortable et mieux organisée extérieurement, plus la joie de l'abnégation est loin et difficile pour lui. Les riches en sont presque entièrement privés. Au pauvre, tout travail interrompu dans le but de venir en aide à son prochain, chaque morceau de pain tendu à un mendiant, procure la joie de l'abnégation.

8

Ce que tu as donné est à toi, ce que tu as gardé est aux autres.

Si tu t'es privé de quelque chose pour le donner aux autres, tu t'es fait du bien à toi-même ; ce bien est à jamais à toi et personne ne peut te le prendre.

Mais si tu as gardé ce qu'un autre voulait prendre, tu ne l'as que pour un temps ou jusqu'au moment où tu devras le rendre. Et tu devras sûrement le rendre lorsque la mort sera venue.

9

Serait-il possible de ne pouvoir espérer qu'il viendra un jour où les gens verront qu'il leur est tout aussi facile de vivre pour les autres qu'il leur est facile de mourir à la guerre dont ils ne connaissent pas la cause ? Il suffit aux hommes d'avoir à cet effet un peu plus de force d'esprit et un peu plus de conscience.

BRAUN.

V. — *L'homme qui emploie toutes ses forces à satisfaire uniquement ses besoins bestiaux, détruit sa vraie vie.*

1

Si l'homme ne pense qu'à lui-même et cherche partout son profit, il ne peut être heureux. Si tu veux réellement vivre pour toi-même, vis pour les autres.

SÉNÈQUE.

2

Pour comprendre combien il est indispensable de renoncer à la vie corporelle pour la vie spirituelle, il suffit de se représenter combien serait terrible et répugnante une vie consacrée uniquement à la satisfaction des désirs charnels. La vraie vie ne commence qu'au moment où l'homme renonce à toute bestialité.

3

Par la parabole des vignerons (MATTH., 33-42), le Christ éclaircit l'erreur des gens qui prennent l'apparence de la vie — leur vie charnelle — pour la vraie vie.

A force d'habiter le jardin cultivé de leur maître, des gens se crurent propriétaires du jardin. Et de cette conception erronée il résulte une série d'actes insensés et cruels accomplis par ces gens qui, finalement, sont chassés du jardin, exclus de la vie. De même, nous nous sommes imaginés que la vie de chacun de nous est notre vie personnelle, que nous y avons droit et pouvons en jouir à notre gré, n'ayant aucune obligation envers personne. Aussi, commettons-nous inévitablement la même série d'actes cruels et insensés et sommes de même exclus de la vie. Comme les habitants du jardin avaient oublié que le jardin leur avait été donné en état, entouré d'un fossé et d'une clôture, pourvu d'un puits, que quelqu'un avait travaillé à leur intention et attend, par suite, qu'ils fournissent également du travail, les hommes qui ne possèdent qu'une vie personnelle ont oublié, ou veulent oublier, tout ce qui a été fait pour eux avant leur naissance, ce qui se fait au cours de leur vie, et ce qu'on attend d'eux.

D'après la doctrine du Christ, de même que les vignerons, qui habitaient une vigne qu'ils n'avaient pas travaillée, doivent sentir et comprendre qu'ils ont contracté une dette constante envers leur maître, les hommes doivent sentir et comprendre que, depuis leur naissance et jusqu'à la mort, ils ont contracté une dette envers ceux qui ont vécu avant eux, qui vivent encore et qui vivront, et envers ce qui était, est et sera toujours le commencement de tout. Ils doivent comprendre que chaque heure de leur existence confirme cette obligation, et que, par conséquent, l'homme qui vit pour lui-même et qui nie cette obligation, l'attachant à la vie et à son principe, se prive lui-même de la vie.

4

Les hommes pensent que l'abnégation compromet la liberté. Ils ne savent pas que seule l'abnégation nous donne la vraie liberté, en nous débarrassant de nous-mêmes, de l'esclavage de notre dépravation. Nos passions sont les tyrans les plus cruels : il suffit de renoncer à eux, et tu te sentiras libre.

Fénelon.

5

La conscience de notre mission, qui implique la loi de l'abnégation, n'a rien de commun avec la jouissance de la vie. Si nous voulions confondre la conscience de notre mission avec la jouissance, et que nous offrions ce mélange, en qualité de remède, à une âme malade, ces deux éléments se seraient séparés spontanément. Mais si cela n'avait pas eu lieu et que la concience de la haute destination de l'homme n'avait produit aucun effet, et que la vie corporelle aurait acquis, en aspirant au plaisir, une certaine force qui correspondrait avec la destination, la vie morale de l'homme aurait disparu sans retour.

Kant.

VI. — *On ne peut se libérer de ses péchés qu'à condition de renoncer à soi-même.*

1

Le renoncement au bonheur corporel pour le bonheur

spirituel est la conséquence d'une modification de la cons
cience ; c'est-à-dire un homme qui se croyait être d'abord
purement un animal, commence à se reconnaître comme un
être spirituel. Quand ce changement s'est effectué, ce qui
semblait avant une privation, une souffrance, n'est plus
une privation ni une souffrance, mais une préférence naturelle du meilleur au plus mauvais.

2

On croit et on dit que pour remplir la mission de la vie,
il faut avoir la santé, l'aisance et, en général, être dans des
conditions extérieures favorables. C'est inexact : la santé,
l'aisance et les conditions extérieures favorables ne sont
pas nécessaires pour remplir sa mission et obtenir le bonheur. Il nous est donné la possibilité d'acquérir le bien spirituel et que rien ne peut détruire : le bien de développer
en soi l'amour. Seulement, il faut croire en cette vie spirituelle, concentrer vers elle tous ses efforts.

Tu mènes une vie charnelle, tu travailles pour elle ; mais
dès que tu trouves des obstacles dans cette vie, trans-
porte-toi dans la vie spirituelle ; car la vie spirituelle est
toujours libre. C'est comme les ailes de l'oiseau. L'oiseau
marche sur ses pattes. Mais voilà que survient un obstacle, un danger, et l'oiseau, ayant foi en ses ailes, les dé-
ploie et survole.

3

L'unique œuvre joyeuse et vraie de la vie est d'élever
son âme ; et pour élever son âme, il faut renoncer à soi-
même. Commence par le renoncement dans les petites
choses ; lorsque tu t'habitueras à renoncer aux petites, tu
pourras renoncer aux grandes.

4

Lorsque la lumière de ta vie spirituelle s'éteint, l'ombre

noire de tes désirs charnels tombe sur ton chemin. — Méfie-toi de cette terrible ombre : la lumière de ton esprit ne peut détruire ces ténèbres tant que tu n'auras pas chassé les désirs de ton âme.

Sagesse brahmane.

5

La plus grande difficulté de se libérer de l'égoïsme matériel réside en ce fait que cet égoïsme est une condition indispensable de la vie. Il est indispensable et naturel pendant l'enfance ; mais il doit faiblir et disparaître à mesure que la raison s'éclaire.

L'enfant n'éprouve pas de remords de conscience pour son égoïsme ; mais à mesure que la raison s'éclaire, l'égoïsme devient un poids pour soi-même ; au cours de la vie, l'égoïsme faiblit de plus en plus, et lorsqu'on approche de la mort, il disparaît entièrement.

6

Totalement renoncer à soi-même, c'est devenir Dieu ; vivre uniquement pour soi-même, c'est devenir une brute absolue. La vie humaine se passe dans l'éloignement progressif de la vie bestiale et dans le rapprochement graduel de la vie divine.

7

Sans sacrifice, il n'y a pas de vie. Toute la vie, que tu le veuilles ou non, n'est qu'un sacrifice du corporel au spirituel.

VII. — *Le renoncement à sa personnalité bestiale donne à l'homme le vrai bonheur spirituel qui est inaliénable.*

1

Une seule et même loi régit la vie de chaque homme et celle de tous les hommes ; cette loi dit : pour améliorer la vie, il faut être prêt à la donner.

2

L'homme ne peut connaître les conséquences de sa vie d'abnégation, mais il n'a qu'à l'essayer pour un temps, et je suis sûr que tout honnête homme reconnaîtra l'influence favorable qu'avaient sur son âme et son corps les instants, même fugitifs, pendant lesquels il ne pensait plus à lui-même et renonçait à sa personnalité corporelle.

John Ruskin.

3

L'homme est comme un nuage dont l'eau se déverse sur les champs, les prés, les forêts, les jardins, les étangs, les rivières. La pluie a passé, elle a rafraîchi et donné la vie à des millions de jeunes pousses, d'épis, de buissons, d'arbres ; le nuage est devenu clair et transparent et bientôt il disparaîtra complètement. Il en est de même de la vie corporelle d'un homme de bien : il est venu en aide à bien des gens, il leur a facilité la vie, il leur a montré la voie à suivre, les a consolés ; maintenant, il est vidé et, en mourant, il se retire là où vit seul l'éternel, l'invisible, le spirituel.

4

Les arbres donnent leurs fruits et même leur écorce,

leurs feuilles et leur suc à ceux qui en ont besoin. Heureux est l'homme qui en fait autant ! Mais il y a peu de gens qui le comprennent et qui agissent ainsi.

Krishna.

5

Le bonheur n'est pas possible tant qu'on ne cesse à penser à soi-même. Mais on ne peut le faire incomplètement. Si le moindre souci de soi-même reste, tout est gâté... Je sais que c'est difficile, mais je sais également qu'il n'y a pas d'autre moyen d'acquérir le bonheur.

Carpenter.

6

Bien des gens pensent que si l'on exclut la personnalité et l'amour, il ne restera plus rien dans la vie. Ils s'imaginent que, sans personnalité, il n'y a pas de vie. Mais cela semble seulement à ceux qui n'ont jamais éprouvé la joie de l'abnégation. Rejette ta personnalité, renonce à elle, et il te restera ce qui est l'essence de la vie : l'amour, donnant le bienfait incontestable.

7

Plus l'homme apprend à connaître son « moi » moral et plus il renonce à la vie charnelle, mieux il se comprend lui-même.

Sagesse brahmane.

8

Au point de vue du bonheur, la question de la vie est insoluble, parce que nos élans les plus élevés nous empêchent d'être heureux. Au point de vue du devoir, la même difficulté subsiste, car le devoir accompli donne la paix et non le bonheur.

Seul le divin amour et la communion avec Dieu suppriment cette difficulté, car, dans ce cas, le sacrifice devient une joie constante, croissante et immuable.

AMIEL.

9

L'idée du devoir dans toute sa pureté est non seulement bien plus simple, plus claire, plus compréhensible dans la pratique et plus naturelle que l'impulsion venant du désir du bonheur ou qui est liée à lui (et qui exige toujours beaucoup d'artifice et de spéculations approfondies), mais même devant le simple bon sens, cette idée apparaît comme bien plus puissante, plus persistante et promet bien plus de succès que toutes les impulsions provenant de l'égoïsme, à condition que l'idée du devoir soit comprise par le bon sens tout à fait indépendamment des impulsions égoïstes.

La conscience que *je peux* parce que *je dois*, révèle en l'homme la profondeur des dons divins, lui permettant, comme à un saint prophète, de pressentir la puissance et la grandeur de sa vraie destination. Et si l'homme y faisait plus souvent attention et s'était habitué à séparer entièrement la vertu de tous les avantages qui sont la récompense du devoir accompli, si l'exercice de la vertu avait été la préoccupation principale de l'éducation privée et sociale, l'état moral des hommes se serait bientôt amélioré Si l'expérience de l'histoire n'a pas encore donné de bons résultats concernant la doctrine de la vertu, cela vient de la fausse conception que l'impulsion déduite de l'idée du devoir serait trop faible et distante, et qu'une impulsion plus proche, provenant d'un calcul sur les avantages que l'on doit attendre pour l'accomplissement du devoir, tant en ce monde que dans l'autre monde, agit plus fortement sur l'âme. Tandis que, en réalité, la conscience de posséder en soi le principe spirituel, suscitant le renoncement à sa personnalité, incite l'homme, bien plus que toutes les récompenses, à obéir à la loi du bien.

Kant.

CHAPITRE XXV

L'HUMILITÉ

Le plus grand bonheur de l'homme dans ce monde est de communiquer avec ses pareils. Les orgueilleux, en se mettant à l'écart des autres, se privent eux-mêmes de ce bien. Mais l'homme humble supprime tous les obstacles en lui-même pour obtenir ce bonheur. C'est pourquoi l'humilité est une condition indispensable du vrai bonheur.

I. — *L'homme ne peut être fier de ses œuvres, parce que tout le bien qu'il fait ne vient pas de lui, mais de l'élément divin qui vit en lui.*

1

Seul l'homme qui sait que Dieu vit en son âme peut être humble. Un tel homme est absolument indifférent à ce que les gens disent de lui.

2

L'homme qui se croit maître de sa vie ne peut être humble, parce qu'il pense qu'il n'est l'obligé de personne, ni de rien. Mais l'homme qui voit son œuvre dans le service de Dieu, ne saurait ne pas être humble, parce qu'il sent toujours qu'il est loin d'avoir accompli toutes ses obligations.

3

Nous sommes souvent fiers de ce que nous avons bien fait, nous sommes fiers de ce que *nous avons fait*, et nous oublions que Dieu vit en chacun de nous et qu'en faisant le bien, nous ne sommes que les instruments de Son œuvre.

Dieu fait avec moi ce qui Lui est nécessaire, et moi je m'en vante. C'est comme si la pierre qui intercepte la source était fière de ce que l'eau s'échappe d'elle, et que les hommes et les animaux boivent cette eau. On dira que la pierre peut être fière de ce qu'elle est propre et qu'elle ne salit pas l'eau. Ceci encore n'est pas vrai. Si elle est propre, c'est uniquement parce que cette même eau l'a lavée et la lave toujours. Rien n'est à nous, tout est à Dieu.

4

Nous sommes les instruments de Dieu. Nous savons ce que nous devons faire, mais il ne nous est pas donné de savoir pourquoi nous le faisons. Celui qui comprend cela ne peut ne pas être humble.

5

L'œuvre principale de la vie de chaque homme est de devenir plus charitable et meilleur. Et comment peut-on devenir meilleur si l'on se croit déjà bon?

6

Il suffit de se croire non pas le maître, mais le serviteur, pour que les tâtonnements, l'inquiétude, le mécontentement se transforment en certitude, en tranquillité, en paix et en joie.

II. — *Toutes les tentations viennent de l'orgueil.*

1

Si l'homme tend à Dieu, il ne peut jamais être satisfait de lui-même. Il aura beau avancer, il se sentira toujours éloigné de la perfection, car la perfection est infinie.

2

L'assurance est la qualité de la bête ; l'humilité est la qualité de l'homme.

3

Celui qui se connaît le mieux, s'estime le moins.

4

Celui qui est content de lui-même, n'est jamais satisfait des autres.

Celui qui est toujours mécontent de lui-même, est toujours content des autres.

5

On dit à un sage qu'il a la renommée d'être mauvais. Il répondit : « C'est heureux qu'ils ne sachent pas tout sur moi : ils auraient dit des choses bien pires. »

6

Il n'y a rien de plus utile à l'âme que de te souvenir que tu n'es qu'un vil scarabée et que toute ta force consiste à pouvoir comprendre ta nullité et, par suite, d'être humble.

7

Malgré le peu d'attention que la plupart des hommes attachent à leurs défauts, il n'y a pas d'homme qui ne se connaisse quelque chose de plus mauvais que ce qu'il sait sur son prochain.

C'est pourquoi il est facile à chaque homme d'être humble.

WOLSELEY.

8

Il suffit de réfléchir un peu pour se découvrir quelque défaut envers le genre humain (ne serait-ce que cette faute qu'en vertu de l'inégalité des hommes, nous jouissons de certains avantages pour lesquels d'autres doivent éprouver de plus grandes privations) — et cela nous empêchera d'exagérer nos mérites au détriment d'autres hommes.

KANT.

9

On ne peut voir ses défauts qu'avec les yeux des autres.

Proverbe chinois.

10

Chaque homme peut être pour nous un miroir dans lequel nous voyons nos vices, nos défauts et tout le mal qui est en nous ; or, nous agissons le plus souvent comme un chien qui aboie contre le miroir, pensant que ce n'est pas lui qu'il voit là-dedans, mais un autre chien.

SCHOPENHAUER.

11

Les gens trop sûrs d'eux-mêmes, sots et immoraux, inspirent souvent le respect aux gens modestes, sages et moraux, précisément parce qu'un homme modeste, en se jugeant, ne peut pas comprendre qu'un mauvais homme puisse tellement se respecter.

12

Souvent les hommes les plus simples, les moins lettrés, les moins instruits, s'assimulent facilement la doctrine chrétienne, tandis que les plus savants croupissent dans le paganisme le plus vulgaire. Cela vient de ce que les gens simples sont le plus souvent humbles, et que les savants sont pour la plupart trop sûrs d'eux-mêmes.

13

Pour comprendre raisonnablement la vie et la mort et attendre celle-ci en paix, il est indispensable de comprendre combien on est nul.

Tu es une parcelle infiniment petite de quelque chose, et tu ne serais rien si tu n'avais pas une mission déterminée — une œuvre. Cela seulement donne un sens et une signification à ta vie. Ton œuvre consiste à profiter des instruments qui te sont donnés, de même qu'à tout ce qui existe : d'user ton corps à ce qui t'a été recommandé. C'est pourquoi, toutes les œuvres sont égales et tu ne peux pas faire plus qu'il ne t'a été commandé. Tu ne peux être qu'adversaire de Dieu ou interprète de son œuvre. De sorte que l'homme ne peut s'attribuer rien de grand ni d'important. Il suffit de s'attribuer quelque œuvre exceptionnelle, pour qu'il n'y ait plus fin aux déceptions de la lutte, à la jalousie, aux souffrances de toutes sortes, tu n'as qu'à t'attribuer plus d'importance qu'à la plante qui donne des fruits, et tu es perdu. La tranquillité, la liberté, la joie de la vie, le courage devant la mort, ne sont donnés qu'à celui qui ne se croit dans cette vie rien de plus qu'un ouvrier de son Maître.

III. — *L'Humilité unit les hommes par l'amour.*

1

Etre inconnu des hommes ou non compris d'eux, et ne pas s'en attrister — voilà la qualité de l'homme réellement vertueux qui aime les autres.

Sagesse chinoise.

2

De même que l'eau ne reste pas sur les sommets, la bonté et la sagesse ne se rencontrent pas chez les orgueilleux. L'un comme les autres cherchent des terrains bas.

Sagesse persane.

3

Un homme charitable est celui qui se souvient de ses péchés et qui oublie le bien qu'il fait ; un homme méchant est celui qui, au contraire, se souvient de sa bonté et oublie ses péchés.

Ne te pardonne pas, et tu pardonneras facilement aux autres.

4

On peut reconnaître un homme bon et intelligent à ce qu'il considère tous les autres hommes meilleurs et plus intelligents que lui.

5

Les gens les plus agréables ce sont les justes qui se croient pécheurs. Et les plus désagréables ce sont les pécheurs qui se croient justes.

PASCAL.

6

Combien il est difficile d'aimer, de plaindre les orgueilleux, confiants en eux-mêmes ! On voit, rien qu'à cela, combien la modestie est non seulement bonne, mais encore avantageuse. Elle suscite ce qu'il y a de plus précieux dans la vie : l'amour des hommes.

7

Tout le monde aime les humbles ; nous voulons tous être aimés. Comment ne pas s'efforcer d'être humbles ?

8

Pour que les hommes puissent bien vivre, il faut que la paix règne parmi eux. Et là où chacun veut être au-dessus des autres, il ne peut y avoir de paix. Plus les hommes sont humbles, plus il leur est facile de vivre en paix.

IV. — *L'Humilité unit l'homme à Dieu.*

1

Il n'y a rien de plus fort qu'un homme humble ; car, en renonçant à lui-même, cet homme cède la place à Dieu.

2

Les paroles de la prière : « Venez et descendez en nous » sont fort belles. Tout est dans ces paroles. L'homme a tout ce qu'il lui faut si Dieu descend en lui. Et pour cela, il ne faut qu'une chose : se diminuer pour faire une place à Dieu. Dès que l'homme se diminue, Dieu s'établit en lui. C'est pourquoi, pour obtenir tout ce qui lui est nécessaire, l'homme doit s'humilier avant tout.

3

Plus l'homme descend en lui-même et se croit insignifiant, plus il s'élève vers Dieu.

Sagesse brahmane.

4

L'orgueil disparaît du cœur de celui qui adore l'Être Suprême, de même que la lueur du bûcher s'éclipse à la lumière du soleil. Celui dont le cœur est pur et qui est sans orgueil, celui qui est doux, fidèle et simple, qui considère chaque être comme son ami et qui aime chaque âme comme la sienne, qui traite chacun également avec tendresse et amour, qui veut faire le bien et a banni toute vanité, est l'homme dont le cœur est habité par le Souverain de la vie.

De même, que la terre se décore de belles plantes qu'elle produit, celui dans l'âme duquel habite le Seigneur de la vie, s'en trouve embelli.

Vichnou Pourana.

V. — *Comment lutter contre l'orgueil.*

1

Les défauts qui sont pénibles et intolérables chez les autres, paraissent ne rien peser en nous-mêmes. Il arrive très souvent qu'en parlant des autres et en les blâmant cruellement, les gens ne remarquent pas qu'ils se décrivent eux-mêmes.

Rien ne nous corrigerait aussi vite de nos défauts que si nous pouvions nous voir dans les autres. En voyant clairement nos défauts chez les autres, nous aurions détesté nos défauts comme ils le méritent.

LABRUYÈRE.

2

Tâche de ne pas penser de bien de toi-même. Si tu ne peux pas penser mal de toi, sache que c'est déjà mal que tu ne peux pas penser mal de toi.

3

La tendance de te comparer aux autres à ton avantage est une tentation rendant impossible une bonne vie et entravant l'œuvre principale : le perfectionnement. Compare-toi uniquement à la perfection suprême, et non aux hommes qui peuvent être inférieurs à toi.

4

Quand on t'injurie où que l'on te blâme, réjouis-toi ; quand on te vante et que l'on t'approuve, méfie-toi.

5

Tache de ne pas cacher dans des coins sombres les souvenirs honteux de tes péchés ; au contraire, tiens-les toujours prêts, afin de pouvoir juger des péchés de tes prochains.

6

Considère-toi toujours comme un écolier. Ne pense pas que tu es trop vieux pour apprendre, que ton âme est déjà telle qu'elle doit être et qu'elle ne peut être meilleure. Pour l'homme raisonnable, le cours des études n'est jamais terminé : il est élève jusqu'à la tombe.

7

Seul l'humble de cœur connaît la vérité. L'humilité ne provoque pas la jalousie.

Les arbres sont emportés par le torrent, les joncs restent.

Un sage a dit : « Mon enfant, ne t'attriste pas de n'avoir pas été apprécié, car personne ne peut te reprendre ce que tu as fait, ou te donner ce que tu n'as pas fait. L'homme raisonnable se contente du respect qu'il mérite.

« Sois aimable, respectueux, affable, soucieux du profit des autres, et le bonheur viendra à toi tout aussi naturellement que l'eau descend dans les vallées. »

Vichnou hindou.

VI. — *Conséquences de l'orgueil.*

1

L'homme sans humilité blâme toujours les autres ; il ne voit que les fautes des hommes, pendant que ses passions et ses vices à lui se développent de plus en plus.

Sagesse bouddhiste.

2

L'homme non éclairé par le christianisme n'aime que lui. Et en n'aimant que lui, un tel homme veut être grand, et il se voit petit ; il veut être heureux, et il se voit misérable ; il veut être parfait, et il se voit plein d'imperfections. Et en voyant tout cela, l'homme commence à détester la vérité et à imaginer des arguments d'après lesquels il résulterait qu'il est précisément ce qu'il voudrait être, et il devient à ses yeux grand, heureux et parfait. Il y a là un double péché d'orgueil et de mensonge. Le mensonge vient de l'orgueil, et l'orgueil vient du mensonge.

D'après Pascal.

3

Qui ne hait en soi son amour-propre et cet instinct qui le porte à se faire Dieu est bien aveuglé. Qui ne voit pas que rien n'est si opposé à la justice et à la vérité ? Car il est faux que nous méritions cela, et il est injuste et mpossible d'y arriver, puisque tous demandent la même chose.

PASCAL.

4

Il y a toujours une tâche sombre sur notre soleil : s'est l'ombre qui tombe de la considération que nous avons pour notre personne.

CARLYLE.

VII. — *L'Humilité donne à l'homme le bonheur spirituel et la force de lutter contre les tentations.*

1

Rien n'est aussi profitable à l'âme que l'humiliation acceptée avec joie. Elle rafraîchit l'âme comme une chaude pluie après le soleil ardent de la fatuité.

2

La porte d'entrée du temple de la vérité et du bonheur est basse. Seule ceux qui se baisseront pourront y entrer. Et heureux seront ceux qui pourront passer cette porte. Le temple est vaste et libre, et tous les gens qui s'y trouvent s'aiment les uns les autres, s'entr'aident et ne connaissent point de chagrin.

Ce temple est la vraie vie des hommes. La porte du temple, c'est la doctrine de la sagesse. Et la sagesse est donnée aux humbles, à ceux qui ne s'élèvent pas, mais qui se diminuent.

3

La joie parfaite, selon les paroles de saint François d'Assise, consiste à supporter le reproche non mérité, même une souffrance corporelle, sans éprouver d'inimitié envers la cause du reproche ou de la souffrance. Cette joie est parfaite parce qu'aucune offense, aucune injure et aucun reproche ne peuvent la compromettre.

4

« Quiconque s'élève sera abaissé, et quiconque s'abaisse sera élevé. »

Luc, xiv, 11.

5

Le plus faible en ce monde vainc le plus fort ; le bas et l'humble vainc le grand et le fier. Un très petit nombre de gens comprennent toute la force de l'humilité.

Lao-Tseu.

6

Il n'y a rien de plus tendre et de plus conciliant que l'eau, et cependant, en attaquant les choses solides et dures, rien n'est plus fort qu'elle. Le faible vainc le fort. Le délicat vainc le cruel. L'humble vainc le fier. Tout le monde le sait, mais personne ne veut agir selon cette loi.

Lao-Tseu.

7

Si les rivières et les mers dominent toutes les vallées qu'elles traversent, c'est parce qu'elles sont plus basses.

C'est pourquoi, si un saint homme veut être au-dessus du peuple, il doit tâcher d'être au-dessous de lui. S'il veut le gouverner, il doit être derrière lui.

Par conséquent, si un saint homme vit au-dessus du peuple, le peuple ne le sent pas. Il est au-devant du peuple, mais le peuple n'en souffre pas. C'est pourquoi le monde ne cesse de le louer. Le saint homme ne discute avec personne, et personne ne discute avec lui.

Lao-Tseu.

8

L'eau est légère, liquide et peu résistante, mais lorsqu'elle attaque quelque chose de solide, de dure et de résistant, rien ne peut lutter contre elle : elle emporte des maisons, joue avec d'énormes bateaux comme avec des copeaux, creuse la terre. L'air est encore moins dense, plus doux et moins résistant que l'eau, mais il est plus fort encore lorsqu'il attaque des choses dures, fermes et solides. Il arrache les arbres avec leurs racines, démolit les maisons, gonfle l'eau en vagues énormes et chasse l'eau dans les nuages. Le tendre, le doux et le liquide vainc le dur, le ferme et le résistant.

Il en est de même dans la vie des hommes. Si tu veux être vainqueur, sois tendre, doux et condescendant.

CHAPITRE XXVI

LA VÉRACITÉ

Les superstitions empêchent de se bien conduire. On ne peut s'en débarrasser que par la sincérité, et cela non seulement envers les autres, mais encore envers soi-même.

I. — *Comment on doit se comporter envers les opinions et les coutumes établies.*

1

Le moyen habituel employé pour nier l'existence de Dieu est de reconnaître l'opinion publique comme incontestablement juste et de n'attacher aucune importance à la voix de Dieu que nous entendons constamment en notre âme.

John Ruskin.

2

Quand même le monde entier reconnaîtrait la véracité d'une doctrine, quand même elle serait ancienne, l'homme doit la contrôler par sa raison et la rejeter hardiment, si elle ne s'accorde pas avec les exigences de sa raison.

3

« Vous connaîtrez la vérité, et la vérité vous affranchira. »

Jean, viii, 32.

4

Celui qui veut devenir vraiment un homme doit abandonner la préoccupation de plaire au monde ; celui qui veut vivre d'une vie juste ne doit pas se conformer à ce qu'il est d'usage de considérer comme bien ; il n'a qu'à chercher scrupuleusement où est véritablement le bien. Il n'y a rien de plus sacré et de plus fécond que la curiosité d'une âme indépendante.

Émerson.

5

La tendance de croire à ce que l'on nous présente comme vérité renferme le bien comme le mal. C'est précisément cette tendance qui rend possible la marche progressive de la société, et c'est elle encore qui rend cette marche si lente et pénible : chaque génération hérite, grâce à elle, sans effort, des connaissances acquises à grande peine par ceux qui ont vécu avant, et c'est grâce à elle que chaque génération se trouve esclave des fautes et des erreurs de la précédente.

Henry George.

6

Plus l'homme vit, plus il se libère des superstitions.

7

Croire que tout ce qui nous est avantageux et agréable est vrai, est une qualité naturelle tant aux enfants qu'à l'humanité en bas âge. Plus l'homme et l'humanité avancent en âge, et plus leur raison s'éclaircit, devient ferme, plus ils se libèrent de la conception erronée d'après laquelle tout ce qui est avantageux à l'homme est vrai. C'est pourquoi, à mesure qu'ils avancent dans la vie, l'homme et l'humanité doivent nécessairement examiner, par les efforts de leur raison et de la sagesse de ceux qui ont vécu avant eux, si les principes, acceptés sur foi, sont vrais.

8

Chaque vérité exprimée par les paroles est une force dont l'action est infinie.

II. — *Le mensonge, ses causes et ses conséquences.*

1

Ne pense pas que l'on doive dire et créer la vérité uniquement dans les cas graves. On doit toujours le faire, même dans les questions les plus futiles. Il ne s'agit pas du grand ou du petit mal qui sera causé par ton mensonge, il importe que tu ne te souilles jamais par le mensonge.

2

Tous, nous aimons mieux la vérité que le mensonge ; mais lorsqu'il s'agit de notre vie, nous préférons souvent le mensonge à la vérité, parce que le mensonge justifie notre mauvaise vie, tandis que la vérité la dénonce.

3

Chaque vérité qui pénètre dans la conscience des hommes et remplace une ancienne erreur arrive à un moment où l'erreur est claire et la vérité évidente. Mais les gens qui profitent de cette erreur ou qui y sont habitués s'efforcent de la maintenir. Dans ces moments-là, il est tout particulièrement important de proclamer hardiment la vérité.

4

Si l'on vous dit qu'il ne faut pas chercher la vérité partout, parce qu'on ne trouve jamais toute la vérité, ne le croyez pas. Ceux qui parlent ainsi sont vos plus redoutables ennemis, comme ils sont ceux de la vérité.

Ils le disent parce qu'ils ne vivent pas selon la vérité, parce qu'ils le savent et qu'ils veulent que les autres vivent comme eux.

5

Si tu veux connaître la vérité, débarrasse-toi, du moins pour le temps que tu la cherches, de toutes les considérations sur les avantages que tu pourrais tirer de telle ou telle autre décision.

6

On est joyeux lorsqu'on découvre le mensonge des autres et qu'on le dénonce. Mais combien on est plus heureux encore lorsqu'on se surprend soi-même ayant menti et que l'on s'accuse. Tâche de t'offrir ce plaisir aussi souvent que possible.

7

Bien que le mensonge et toutes ses séductions soient très tentantes, il arrive un temps où l'homme se sent tellement tourmenté par le mensonge, que pour fuir le désordre moral qu'engendre toujours le mensonge, il s'adresse à la vérité et trouve le salut en elle seule.

8

L'amère expérience nous montre qu'on ne peut conserver les anciennes conditions de vie, et que, par conséquent, il faut en rechercher des nouvelles, celles qui puissent répondre aux temps nouveaux. Mais au lieu d'employer leur temps à chercher et à instituer ces nouvelles conditions, les hommes emploient leur raison à rechercher des moyens de conserver les anciennes conditions de vie qui existent depuis des centaines d'années.

9

Le mensonge nous cache Dieu en nous-mêmes et chez les autres hommes ; c'est pourquoi, il n'y a rien de plus cher que la vérité qui nous ramène à l'amour de Dieu et de notre prochain.

10

Il n'y a pas de plus grand malheur que lorsque l'homme commence à craindre la vérité, parce qu'elle lui cache combien il est mauvais.

Pascal.

11

Le meilleur signe de la vérité est la simplicité et la clarté. Le mensonge est toujours compliqué, affecté et grandiloquent.

12

On peut être solitaire dans un milieu privé et temporaire ; mais chacune de nos pensées et chacune de nos sensations trouve, a trouvé et trouvera un retentissement dans l'humanité. Pour certaines personnes, que la majorité de l'humanité reconnaît pour ses chefs, ses réformateurs, ses éducateurs, ce retentissement est immense et il résonne avec une force extrême ; mais il n'y a pas d'homme dont les idées ne produiraient pas sur les autres le même effet, bien que moins apparent. Chaque manifestation sincère de l'âme, chaque déclaration d'une conviction personnelle servent à quelqu'un ou à quelque chose, même si nous n'en savons rien, même si on nous ferme la bouche, ou qu'on nous jette un nœud coulant sur le cou. Un mot dit à quelqu'un conserve un effet indestructible ; comme tout mouvement, il ne disparaît jamais, mais prend d'autres aspects.

Amiel.

III. — *Sur quoi repose la superstition.*

1

Plus les objets, les coutumes, les lois sont entourés de considération, plus on doit examiner attentivement leur droit à la considération.

2

Bien des vérités anciennes nous semblent probables uniquement parce que nous n'y avons jamais songé sérieusement.

Edouard Rod.

3

La raison est la chose la plus sacrée au monde ; c'est pourquoi c'est un très grand péché que d'abuser de la raison, de l'employer à cacher ou à déguiser la vérité.

4

En feuilletant l'histoire de l'humanité, nous remarquons constamment que les inepties les plus évidentes passaient auprès des gens pour des vérités incontestables, que des nations entières devenaient la proie de superstitions sauvages et s'humiliaient devant des mortels qui étaient leurs pareils, souvent devant des idiots et des voluptueux. Et la cause de ces inepties et souffrances humaines était toujours la même : la croyance à des choses qui paraîtraient déraisonnables même à un enfant.

D'après Henry George.

5

Notre siècle est un vrai siècle de critique. Tout ce qui est cru est vérifié par la critique.

La raison n'a de la considération que pour ce qui est en état de supporter son épreuve libre et universelle.

Kant.

6

On ne doit pas craindre les dévastations commises par la raison dans les légendes admises par les hommes. La raison ne peut rien détruire sans y mettre de la vérité. Telle est sa qualité.

IV. — *Les superstitions religieuses.*

1

C'est mal quand les hommes ne connaissent pas Dieu ; mais c'est bien pis lorsque les hommes reconnaissent comme Dieu ce qui n'est pas Dieu.

Lactance.

2

Nous n'avons plus de religions. Les lois éternelles de Dieu, avec leur paradis et leur enfer, se sont tranformées en règles de philosophie pratique, fondées sur d'habiles calculs de profits et de pertes, avec un faible reste de respect pour les joies apportées par la vertu et la moralité élevée. Pour parler comme nos ancêtres, « nous avons oublié Dieu », et en nous servant de l'expression contemporaine, nous devons dire que nous comprenons faussement la vie du monde. Nous fermons tranquillement les yeux et ne voulons pas voir la réalité éternelle des choses, nous ne regardons que leur aspect trompeur.

Nous considérons tranquillement l'univers comme une grande éventualité incompréhensible ; à son aspect extérieur, nous nous le représentons assez nettement comme un immense pré pour les bêtes, ou une maison de travail, de vastes cuisines avec des tables à manger, où seuls les gens raisonnables peuvent trouver une place.

Oui, nous n'avons pas de Dieu. Les lois de Dieu sont remplacées par le principe du plus grand profit possible.

Carlyle.

3

Dieu nous a donné Son esprit, Sa raison, pour que nous le servions ; et nous employons cet esprit pour nous servir nous-mêmes.

4

« Gardez-vous des docteurs qui se plaisent à se promener en longues robes, et qui aiment les salutations dans les places et les premiers sièges dans les synagogues, et les premières places dans les festins, qui dévorent les maisons des veuves, tout en affectant de faire de longues prières ; ils encourront une plus grande condamnation. »

Luc, xx, 46-47.

5

« Mais vous, ne vous faites point appeler Maître ; car vous n'avez qu'un Maître, le Christ, et pour vous, vous êtes tous frères. Et n'appelez personne sur la terre votre père, car vous n'avez qu'un seul Père, Celui qui est dans les cieux. Et ne vous faites point appeler docteur ; car vous n'avez qu'un seul Docteur : Le Christ. »

Matth., xxiii, 8-10.

6

Pourquoi adorer Dieu si l'âme n'est pas pure ? Pourquoi dire : j'irai à Benarès (1). Comment celui qui fait le mal peut-il atteindre le vrai Benarès ?

La sainteté n'est pas dans les forêts, ni au ciel, ni sur la terre, ni dans les fleuves sacrés. Purifie-toi, et tu verras Dieu. Transforme ton corps en temple, abandonne les mauvaises pensées et contemple Dieu de l'œil de ta conscience. Lorsque nous Le connaissons, nous nous connaissons nous-mêmes. Sans expérience personnelle, l'écriture seule ne détruira pas nos craintes, — de même que les ténèbres ne s'éclaireront pas par un feu peint. Quelles que soient ta religion et les prières, tant que tu n'as pas la vérité, tu n'atteindras pas le chemin du bonheur. Celui qui conçoit la vérité, naît à nouveau.

La source du vrai bonheur, c'est le cœur ; celui qui cherche le bonheur ailleurs est un insensé. Il est pareil au pâtre qui cherche la brebis qu'il a cachée sur sa poitrine.

Pourquoi ramassez-vous des pierres et construisez-vous de grands temples ? Pourquoi vous tourmentez-vous ainsi, alors que Dieu habite toujours en vous-même ?

Un chien de garde est meilleur qu'une idole sans vie dans la maison, et le grand Dieu de l'univers est meilleur que tous les demi-dieux.

La lumière qui, comme l'étoile du matin, vit dans le cœur de chaque homme, est notre refuge.

Vemana.

(1) Ville sainte des Hindous. (*Note de l'auteur*).

7

Combien il est étonnant que, de toutes les révélations suprêmes de la vérité, le monde n'accepte et ne tolère que les plus anciennes, celles qui ne répondent plus à notre époque, tandis qu'il considère chaque révélation directe, chaque pensée originale comme nulles et parfois les haït.

THOREAU.

8

La conscience religieuse de l'homme n'est pas immuable : elle se transforme constamment, s'éclaircit et se purifie de plus en plus.

9

Le mal de la vie ne peut être corrigé par rien d'autre que par la démonstration du mensonge religieux et par l'établissement de la vérité religieuse par chaque homme pris individuellement.

V. — *Le principe raisonnable de l'homme.*

1

Qu'est-ce que la raison ? Tout ce que nous établissons, nous l'établissons toujours par la raison. Or, par quoi établirons-nous la raison.

Si nous avons tout établi par la raison, nous ne pouvons, par cela même, établir la raison. Mais non seulement nous connaissons tous la raison, mais encore il n'y a qu'elle seule que nous connaissons indubitablement et tous au même degré.

2

Nous devons avoir confiance en notre raison. C'est une

vérité qu'il ne faut pas et que l'on ne doit pas cacher. La foi en la force de la raison est la base de toute autre foi. On ne peut croire en Dieu si nous diminuons l'importance de la faculté à l'aide de laquelle nous connaissons Dieu. La raison est précisément la seule faculté à laquelle la révélation s'adresse. La révélation ne peut être comprise que par la raison. Si, après avoir utilisé consciencieusement et impartialement nos meilleures facultés, certaine doctrine nous semble contradictoire et en désaccord avec les principes essentiels dont nous ne doutons pas, nous devons incontestablement nous abstenir de croire à cette doctrine. Je suis plus persuadé que ma nature raisonnable est Dieu, plutôt qu'un livre ne soit l'expression de sa volonté.

Channing.

3

La raison révèle à l'homme le sens et la signification de sa vie.

4

La raison n'est pas donnée à l'homme pour apprendre à aimer Dieu et son prochain. Cette connaissance est dans le cœur de l'homme, indépendamment de sa raison. La raison est donnée à l'homme pour lui indiquer où est le mensonge et où est la vérité. Et il suffit à l'homme de rejeter le mensonge, pour apprendre tout ce qu'il lui faut.

5

Les erreurs et les désaccords entre hommes dans les recherches et l'adoption de la vérité viennent uniquement de leur défiance de la raison ; il en résulte que la vie humaine, guidée par les usages, les traditions, les modes, les superstitions, les préjugés, la violence, par tout ce que l'on veut, sauf la raison, va à l'aventure, et la raison existe par elle-même. Souvent il arrive également que si la réflexion est utilisée à quelque chose, ce n'est pas à chercher et à propager la vérité, mais pour justifier et maintenir, malgré et contre tout, les usages, les traditions, les modes, les superstitions, les préjugés.

Les erreurs et les désaccords des hommes à reconnaître l'unique vérité ne viennent pas de ce que la raison n'est pas la même chez tous les hommes ou parce qu'elle ne peut pas leur démontrer la même vérité, mais parce qu'ils ne croient pas à la raison.

S'ils avaient foi en leur raison, ils auraient trouvé moyen de comparer les jugements de leur raison avec ceux des autres. Et ayant trouvé ce moyen de vérification mutuelle, ils se seraient persuadés que la raison est la même chez tous, et ils se seraient soumis à ses volontés.

Th. Strakhov (1).

6

Autant que l'homme est véridique, autant il est divin ; l'invincibilité, l'immortalité, la grandeur de la divinité entrent en l'homme avec sa véracité.

Emerson.

7

Souviens-toi que la raison, ayant la faculté de vivre par elle-même, te donne la liberté, si tu ne l'emploies pas à servir ton corps. L'âme humaine, éclairée par la raison, est libre de passions qui cachent la lumière ; elle constitue une véritable forteresse, et l'homme n'a pas de refuge plus sûr et moins accessible au mal. Celui qui ne

---

(1) Philosophe et critique russe, ami de Tolstoï, mais ne partageant que partiellement ses opinions. (*Note du trad.*).

ne sait pas, est aveugle, et celui qui, tout en le sachant, ne croit pas à sa raison, est réellement malheureux.

Marc-Aurèle.

8

L'un des devoirs principaux de l'homme consiste à faire briller dans toute sa force le clair principe de la raison que nous recevons du Ciel.

Sagesse chinoise.

9

Je glorifie le christianisme parce qu'il développe, augmente et élève ma nature raisonnable. Si je ne pouvais conserver la raison en étant chrétien, j'aurais renoncé au christianisme. Je sens que mon devoir est de sacrifier au christianisme mon bien, ma gloire, ma vie ; mais je ne saurais sacrifier à aucune religion la raison qui m'élève au-dessus de la bête et fait de moi un homme. Je ne connais pas de pire sacrilège que de renoncer à la plus haute faculté que l'on tient de Dieu. En agissant ainsi, nous nous opposons sciemment à l'élément divin qui vit en nous. La raison est l'expression suprême de notre nature intelligente. Elle correspond à l'unité de Dieu et à celle de l'univers et tend à faire de l'âme le miroir de l'unité suprême.

Channing.

10

L'homme qui ne saurait pas que ses yeux peuvent voir et qui ne les ouvrirait jamais, serait très misérable. Mais l'homme qui ne comprend pas que la raison lui est donnée pour supporter facilement toutes les peines, est plus misérable encore. Grâce à la raison, nous pouvons venir à bout de tous les ennuis. L'homme qui raisonne, ne rencontrera pas dans la vie des ennuis impossibles à supporter ; ils n'existent pas pour lui. Et cependant, combien souvent, au lieu de regarder un ennui en face, nous tâchons lâchement de l'éviter. Ne serait-il pas préférable de nous réjouir que Dieu nous ait donné le pouvoir de ne pas nous chagriner de ce qui nous arrive indépendamment de notre volonté, et de le remercier de ce qu'Il n'a subordonné notre âme qu'à ce qui dépend de nous-mêmes. Il n'a pourtant pas subordonné notre âme à nos parents, ni à nos frères, ni à la richesse, ni à notre corps, ni à la mort. Etant bon, Il ne l'a soumis qu'à ce qui dépend de nous-mêmes : à notre raison.

ÉPICTÈTE.

11

Dieu nous a donné la raison pour que nous Le servions. C'est pourquoi nous devons veiller à sa pureté, afin qu'elle puisse toujours reconnaître le bien et le mal.

12

L'homme n'est libre que lorsqu'il est dans la vérité ; et la vérité est révélée par la raison.

VI. — *La raison vérifie les principes de la foi.*

1

Lorsqu'un homme emploie sa raison à résoudre les questions de la cause de l'existence du monde et de la cause de sa vie dans ce monde, il sent une espèce de malaise, d'étourdissement. La raison humaine ne peut imaginer de réponses à ces questions. Qu'est-ce que cela veut dire ? Cela signifie que la raison n'est pas donnée à l'homme pour répondre à ces questions, et que c'est une erreur de la raison que de l'espérer. La raison ne résout qu'une question : « Comment vivre ? » Et la réponse est claire : « Il faut vivre de façon à ce que je me sente bien et que les autres hommes se sentent bien. Tout ce qui vit en a autant besoin que moi. Et la possibilité en est donnée à tout ce qui vit et à moi par la raison que je possède. » Cette solution exclut toutes les questions : le comment et le pourquoi.

2

« N'avons-nous pas raison ? Il faut que le peuple reste dans le mensonge : voyez comme il est peu éveillé et sauvage ! »

Non, il est peu éveillé et sauvage parce qu'il est grossièrement trompé. C'est pourquoi cessez tout d'abord de le tromper.

3

Si Dieu, en tant qu'objet de notre foi, est au-dessus de notre compréhension et si nous ne pouvons le concevoir par la raison, cela ne prouve pas encore que nous devions négliger les fonctions de la raison en les considérant comme nuisibles.

Bien que les objets de notre foi soient, sans aucun doute, au-dessus du niveau de notre compréhension, notre raison a cependant une si grande importance à leur égard, que nous ne pouvons absolument pas nous en passer. Elle semble remplir les fonctions de censeur qui, — tout en admettant, dans le domaine de la foi, la vérité qui est au-dessus de la raison, c'est-à-dire, la vérité métaphysique, — nie toute vérité imaginaire qui est contraire à la raison.

Mais en dehors de cette œuvre positive, la raison accomplit également l'œuvre négative de libération de l'homme, des péchés, des tentations (justification des péchés) et des superstitions.

Th. Strakhov.

4

Sois ton propre flambeau. Sois le refuge. Laisse-toi guider par la lumière de ton flambeau et ne cherche pas autre refuge.

La Southa bouddhiste.

5

« Pendant que vous avez la lumière, croyez en la lumière, afin que vous soyez les enfants de lumière. »

Jean, xii, 36.

Loin de comprimer la raison, comme le conseillent les faux docteurs, il faut la purifier, l'exercer, en contrôler tout ce qu'on vous soumet, afin de découvrir la véritable religion.

CHAPITRE XXVII

DU MAL

Nous appelons mal tout ce qui trouble le bonheur de notre vie corporelle. Et pourtant, toute notre vie n'est qu'une libération graduelle de notre âme, de ce qui constitue le bonheur de notre corps. C'est pourquoi, pour celui qui comprend la vie telle qu'elle est, en réalité, le mal n'existe pas.

I. — *Ce que nous appelons la souffrance est la condition inévitable de la vie.*

1

C'est un bien pour l'homme que de supporter les malheurs de cette vie terrestre, car cela conduit au saint isolement du cœur, et on s'y trouve comme un exilé de son pays natal et obligé de ne se fier à aucune joie terrestre. Il est également bon pour l'homme de se heurter à des contradictions et des reproches, lorsque l'on pense et que l'on parle mal de lui, bien que ses intentions soient pures et ses actes justes ; car cette manière d'agir le maintient dans l'humilité et est un contre-poison de la vaine gloire. Et c'est tout particulièrement un bien parce que nous pouvons nous entretenir, avec le témoin qui est en nous, qui est Dieu, nous entretenir, alors que le monde nous méprise, nous manque de respect et nous prive d'amour.

Thomas a Kempis (1).

2

Si quelque divinité nous avait offert, à nous, hommes, de supprimer tous nos chagrins, avec toutes leurs causes, nous serions, de prime abord, très tentés d'accepter cette proposition. Lorsque le dur travail et la misère nous écrasent, lorsque la douleur nous mine, lorsque l'anxiété étreint notre cœur, il nous semble qu'il n'y aurait rien de meilleur que de vivre sans travailler, dans le calme, l'aisance et la paix. Mais après avoir goûté à une telle vie, je pense que nous aurions bientôt demandé à la divinité de nous rendre notre vie ancienne, avec toutes ses peines, ses misères, ses chagrins et ses dangers. La vie, exempte de tout chagrin et de toute crainte, nous semblerait bientôt non seulement peu intéressante, mais encore intolérable. Car, avec les causes de nos peines, tous les obstacles, tous les dangers et tous les échecs auraient disparu, supprimant avec eux la tension de nos forces, le zèle, l'excitation du risque, les efforts de la lutte et les joies de la victoire. Il ne resterait que l'accomplissement facile du but, la réussite sans résistance. Nous en serions bientôt ennuyés comme d'un jeu où nous savons d'avance que nous gagnerons à chaque coup.

Fr. Paulsen (2).

---

(1) Ou Thomas Hemerken, auteur présumé de *l'Imitation de Jésus-Christ*. (*Note du trad.*).

(2) Philosophe allemand, de tendance néo-kantienne, professeur à l'Université de Berlin. (*N. du trad.*).

II. — *Les souffrances éveillent l'homme à la vie spirituelle.*

1

L'homme est l'esprit de Dieu enfermé dans un corps. Au début de la vie, l'homme ne le sait pas et croit que sa vie est dans son corps. Mais plus il avance, plus il apprend que la vraie vie est dans l'esprit et non dans le corps. Toute l'existence de l'homme consiste à l'apprendre de mieux en mieux. Et cette connaissance nous est donnée plus facilement et plus sûrement par les souffrances corporelles qui rendent notre vie telle qu'elle doit être, c'est-à-dire spirituelle.

2

La croissance physique sert à préparer les provisions pour la croissance spirituelle, qui commence lorsque le corps décline.

3

L'homme vit pour son corps qui dit : tout est mal. L'homme vit pour son âme qui dit : ce n'est pas vrai, tout est bien. Ce que tu crois mauvais est précisément la meule sans laquelle ce qu'il y a de plus précieux en toi serait émoussé et rouillé : ton âme.

4

Tous les malheurs — ceux des individus comme ceux de l'humanité entière — conduisent l'humanité et les hommes, bien que par des chemins détournés, à l'unique but qui est donné à tous les hommes : à la manifestation de plus en plus grande de l'élément spirituel, par chaque homme séparé comme par toute l'humanité.

5

« Car je suis descendu du Ciel pour faire non pas ma volonté, mais la volonté de Celui qui m'a envoyé. Or, la volonté du Père qui m'a envoyé est que je ne perde rien de ce qu'il m'a donné, » dit Jean (vi, 28-39), autrement dit, il est commandé de conserver, de cultiver, d'amener au plus haut degré possible l'étincelle divine qui m'est donnée, qui m'est confiée, comme un enfant à sa bonne. Que faut-il pour accomplir cela ? Non pas satisfaire nos désirs charnels, celui de la gloire ; non la vie tranquille, mais, au contraire, l'abstinence, l'humilité, le travail, la lutte, les privations, les persécutions, tout ce qui est dit tant de fois dans l'Evangile. Et c'est précisément ce dont nous avons besoin qui nous est envoyé sous diverses formes, en grandes et en petites mesures. Sachons seulement l'accepter comme il convient, comme une épreuve dont nous avons besoin et qui donne la joie, et non comme quelque chose d'ennuyeux qui trouble notre existence bestiale, et celle que nous croyons être la vraie et dont l'accroissement d'intensité nous apparaît comme un bonheur.

6

« Si l'homme pouvait ne pas craindre la mort et ne pas y penser, les souffrances affreuses, inutiles, injustifiables et inévitables suffiraient à enlever tout sens raisonnable attribué à la vie », disent les hommes.

Je m'emploie à une bonne œuvre, incontestablement utile aux autres, et brusquement la maladie interrompt mon travail, me fait souffrir sans raison. La vis d'un rail se rouille, et il faut que ce soit précisément le jour même qu'il saute, qu'une excellente mère se trouve dans le wagon et que ses enfants soient écrasés devant elle. Il faut que le tremblement de terre se produise juste à l'endroit où se trouve Lisbonne ou Verny, et que des innocents soient ensevelis sous la terre et périssent dans d'affreux tourments. Pourquoi les milliers d'autres accidents affreux, ineptes, tant de souffrances qui frappent les hommes? Quel sens à cela?

La réponse est que ces raisonnements sont absolument justes pour ceux qui ne reconnaissent pas la vie spirituelle. Pour eux, la vie humaine n'a réellement aucun sens. La vie de ceux qui n'admettent pas de vie spirituelle ne saurait, en effet, qu'être insensée et malheureuse. Et s'ils déduisaient tout ce qui découle inévitablement de leur conception matérielle de la vie, ils ne pourraient vivre un instant de plus. Car aucun ouvrier ne serait resté chez un patron qui, en l'engageant, aurait exigé le droit de brûler, toutes les fois qu'il en aurait envie, cet ouvrier sur un feu lent, ou bien de l'écorcher vif, de le soumettre à toutes les horreurs que le patron ferait subir à ses ouvriers, en présence de celui qu'il engage. Si les hommes comprenaient réellement la vie, comme ils le disent, c'est-à-dire uniquement comme une existence matérielle, nul parmi eux, par la seule crainte des affreux et inexplicables tortures qu'il voit autour de lui et qui peuvent l'assaillir à tout instant, ne continuerait à vivre sur la terre.

Pourtant, les hommes vivent, se plaignent, se lamentent, mais continuent à vivre.

Il n'y a qu'une seule explication à cette étrange contradiction : c'est que tous les hommes savent, dans leur for intérieur, que leur vie n'est pas dans leur corps, mais dans leur âme, et que toutes les souffrances sont nécessaires, indispensables pour le bien de la vie spirituelle ; quand, ne voyant aucun sens à la vie humaine, ils se révoltent contre les souffrances, mais continuent néanmoins à vivre, cela tient uniquement à ce que leur raison affirme la matérialité de leur vie, tandis qu'ils sentent, au fond de leur âme, qu'elle est spirituelle et qu'aucune souffrance ne peut priver l'homme de son vrai bonheur.

III. — *Les souffrances apprennent à l'homme à considérer la vie au point de vue raisonnable.*

1

Tout ce que nous appelons mal, toute peine, à condition de l'envisager comme il convient, améliore notre âme. Et toute l'œuvre de la vie consiste en cette amélioration.

« En vérité, en vérité, je vous dis que vous pleurerez et vous vous lamenterez, et le monde se réjouira ; vous serez dans la tristesse, mais votre tristesse sera changée en joie. Quand une femme accouche, elle a des douleurs parce que son terme est venu ; mais dès qu'elle a accouché d'un enfant, elle ne se souvient plus de son travail, à cause de sa joie de ce qu'un homme est né dans le monde. »

Jean, xvi, 20-21.

2

Les souffrances de la vie déraisonnable amènent à reconnaître la nécessité d'une vie raisonnable.

3

De même que seuls les ténèbres de la nuit révèlent les astres célestes, seules les souffrances révèlent la vraie signification de la vie.

Thoreau.

4

Les obstacles extérieurs ne font pas de mal à l'homme d'esprit fort, car le mal est tout ce qui défigure ou affaiblit, comme cela est le cas pour les animaux que les obstacles irritent ou affaiblissent ; mais pour l'homme qui les accueille avec la force d'esprit qui lui est donnée, tout obstacle ne peut qu'augmenter sa beauté morale et sa force.

Marc-Aurèle.

5

Seulement après avoir éprouvé la souffrance, j'ai appris la parenté des âmes humaines entre elles. Il suffit de bien souffrir soi-même pour savoir comprendre tous ceux qui souffrent. Bien plus : la raison même devient plus lucide ; on commence à connaître la situation et la carrière des gens qui s'étaient cachés jusque-là, et l'on aperçoit nettement ce dont chacun a besoin. Grand est le Dieu qui nous instruit ainsi ! Et par quoi nous instruit-il ? Par les misères mêmes que nous fuyons. C'est par les souffrances et les peines qu'il nous est donné d'acquérir les petites parcelles de sagesse, de celle qui ne s'apprend pas dans les livres.

Gogol.

6

Si Dieu nous donnait des éducateurs et si nous savions sûrement qu'ils nous sont envoyés par Dieu, nous leur obéirions librement avec joie.

Et nous possédons bien ces éducateurs : ce sont la misère et tous les accidents de la vie.

Pascal.

7

Tout ce que la Providence envoie à tout être vivant lui

non seulement utile, mais encore utile au moment où Providence le lui envoie.

Marc-Aurèle.

8

L'homme qui ne reconnaît pas la bienfaisance des souffrances, n'a pas encore commencé à vivre de la vie rainnable, c'est-à-dire de la vraie vie.

— Les maladies n'entravent pas la vraie vie, mais y aident.

1

Rien qu'en voyant combien sont faibles et souvent mauvais ceux à qui tout réussit dans la vie, qui se portent toujours bien, qui sont riches, qui ne connaissent ni les offenses, ni les humiliations, on voit combien les épreuves sont indispensables à l'homme. Et nous nous plaignons de devoir les supporter !

2

Il n'est point de maladie qui puisse empêcher l'accomplissement du devoir. Si tu ne peux pas servir les hommes par tes travaux, sers-les par l'exemple de patience et d'amour.

3

Il y a une histoire où l'on conte qu'un homme a été puni, à cause de ses péchés, par l'impossibilité de mourir. On peut dire sûrement que si l'homme avait été puni par l'impossibilité de souffrir, la punition aurait été tout aussi pénible.

4

Ce n'est pas bien de cacher à un malade qu'il peut mourir de sa maladie. Il faut, au contraire, le lui rappeler. En le lui cachant, nous le privons du bienfait que lui donne la maladie ; elle évoque en lui, par la conscience de la mort prochaine, la conscience de la vie spirituelle.

5

Le feu détruit et chauffe. Il en est de même de la maladie. Lorsque, bien portant, nous tâchons de bien vivre, nous le faisons avec difficulté ; durant la maladie, au contraire, tout le poids des tentations mondaines disparaît, on se sent brusquement libre, et l'on est même effrayé de penser — tout le monde l'a éprouvé — qu'aussitôt la maladie passée, ce poids retombe sur vous de toute sa force.

6

Plus l'homme souffre physiquement, mieux il se sent moralement. C'est pourquoi l'homme ne peut pas être malheureux. Le spirituel et le corporel sont comme deux fléaux d'une balance : plus le corporel est lourd, plus le spirituel s'élève, plus l'âme est bien, et *vice versa*.

7

« La décrépitude, la sensibilité marquent l'évanouissement de la conscience et de la vie de l'homme », dit-on souvent.

Je me représente, d'après la légende, le vieux Jean Théologue, tombé dans l'enfance. Il n'aurait fait que répéter : « Mes frères, aimez-vous les uns les autres. »

Un petit vieillard centenaire, marchant avec peine, aux yeux larmoyants, marmottant toujours les mêmes trois mots : aimez-vous tous. Dans un tel homme, l'existence animale est presque imperceptible ; elle s'est désagrégée sous l'action de la nouvelle conception du monde, du nouvel être qui n'a plus rien de charnel.

Un homme, comprenant la vie comme elle doit être comprise en réalité, ne saurait parler de l'amoindrissement de sa vie par les maladies et la vieillesse ; ce serait se lamenter du fait qu'en s'approchant de la lumière, son ombre diminue à mesure qu'il avance.

V. — *Ce que nous appelons le mal, ce sont nos fautes.*

1

Le mal est uniquement en nous, c'est-à-dire d'un endroit d'où l'on peut le chasser.

2

Souvent un homme superficiel, en songeant aux malheurs qui affligent le genre humain, perd l'espoir dans la possibilité de l'amélioration de la vie, et se sent mécontent de la Providence qui dirige le monde. Il y a là une grande erreur. Être satisfait de la Providence (bien qu'elle nous ait tracé le chemin le plus difficile dans la vie) est essentiellement important pour ne pas perdre courage au milieu de nos malheurs, mais surtout pour ne pas perdre de vue notre faute à nous, tout en n'en accusant pas le sort, cette faute étant la seule cause de tous nos malheurs.

D'après KANT.

3

L'homme peut éviter les malheurs que Dieu lui envoie, mais il ne peut être sauvé des malheurs qu'il cause lui-même par sa mauvaise vie.

VI. — *La conscience des bienfaits de la souffrance
supprime son poids.*

1

Que faire lorsque tout nous abandonne : la santé, la joie, l'affection, la fraîcheur des sens, la mémoire, la capacité du travail, lorsqu'il nous semble que le soleil devient froid et que la vie perd tous ses charmes ? Que faire quand nous n'avons plus aucun espoir ? Nous griser, ou nous pétrifier ? Il n'y a jamais qu'une seule réponse : vivre d'une vie spirituelle, croître sans cesse. Arrive ce que pourra, si ta conscience est tranquille, si tu sens que tu accomplis ce que ton être spirituel demande. Sois ce que tu dois être ; le reste est affaire de Dieu. Et quand même il n'y aurait pas de Dieu saint et charitable, la vie spirituelle serait, néanmoins, la solution du mystère et l'étoile polaire de l'humanité mouvante, car elle seule donne le vrai bonheur.

Amiel.

2

Sache seulement et crois que tout ce qui t'arrive te conduit vers ton vrai bonheur spirituel, et tu accueilleras la maladie, la misère, l'outrage ; tout ce que les hommes considèrent comme des malheurs, non comme des malheurs, mais comme nécessaires pour ton bien, de même que le cultivateur accueille la pluie qui le trempe, mais qui est nécessaire à son champ, comme le malade prend un médicament amer.

3

Souviens-toi que la faculté par laquelle se distingue un être raisonnable, c'est la soumission libre à son sort, et non la lutte honteuse contre lui, car cette lutte est le propre des bêtes.

MARC-AURÈLE.

4

Chacun a sa croix, son joug, non pas dans le sens du poids, mais dans le sens de la destinée de la vie, et lorsque nous ne considérons pas la croix comme un poids, mais comme une destinée, il nous est facile de la porter. Cela nous est facile lorsque nous sommes humbles de cœur, dociles et modestes. Et cela devient plus facile encore lorsque nous renonçons à nous-mêmes ; et cela est encore plus facile lorsque nous la portons à toutes les heures, comme nous l'enseigne le Christ. Et cela devient de plus en plus facile lorsque nous nous oublions dans le travail spirituel, de même que les gens s'oublient dans les travaux mondains. La croix qui nous est envoyée est ce à quoi nous devons travailler. Toute notre vie est dans ce travail. Si la croix est une maladie — il faut la porter avec humilité ; si c'est une offense faite par les gens — c'est de savoir payer le mal par le bien ; si c'est une humiliation, — c'est de s'abaisser ; si c'est la mort — c'est de l'accueillir avec gratitude.

5

Plus on repousse sa croix, plus elle devient lourde.

AMIEL.

6

La façon dont l'homme accueille son sort est incontestablement plus importante que le sort même.

HUMBOLDT.

7

Aucun chagrin n'est aussi grand que la crainte qu'on en a.

8

Si tu as un ennemi et que tu sais en profiter pour t'exercer sur lui à aimer tes ennemis, ce que tu considères comme mal deviendra pour toi un grand bien.

9

La maladie, la perte d'un membre, la déception cruelle, la perte des biens ou des amis semblent d'abord des pertes irréparables. Mais les années donnent à ces pertes une grande force curative.

Emerson.

10

A l'époque pénible des maladies, des pertes et de malheurs, la prière est plus nécessaire qu'à tout autre moment, — non pas la prière de nous épargner, mais de reconnaître notre dépendance de la volonté suprême. « Que Ta volonté soit faite et non la mienne, et non comme je le veux, mais comme Tu le veux. Ma mission est d'accomplir Ta volonté dans les conditions où tu m'as placé. » Dans les moments difficiles, il est on ne peut plus nécessaire de nous rappeler que si nous souffrons, cette souffrance nous est justement donnée afin que nous puissions montrer que nous voulons accomplir Sa volonté et non la nôtre.

VII. — *Les souffrances ne peuvent entraver l'accomplissement de la volonté de Dieu.*

1

L'homme n'est jamais plus près de Dieu que lorsqu'il est dans le malheur. Profitez-en pour ne pas perdre l'occasion de vous rapprocher de ce qui donne seul le bonheur constant.

2

Combien est juste l'ancien proverbe disant que Dieu envoie la souffrance à celui qu'Il aime. Pour celui qui y croit, la souffrance n'est pas une souffrance, mais un bonheur.

3

Il te suffit de te dire que la volonté de Dieu s'accomplit dans tout ce qui arrive, de croire que la volonté de Dieu est toujours le bien, et tu ne craindras plus rien, et la vie sera toujours un bonheur pour toi.

CHAPITRE XXVIII

DE LA MORT

Si l'homme croit que sa vie est dans son corps, sa vie s'achève avec la mort de son corps. Mais si l'homme considère que sa vie est dans son âme, il ne peut même pas se représenter la fin de sa vie.

I. — La vie de l'homme ne finit pas lorsque son corps meurt.

1

Toute la vie de l'homme, depuis sa naissance jusqu'à sa mort, ressemble à un jour de sa vie, depuis qu'il s'éveille et jusqu'à ce qu'il s'endorme.

Souviens-toi comment tu te réveilles après un sommeil profond, comment tu ne reconnais pas d'abord l'endroit où tu te trouves, comment tu ne reconnais pas celui qui est à ton chevet et qui te réveille ; comment tu ne veux pas te lever et qu'il te semble n'en avoir pas la force. Mais, peu à peu, tu reviens à toi, tu commences à comprendre ce que tu es et où tu te trouves, tu te lèves et tu te mets à l'ouvrage. Il en est de même, à très peu de choses près, de l'homme lorsqu'il naît et commence à entrer peu à peu dans la vie, à gagner des forces, à devenir raisonnable et à travailler.

La différence consiste en ce fait que les manifestations du sommeil se passent rapidement, tandis que celles de la croissance durent des mois, des années.

Ensuite, un jour ressemble également à la vie humaine tout entière. En s'éveillant, l'homme travaille, s'occupe, et plus la journée avance, plus il devient alerte. Arrivé au milieu de la journée, il ne se sent plus aussi robuste que le matin ; et vers le soir, il se fatigue de plus en plus et il a déjà envie de se reposer. Il en est de même de la vie entière.

Dans sa jeunesse, l'homme est alerte et il vit gaîment ; vers le milieu de sa vie, il n'est plus aussi robuste, et dans la vieillesse, il se sent fatigué et il a de plus en plus envie de repos. Et de même que la nuit arrive à la fin de la journée et que l'homme se couche, de même que les idées commencent à se brouiller dans sa tête, et, en s'endormant, qu'il se sent s'en aller, il a la même sensation lorsqu'il meurt.

De sorte que l'éveil de l'homme est une petite naissance ; la journée, depuis le matin jusqu'à la nuit, est une petite vie ; le sommeil est une petite mort.

2

Lorsque le tonnerre gronde, nous savons que la foudre est déjà tombée et le tonnerre ne peut plus nous tuer ; cependant, nous tressaillons toujours en entendant un coup de tonnerre. Il en est de même de la mort.

Il semble à celui qui ne comprend pas le sens de la vie, que tout périt avec la mort, et il la craint, se cache d'elle comme le sot se cache d'un coup de tonnerre, alors que ce coup ne peut plus le tuer.

3

Parce qu'un homme a traversé lentement l'espace qui s'ouvre à mes yeux et au delà duquel je ne vois plus, et qu'un autre l'a traversé rapidement, je ne vais pas penser que celui qui marchait lentement vit plus longtemps que celui qui marchait vite. Je ne sais qu'une chose : je sais que si j'ai vu un homme passer vite ou lentement devant ma fenêtre, l'un et l'autre ont existé avant que je ne les vis et qu'ils vivront aussi après. Il en est de même des hommes dont j'ai vu la vie courte ou longue avant leur mort.

4

La mort est la transformation de l'enveloppe à laquelle notre âme est liée. Il ne faut pas confondre l'enveloppe avec ce qu'il y a dedans.

5

Souviens-toi que tu ne restes pas sur place, mais que tu passes, que tu n'es pas dans une maison, mais dans un train qui te conduit à la mort. Souviens-toi que ton corps ne fait que passer et que seul l'esprit vit en toi.

6

Bien que je ne puisse pas le prouver indubitablement, je sais toutefois que l'élément immatériel libre et raisonnable qui vit en moi ne peut pas mourir.

7

Même si je me trompais, en supposant que les âmes sont immortelles, je serais heureux et satisfait de mon erreur ; et, tant que je suis en vie, aucun homme ne sera à même d'ébranler cette conviction. Cette conviction me donne le calme et la satisfaction absolue.

CICÉRON.

II. — *La vraie vie est en dehors du temps ; c'est pourquoi elle n'a pas d'avenir.*

1

Le temps cache la mort. Lorsque l'on compte avec le temps, on ne peut s'imaginer qu'il finisse.

2

La raison pour laquelle l'idée de la mort ne fait pas l'effet qu'elle pourrait produire, réside en ce fait qu'en raison de notre nature d'êtres actifs, nous aurions dû ne pas penser du tout à la mort.

KANT.

3

La question de savoir si la vie existe au-delà, ou non, est la même que de savoir si le temps est le produit de notre faculté de penser, ou une condition indispensable de tout ce qui existe.

Que le temps ne puisse être une condition indispensable à tout ce qui existe, cela peut être prouvé par le fait que nous sentons en nous-mêmes quelque chose qui n'est pas subordonné au temps : notre vie dans le présent. C'est pourquoi la question de savoir si la vie d'outre-tombe existe ou non, est la même que de demander laquelle des deux choses est réelle : notre conception du temps, ou la conscience de notre vie dans le présent.

4

Si l'homme base sa vie sur le présent, il ne peut être question pour lui de sa vie future.

III. — *La mort ne peut effrayer un homme qui vit de la vie spirituelle.*

1

La mort libère si facilement de toutes les difficultés et de tous les malheurs, que ceux qui ne croient pas à l'immortalité devraient la souhaiter. Et ceux qui croient en l'immortalité, qui attendent une vie nouvelle, devraient la souhaiter plus encore. Pourquoi donc la plupart des hommes ne la désirent pas ? C'est parce qu'ils vivent de la vie corporelle, et non de la vie spirituelle.

2

Les souffrances et la mort se présentent à l'homme comme un malheur quand il prend la loi de son existence corporelle et bestiale pour la loi de sa vie. Alors seulement, il s'abaisse au niveau de l'animal, alors seulement les souffrances et la mort l'effraient. De tous côtés, elles se ruent sur lui et le chassent sur l'unique route de la vie humaine qui lui est ouverte, celle de la loi de la raison et se manifestant par l'amour. Les souffrances et la mort ne sont que les dérogations à la loi de la vie. Si l'homme menait une vie absolument spirituelle, il n'y aurait pour lui ni souffrances, ni mort.

3

Craindre la mort revient au même que de craindre les fantômes, de craindre ce qui n'existe pas.

4

Pour l'homme qui vit pour son âme, la destruction du

corps n'est qu'une libération, et les souffrances sont les conditions inévitables de cette libération. Mais quelle est la situation de celui qui croit que toute sa vie est dans son corps, lorsqu'il voit que la seule chose dont il vit — son corps — se détruit et qu'il doit, de plus, endurer des souffrances ?

5

L'animal meurt sans s'apercevoir de la mort et presque sans la craindre. Pourquoi donc l'homme doit-il voir la fin qui le guette, et pourquoi lui semble-t-elle si affreuse, au point qu'elle le force parfois à mettre fin à ses jours ? Je ne sais pourquoi cela est ainsi ; mais je sais dans quel but : pour que l'homme conscient et raisonnable transforme sa vie charnelle en vie spirituelle. Cette transformation abolit non seulement la crainte de la mort, mais encore elle donne à l'attente de la mort une sensation analogue à celle qu'éprouve le voyageur à l'approche de sa maison.

6

La vie n'a rien de commun avec la mort. C'est probablement pour cela que s'éveille en nous l'espoir inepte qui obscurcit la raison et nous fait douter de l'exactitude de notre connaissance quant au caractère inévitable de la mort. La vie corporelle tend à s'obstiner dans l'existence. Elle répète toujours, comme le perroquet dans la fable, même au moment où on l'étrangle : « Ce n'est rien, ça. »

Amiel.

7

Le corps est le mur qui limite l'esprit et qui l'empêche d'être libre. L'esprit tend sans cesse à écarter ces murs, et toute la vie d'un homme de raison se passe à ce travail de libération de l'esprit de l'emprise du corps. La mort complète cette libération. C'est pourquoi la mort non seulement n'est pas effrayante, mais est une joie pour celui qui mène une vie juste.

8

Si la mort est effrayante, la cause en est en nous-mêmes, non en elle. Meilleur est l'homme, moins il craint la mort.

Pour le saint il n'y a pas de mort.

9

Tu crains la mort, mais songe à ce que tu deviendrais si tu devais vivre éternellement tel que tu es actuellement?

10

Il est tout aussi déraisonnable de souhaiter la mort que de la craindre.

11

L'homme qui mène une vie raisonnable ressemble à celui qui porte une lanterne pour éclairer son chemin. Cet homme n'arrive jamais au bout de l'endroit éclairé, car cette surface se déplace toujours devant lui. Telle est la vie raisonnable, et cette vie seule n'a pas de mort, parce que la lanterne éclaire sans cesse, jusqu'au dernier moment, et l'on suit la lanterne aussi tranquillement que durant la vie.

IV. — *L'homme doit vivre par ce qu'il y a d'immortel en lui.*

1

La question de savoir si notre vie finit avec le corps est très importante et on ne peut faire autrement que d'y réfléchir. Suivant que nous croyons à l'immortalité ou non, nos actes seront raisonnables ou insensés.

Ainsi, notre premier souci est de résoudre la question de savoir si nous mourons complètement lorsque la vie quitte le corps, ou si cette mort n'est pas complète, d'établir ce qui est immortel en nous. Lorsque nous aurons compris cela, il est évident que nous nous soucierons plus de ce qui est immortel que de ce qui est mortel.

La voix qui nous dit que nous sommes immortels est la voix de Dieu qui vit en nous.

D'après Pascal.

2

L'expérience nous apprend que bien des gens informés de la doctrine sur la vie d'outre-tombe et convaincus de son existence, s'adonnent néanmoins aux vices et commettent des actes de bassesse en s'ingéniant à chercher les moyens qui leur permettraient d'éviter les conséquences de leur conduite qui les menacent dans l'avenir. Et en même temps, je doute qu'il ait jamais existé un seul homme moral sur la terre qui ait pu se faire à l'idée que tout finit avec la mort, et dont la noble tournure d'esprit ne se serait pas élevée jusqu'à l'espoir de la vie future. C'est pourquoi il me semble qu'il serait plus conforme à la nature humaine et à la pureté des mœurs de fonder la foi en la vie future sur les sentiments d'une âme noble, plutôt que de baser la noble conduite sur l'espoir d'une vie future.

Kant.

3

Il n'y a qu'une chose que nous sachions indubitablement : « La vie de l'homme est pareille à une hirondelle qui traverse la chambre. » Nous venons on ne sait d'où, et nous allons on ne sait où. Une obscurité impénétrable est derrière nous, des ombres épaisses sont devant nous. Quelle importance cela pourra-t-il avoir pour nous, lorsque notre moment sera venu, que nous ayons ou non mangé de bons plats, porté ou non des vêtements souples, laissé une fortune considérable ou aucune, que nous ayons recueilli les lauriers de la gloire ou que nous ayons été méprisés, que nous ayons été considérés comme des savants ou comme des ignorants, qu'est tout cela en comparaison de l'emploi que nous ayons fait du talent que le Maître nous a confié !

Quelle valeur tout cela aura pour nous quand notre vue se brouillera et que nos oreilles deviendront sourdes ? Nous serons calmes à cette heure, seulement alors que nous aurons veillé constamment au don de la vie spirituelle qui nous avait été confié, quand nous l'aurons développé jusqu'au point où la destruction du corps cesse d'être effrayante.

Henry George.

4

Extrait du testament d'un roi mexicain :

« Tout sur la terre a une limite, et les plus puissants et les plus heureux tombent, dans leur grandeur et dans leur joie, en poussière. Toute la terre n'est qu'une grande tombe, et il n'y a rien à sa surface qui ne soit caché dans la tombe sous terre. Les eaux, les fleuves et les torrents s'élancent vers leur destination et ne reviennent plus à leur source heureuse. Tous se hâtent pour s'ensevelir dans les profondeurs de l'océan infini. Ce qui était hier n'est plus aujourd'hui ; et ce qui est aujourd'hui ne sera plus demain. Le cimetière est plein des dépouilles de ceux qui étaient jadis pleins de vie, qui étaient rois, gouvernaient les peuples, présidaient les assemblées, commandaient les armées, faisaient la conquête de pays nouveaux, exigeaient qu'on s'incline devant eux, étaient gonflés de vanité, de richesse, de pouvoir.

Mais la gloire est passée comme la fumée noire sortant du volcan et n'a rien laissé qu'une mention sur la feuille du chroniqueur.

Les grands, les sages, les braves, les magnifiques, hélas! où sont-ils maintenant? Ils sont tous mêlés à l'argile, et ce qui leur est arrivé nous arrivera ; cela arrivera aussi à ceux qui seront après nous.

Mais prenez courage vous tous, chefs célèbres, amis sûrs et sujets fidèles — aspirons tous à ce Ciel où tout est éternel et où il n'y a ni putréfaction, ni destruction.

L'obscurité est le berceau du soleil, et les ténèbres de la nuit sont nécessaires pour faire briller les étoiles. »

TETSKOUKO NEZAGOUAL KOPOTL (env. 1460 av. J.-C.).

5

La mort est inévitable pour tout ce qui est né, comme la naissance est inévitable pour tout ce qui est mortel. C'est pourquoi on ne doit pas s'élever contre l'inévitable. La situation antérieure des êtres est inconnue, leur situation intermédiaire est évidente, leur situation future ne peut être connue ; dès lors, à quoi bon nous soucier, nous inquiéter ? Certaines gens considèrent l'âme comme un miracle, d'autres en parlent et en entendent parler avec étonnement, mais personne n'en sait rien.

La porte du ciel t'est entr'ouverte juste autant qu'il te le faut. Débarrasse-toi des soucis et des inquiétudes, et dirige ton âme vers le spirituel. Que tes actes soient gouvernés par toi-même, et non par les événements. Ne sois pas de ceux qui agissent en vue de la récompense. Sois attentif, fais ton devoir, ne pense pas aux conséquences, afin qu'il te soit indifférent que l'affaire finisse bien ou mal pour toi.

Bagavad Hita hindoue.

6

Nous sommes ici comme des passagers sur quelque grand bateau, dont le capitaine possède une liste que nous ne connaissons pas ; et il sait où il est indiqué où et quand chacun de nous doit être débarqué. Mais tant que nous sommes à bord, nous ne pouvons faire autrement que de nous efforcer, tout en observant la loi établie sur le vaisseau, de passer avec nos compagnons de voyage, en paix et en amour le temps qui nous est assigné.

7

Serait-il possible que le changement t'effraie ? Rien ne se fait sans lui. Il est impossible de chauffer de l'eau sans qu'une transformation s'opère dans le bois. La nutrition est impossible sans changer les aliments. Toute la vie humaine n'est rien de plus qu'une transformation. Comprends que le changement qui t'attend a absolument le même sens et qu'il est tout aussi indispensable de par la nature des choses. Il n'y a qu'à se soucier uniquement de ne pas agir contrairement à la vraie nature humaine ; il faut agir en tout suivant ses indications.

Marc-Aurèle.

8

Ce monde est horrible si les souffrances qu'on y endure ne suscitent pas le bien. C'est une odieuse organisation, créée uniquement pour tourmenter les hommes moralement et physiquement. S'il en est ainsi, ce monde fait le mal, non pour le bien futur, mais inutilement, sans but, et il est parfaitement immoral. Il semble attirer les hommes tout exprès pour les faire souffrir. Il nous frappe depuis notre naissance, mêle de l'amertume à chaque coupe de bonheur et enveloppe la mort de terreur. Et certes, si Dieu et l'immortalité n'existent pas, le dégoût de la vie manifesté par les hommes est compréhensible : il est provoqué par l'ordre, ou plutôt par le désordre existant, par l'affreux chaos moral, comme on devrait l'appeler.

Mais si Dieu existe au-dessus de nous et l'éternité au-devant de nous, tout change. Nous discernons le bien dans le mal, la lumière dans les ténèbres, et l'espoir chasse le désespoir.

Laquelle de ces deux suppositions est la plus probable ? Peut-on admettre que des êtres moraux — les hommes — soient mis dans la nécessité de maudire avec raison l'ordre existant dans le monde, alors qu'ils ont une issue qui résout leur contradiction ? Ils doivent maudire le monde et le jour de leur naissance si Dieu et la vie future n'existent pas. Si, au contraire, l'un et l'autre existent, la vie devient un bonheur par elle-même et le monde un endroit de perfectionnement moral et d'accroissement infini de bonheur et de sainteté.

D'après ERASME.

9

Pascal dit que si nous nous étions vus en rêve toujours dans la même situation et, en réalité, dans des situations différentes, nous aurions pris le rêve pour la réalité et la réalité pour le rêve... Ce n'est pas tout à fait exact. La réalité se distingue du rêve par le fait que dans la vie réelle nous avons la faculté d'agir conformément à nos exigences morales ; tandis qu'en rêve, nous savons souvent que nous accomplissons des actes vils et immoraux qui ne nous sont pas habituels, mais dont nous ne pouvons nous contenir. Il serait donc plus exact de dire que si nous ne connaissions pas la vie pendant laquelle nous serions plus aptes à satisfaire nos exigences morales qu'en rêve, nous aurions considéré le sommeil comme une vraie vie et nous n'aurions jamais douté que cette vie ne soit réelle. Toute notre vie, depuis la naissance jusqu'à la mort, avec ses rêves, n'est-elle pas, à son tour, un songe et que nous prenons pour la réalité, pour la vie réelle, dont nous ne doutons pas, uniquement parce que nous ne connaissons pas de vie où notre liberté de suivre les exigences morales de l'âme serait plus grande encore que celle dont nous jouissons actuellement?

10

Si ta courte vie est tout ton avoir, tâche d'en faire tout ce qui est possible.

Saïd Ben Hamed.

11

Comment vivre sans savoir ce qui nous attend? demandent les hommes. Et, cependant, lorsque tu vis sans songer à ce qui t'attend et uniquement pour pouvoir manifester ton amour, la vraie vie commence pour toi.

12

L'amour ne supprime pas seulement la crainte de la mort, mais encore la pensée de la mort. Une vieille paysanne disait à sa fille, quelques heures avant sa fin, qu'elle était contente de mourir en été. Lorsque sa fille lui demanda pourquoi, la moribonde répondit que c'est parce qu'il est plus difficile de creuser la tombe en hiver qu'en été. La vieille n'avait pas de peine à mourir parce que, jusqu'au dernier moment, elle ne pensait pas à elle-même, mais aux autres.

Accomplis des œuvres d'amour, et il n'y aura pas de mort pour toi.

13

Lorsque tu es venu au monde, tu pleurais, tandis que tout le monde se réjouissait autour de toi ; arrange-toi de façon à ce que tout le monde pleure lorsque tu quitteras le monde, et que toi seul tu puisses sourire.

V. — *La pensée à la mort aide à la vie spirituelle.*

1

Pour te forcer à bien agir, souviens-toi plus souvent que tu mourras sûrement bientôt. Représente-toi que tu es à la veille de la mort et tu ne ruseras plus, ne tromperas plus, ne mentiras plus, ne médiras plus, n'injurieras plus, ne t'irriteras plus, ne prendras plus ce qui ne t'appartient pas. A la veille de la mort, on ne peut accomplir que des actions simples et bonnes. Et ces actions sont toujours les plus nécessaires et les plus joyeuses. C'est pourquoi il est toujours bon, surtout lorsqu'on est désorienté, de songer à la mort.

2

Lorsque les hommes savent que la mort est venue, ils prient, confessent leurs péchés, afin de pouvoir se présenter devant Dieu avec une âme pure. Mais nous mourons tous les jours un peu, et à tout instant nous pouvons mourir tout à fait. C'est pourquoi nous n'aurions pas dû attendre la dernière heure, mais être prêt à tout moment.

Et être prêt à mourir, c'est bien vivre.

La mort est toujours suspendue au-dessus de nous, précisément pour que nous soyons toujours prêts à mourir et vivions bien en se préparant à la mort.

3

Tu devras mourir bientôt ! Et pourtant tu ne peux toujours pas te libérer de l'hypocrisie et des passions, tu ne peux pas abandonner le préjugé de croire que tout ce qui est extérieur peut nuire à l'homme, tu ne peux pas devenir humble envers chacun.

Marc-Aurèle.

4

En vue de la mort, la vie entière devient solennelle, grave, réellement féconde et joyeuse. En vue de la mort, il nous est impossible de ne pas accomplir le travail qui nous est destiné dans cette vie, parce qu'on ne peut travailler avec ardeur à rien d'autre. Et lorsque nous travaillons ainsi, la vie devient joyeuse, et la crainte de la mort n'existe plus, cette crainte qui empoisonne la vie de ceux qui ne vivent pas en vue de la mort.

5

Vis comme si tu devais tout de suite dire adieu à la vie, comme si le temps qui t'est accordé était un don inattendu.

Marc-Aurèle.

6

Vis comme si tu devais vivre un siècle et mourir le soir même. Travaille comme si tu pouvais vivre éternellement et traite les hommes comme si tu devais mourir immédiatement.

7

La vie dans l'oubli de la mort et la vie avec la conscience de son approche continuel sont deux états absolument différents. L'un se rapproche de l'état bestial, l'autre de l'état divin.

VI. — *L'approche de la mort.*

1

Nous appelons mort la suppression de la vie et les minutes ou les heures pendant lesquelles on meurt. La première, la suppression de la vie, ne dépend pas de notre volonté ; les seconds, les derniers moments, sont dans notre pouvoir. Nous pouvons mourir mal et mourir bien. Nous devons nous efforcer de bien mourir.

C'est nécessaire pour ceux qui restent.

2

Le moribond comprend difficilement tout ce qui vit ; mais on s'aperçoit qu'il ne comprend pas ce qui vit, non parce que ses facultés mentales s'affaiblissent, mais parce qu'il comprend quelque chose que les vivants ne comprennent pas, ne peuvent comprendre, et qui l'absorbe tout entier.

3

On pense généralement que la vie des vieillards n'a pas d'importance, qu'ils ne font qu'achever leur vie. Ce n'est pas vrai. Dans la plus profonde vieillesse, la vie est plus précieuse et plus nécessaire que jamais, aussi bien pour soi que pour les autres. La valeur de la vie est en raison contraire des carrés de distance de la mort. Ce serait heureux si les vieillards eux-mêmes et ceux qui les entourent le comprenaient. Le dernier instant avant la mort est tout particulièrement précieux.

4

Avant d'arriver à la vieillesse, je me suis efforcé de bien vivre ; dans la vieillesse, je m'efforce de bien mourir ; pour bien mourir, il faut mourir volontiers.

Sénèque.

5

Ai-je peur de la mort ? Je crois que non ; mais à son approche, ou en pensant à elle, je ne peux m'empêcher d'éprouver une émotion pareille à celle que doit éprouver un voyageur en arrivant à l'endroit où son train tombe d'une très grande hauteur à la mer, ou au moment où il s'élève à une très grande hauteur en ballon. L'homme, en mourant, sait qu'il ne lui arrivera rien de particulier, qu'il lui arrivera ce qui est déjà arrivé à des millions d'êtres, qu'il ne fait que changer de mode de locomotion, mais il lui est impossible de ne pas éprouver d'émotion en s'approchant de l'endroit où ce changement aura lieu.

CHAPITRE XXIX

APRÈS LA MORT

On demande : Qu'arrivera-t-il après la mort ? Il n'y a qu'une réponse à cette question : le corps pourrira et deviendra poussière, cela nous le savons sûrement. Quant à ce qu'il adviendra de notre âme, nous ne pouvons en rien dire, parce que la question de : « qu'arrivera-t-il ? » se rapporte au temps. Or l'âme est hors du temps. L'âme n'a pas été et ne sera pas. Elle est. Si elle n'existait pas, il n'y aurait rien.

I. — *La mort charnelle n'est pas la fin de la vie, mais uniquement une transformation.*

1

Quand nous mourons, il peut nous arriver de deux choses l'une : ou bien ce que nous considérions comme nous-mêmes passera en un autre être, ou bien nous ne serons plus des êtres séparés, et nous nous confondrons avec Dieu. Que cela soit l'une ou l'autre, nous n'avons rien à craindre dans les deux cas.

2

La mort constitue une transformation de notre corps, la

plus grande, la dernière. Nous subissons constamment des changements dans notre corps : nous étions d'abord des morceaux de chair ; nous devenions ensuite des nourrissons ; graduellement, nos cheveux, nos dents poussèrent, puis tombèrent, puis ils poussèrent à nouveau, la barbe apparut, commença à blanchir, à tomber, et nous n'avons jamais craint ces changements.

Pourquoi craignons-nous le dernier changement?

Parce que personne ne nous a raconté ce qui lui est arrivé après ce changement. Mais personne ne dira, lorsqu'un homme nous quitte et ne nous écrit plus, qu'il n'existe pas, qu'il est mal là où il est allé, nous dirons simplement que nous n'avons pas de nouvelles de lui. Il en est de même des morts : nous savons qu'ils ne sont plus parmi nous, mais nous n'avons aucune raison de croire qu'ils n'existent plus, ou qu'ils sont plus malheureux depuis qu'ils nous ont quittés. Si nous ne pouvons savoir ni ce qui arrivera après la mort, ni ce que nous étions avant cette vie, cela prouve uniquement qu'il ne nous est pas donné de le savoir, parce que nous n'avons pas besoin de le savoir. Nous ne savons qu'une chose, c'est que notre vie n'est pas dans les changements du corps, mais en ce qui vit dans ce corps, dans l'âme. Et l'âme ne peut avoir ni commencement ni fin, parce qu'elle seule existe.

3

« De deux choses l'une : ou la mort est la disparition absolue de la conscience, ou elle est, conformément à la légende, simplement un changement et la migration de l'âme d'un endroit dans un autre. Si la mort est la destruction complète de la conscience, et qu'elle est pareille à un sommeil profond sans rêves, elle est un bienfait in-

contestable, car chacun n'a qu'à se rappeler une nuit
passée dans un tel sommeil sans rêves et à la comparer aux autres jours et aux autres nuits, avec leurs
craintes, leurs inquiétudes et désirs non satisfaits,
éprouvés tant en réalité qu'en rêves, et je suis persuadé
que personne ne trouvera beaucoup de jours et de nuits
plus heureux que les nuits sans rêves. De sorte que, si
la mort est un tel sommeil, je la considère, quant à moi,
comme un bienfait. Si elle constitue le passage d'un
monde dans un autre, et s'il est vrai que tous les hommes
sages et saints morts avant nous s'y trouvent, pourrait-on espérer un bonheur plus grand que de vivre parmi ces
êtres? J'aurais voulu mourir, non pas une fois, mais cent
fois, pourvu que je puisse pénétrer dans cet endroit.

« De sorte que ni vous, juges, ni les hommes, en général,
ne doivent craindre la mort, me semble-t-il ; ils n'ont qu'à
se souvenir d'une chose : pour un homme de bien, il n'y
a pas de mal ni dans la vie, ni dans la mort. »

(*Extrait du discours de Socrate devant le Tribunal.*)

4

Celui qui voit le sens de la vie dans le perfectionnement
spirituel ne peut croire à la mort ; il ne peut croire à
l'arrêt de ce perfectionnement. Ce qui se perfectionne ne
peut disparaître, cela ne peut que se modifier.

5

La mort est l'interruption de la conscience dont je vis
actuellement. La conscience de cette vie s'arrête ; je le vois
sur ceux qui meurent. Mais que devient ce qui était la
conscience? Je ne le sais pas, et je ne puis le savoir.

6

Les hommes craignent la mort et voudraient vivre aussi longtemps que possible. Mais si la mort est un malheur, n'est-il pas indifférent de mourir dans trente ou dans trois cents ans ? Quelle joie a un condamné à mort de savoir que ses camarades mourront dans trois jours et que son exécution à lui aura lieu dans trente jours.

La vie se terminant par une mort définitive serait la mort même.

Skovoroda.

7

Chacun sent qu'il n'est pas un rien amené à la vie, à un certain moment, par quelqu'un d'autre. C'est de là que vient notre assurance que la mort peut mettre une fin à notre vie, mais non à notre existence.

Schopenhauer.

8

Plus on est profondément conscient de sa vie, moins on croit à sa disparition et à la mort.

9

Je ne crois en aucune des religions existantes, et ne puis, par suite, être soupçonné de suivre aveuglément quelque tradition ou de subir l'influence de l'éducation. Mais, durant ma vie entière, j'ai réfléchi aussi profondément que j'en étais capable sur la loi de notre vie. Je l'ai cherchée dans l'histoire de l'humanité et dans ma propre conscience, et je suis arrivé à la conviction inébranlable que la mort n'existe pas, que la vie ne peut être qu'éternelle, que le perfectionnement infini est une loi de la vie, que chaque qualité, chaque idée, chaque tendance que je possède, doit avoir son développement pratique ; que nous avons des capacités, des tendances qui dépassent de beaucoup les éventualités de notre vie terrestre, que le fait même que nous en disposons et ne pouvons découvrir leur origine dans nos sens peut être considéré comme une preuve de ce qu'elles nous viennent des régions extra-terrestres et ne peuvent être réalisées que dans ces régions ; que rien ne peut ici-bas, sauf les choses visibles, et que croire que nous mourons parce que notre corps meurt revient au même que de s'imaginer que l'ouvrier est mort parce que son outil s'est usé.

Joseph Mazzini.

10

Si l'espoir de l'immortalité était une illusion, on pourrait voir clairement qui sont ceux qui ont été trompés. Non pas les âmes basses et noires qui n'ont jamais envisagé cette grande pensée, non pas les gens endormis et distraits qui sont satisfaits du sommeil voluptueux de cette vie et du sommeil des ténèbres dans l'avenir, non pas les égoïstes aux idées étroites et qui sont plus mesquines encore dans l'amour. Non, pas eux. Ils auraient raison, et le bénéfice serait de leur côté. Ceux qui auraient été trompés, ce seraient les grands et les saints que les hommes vénèrent ; les trompés seraient tous ceux qui ont vécu pour quelque chose de meilleur que leur bonheur personnel, et qui ont donné leur vie pour le bien commun.

Tous ces hommes auraient été trompés. Le Christ lui-même aurait souffert inutilement en donnant Son esprit au Père imaginaire, et Il aurait tort de croire qu'Il L'avait manifesté par Sa vie. Toute la tragédie du Golgotha ne serait qu'un malentendu : la vérité serait du côté de ceux qui se moquaient de Lui et désiraient Sa mort ; elle serait également aujourd'hui du côté de ceux qui sont indifférents à la conformité avec la nature humaine qu'offre cette histoire soi-disant imaginaire. Qui vénérerait-on, qui croirait-on si l'inspiration des êtres supérieurs n'était que des fables ingénieusement combinées?

Parker.

II. — *Le principe du changement de l'existence qui a lieu pendant la vie corporelle est inaccessible à la raison humaine.*

1

Nous tâchons souvent de nous représenter la mort comme un passage dans une région inconnue ; mais cette conception ne nous donne absolument rien. Il est tout aussi impossible de se représenter la mort, qu'il est impossible de se représenter Dieu. Tout ce que nous pouvons savoir, c'est que la mort, de même que tout ce qui vient de Dieu, est un bien.

2

On nous demande : que deviendra l'âme après la mort ? Nous ne le savons pas, et nous ne pouvons le savoir. Il n'y a qu'une chose de certain : c'est que si tu te diriges quelque part, tu es sûrement sorti de quelque endroit. Il en est de même de la vie. Si tu es dans cette vie, tu es sûrement sorti de quelque part. Tu retourneras là d'où tu es sorti.

3

Je ne me souviens absolument pas de ce qui a eu lieu avant ma naissance ; je pense donc qu'après la mort je ne me souviendrai de rien de ma vie actuelle. Si la vie, après la mort existe, il m'est impossible de l'imaginer.

4

Personne ne sait ce qu'est la mort et, cependant, tous la craignent, en la considérant comme le plus grand mal, bien qu'elle puisse être le plus grand bonheur.

Platon.

5

Personne ne peut se vanter de savoir que Dieu et la vie future existent. Je ne puis pas dire que je sache indubitablement que Dieu et mon immortalité existent, mais je dois dire que je sens qu'il y a un Dieu, comme je sens qu'il y a un « moi » immortel. Cela prouve que ma foi en Dieu et en l'autre monde est tellement liée à ma nature qu'elle ne peut être séparée de moi.

D'après Kant.

6

Le Christ a dit en mourant : « Père, je remets mon esprit entre Tes mains. » Quiconque prononce ces paroles, non pas avec la langue, mais avec le cœur, n'a plus besoin de rien. Si mon esprit retourne à Celui de Qui il émane, il ne peut rien arriver à mon esprit que ce qu'il y a de meilleur.

III. — *La mort est une libération.*

1

La mort est la destruction du vase dans lequel notre esprit est enfermé. On ne doit pas confondre ce vase avec ce qu'il contient.

2

Lorsque nous venons au monde, nos âmes sont mises dans les bières de notre corps. Cette bière — notre corps — se désagrège petit à petit, et notre âme se libère de plus en plus. Mais lorsque le corps meurt par la volonté de Celui Qui a uni l'âme au corps, l'âme se libère entièrement.

D'après Héraclite.

3

De même que le feu fait fondre la cire de la bougie, la vie de l'âme consume la vie du corps. Le corps brûle sur le feu de l'âme et se consume entièrement lorsque la mort vient. La mort détruit le corps de même que les constructeurs détruisent les chantiers, quand le bâtiment est prêt.

Le bâtiment, c'est la vie spirituelle ; les chantiers, c'est le corps. Et l'homme qui a construit son bâtiment spirituel se réjouit en mourant de voir tomber les chantiers de sa vie corporelle.

4

Tout au monde pousse, fleurit et revient à sa racine. Ce retour est le retour conforme à la nature. La conformité avec la nature signifie l'éternité ; c'est pourquoi la destruction du corps ne présente aucun danger.

Lao-Tseu.

5

L'homme qui travaillait toute sa vie à dompter ses passions, ce dont son corps l'empêchait, se réjouit d'en être libéré. Et la mort n'est qu'une libération. Le perfectionnement, dont nous avons parlé plus d'une fois, consiste dans la séparation possible de l'âme du corps, et dans la faculté acquise de se concentrer en dehors du corps, en elle-même ; la mort donne cette même libération. Ne serait-il pas étrange que l'homme qui se prépare toute sa vie à vivre de façon à devenir aussi libre que possible par la domination du corps, s'en trouve mécontent au moment où cette libération est prête de se réaliser. C'est pourquoi, malgré tout le regret que j'ai de vous quitter et de vous causer du chagrin, je ne puis ne pas acclamer la mort, comme la réalisation de ce que je désirais atteindre durant toute ma vie.

(*Du discours d'adieu de Socrate à ses élèves.*)

6

L'homme voit les plantes et les animaux s'engendrer, croître, prendre des forces, se multiplier, puis faiblir, dépérir, vieillir et mourir.

Il le voit de même sur les autres hommes, et il le sait également que son corps vieillira, qu'il dépérira et mourra, comme tout ce qui naît et vit au monde.

Mais, en dehors de ce qu'il voit sur les autres êtres et sur lui-même, tout homme sait aussi qu'il y a quelque chose en lui qui ne faiblit ni ne vieillit ; il sait, au contraire, que plus il vit, plus ce quelque chose se fortifie et se perfectionne : c'est son âme à laquelle rien ne peut arriver de ce qui arrive au corps. C'est pourquoi la mort n'effraie que celui qui ne vit pas de l'âme, mais du corps.

7

On demanda à un sage qui disait que l'âme était immortelle : « Qu'est-ce qui arrivera lorsque le monde finira ? » Il répondit : « Pour que mon âme ne meure pas, il n'y a pas besoin du monde. »

8

L'âme ne vit pas dans le corps comme dans une maison, mais comme un voyageur dans un asile d'autrui.

Kouran hindou.

9

Plus notre vie devient spirituelle, plus nous croyons à l'immortalité. A mesure que notre nature s'éloigne de la grossièreté bestiale, nos doutes se dissipent.

Le voile se lève sur l'avenir, les ténèbres se dissipent, et nous sentons notre immortalité encore ici-bas.

Martineau.

10

Celui qui comprend faussement la vie, comprendra toujours faussement la mort.

11

Celui qui connaît les autres est sage, celui qui se connaît lui-même est éclairé.

Celui qui vainc les autres est fort ; celui qui se vainc lui-même est puissant.

Mais celui qui sait qu'il ne disparaîtra pas en mourant est éternel.

Lao-Tseu.

IV. — *La naissance et la mort sont les bornes au delà desquelles notre vie nous est cachée.*

1

La naissance et la mort sont deux bornes. Au delà de ces bornes il y a une sorte d'uniformité.

2

La naissance est la même chose que la mort. Dès sa naissance, l'enfant entre dans un monde nouveau, commence une tout autre vie que celle qu'il avait dans le sein de sa mère. Si l'enfant pouvait raconter ce qu'il a éprouvé en quittant la vie ancienne, il aurait dit la même chose qu'éprouve l'homme en quittant cette vie.

3

Où vont les hommes lorsqu'ils meurent? Là, probablement, d'où viennent ceux qui naissent. Les hommes viennent de Dieu, du Père de notre vie. C'est de Lui qu'est venu, vient et viendra toute vie. De sorte qu'en mourant, l'homme ne fait que retourner vers Celui dont il est issu.

L'homme sort de la maison, travaille, se repose, mange, s'amuse, travaille à nouveau et, lorsqu'il est fatigué, il rentre chez lui.

Il en est de même durant toute la vie humaine ; l'homme sort de chez Dieu, travaille, souffre, se console, se réjouit, se repose et, s'étant suffisamment tourmenté, il revient à la maison, de laquelle il est sorti.

4

Ne sommes-nous pas ressuscités une fois déjà de l'état dans lequel nous étions moins renseignés sur le présent que nous ne le sommes actuellement sur l'avenir? De même que notre état antérieur se rapporte à l'état actuel, notre état actuel se rapporte à l'état futur.

LICHTENBERG.

V. — *La mort libère l'âme des limites de la personnalité.*

1

La mort est une libération de la personnalité bornée. C'est de ce fait que résulte, apparemment, l'expression de paix et de repos que l'on remarque sur les figures de la plupart des morts. La mort de tout homme de bien est facile et tranquille ; mais mourir avec empressement, volontiers, mourir avec joie, voilà l'avantage de celui qui a renoncé à lui-même, de celui qui renonce à la vie individuelle, de celui qui la nie. Car seul cet homme a réellement envie de mourir et, par suite, n'a besoin ni ne demande d'existence ultérieure pour sa personnalité.

SCHOPENHAUER.

2

La conscience du Tout, renfermée dans les limites du corps, tend à élargir ses limites. Dans la première moitié de sa vie, l'homme aime de plus en plus les objets, les gens, c'est-à-dire qu'en sortant de ses limites il reporte sa conscience sur d'autres êtres. Mais quelle que soit la grandeur de son amour, il ne peut sortir de ses limites et ne voit là possibilité de leur suppression qu'en mourant. Comment peut-on craindre la mort après cela ? Il se passe quelque chose d'analogue à la transformation de la chenille en papillon. Nous sommes ici des chenilles : d'abord nous naissons, ensuite nous nous endormons en chrysalide ; puis nous devenons papillons dans l'autre vie.

3

Notre corps limite le principe divin, spirituel que nous appelons âme. Et ces bornes, de même que le vase donne la forme au liquide ou au gaz qui s'y trouve renfermé, donnent la forme à cet élément divin. Lorsque le vase se brise, ce qui s'y trouvait enfermé perd la forme qu'il avait et se répand. Est-ce que cela se relie aux autres substances? Est-ce que cela prend une forme nouvelle? Nous n'en savons rien. Mais nous savons sûrement que cela perd la forme que cela avait dans ses bornes, parce que ce qui le bornait est détruit. Nous savons cela, mais nous ne pouvons rien savoir de ce qui arrivera à ce qui était limité. Nous savons uniquement qu'après la mort, l'âme devient quelque chose d'autre que nous ne pouvons pas définir dans la vie présente.

4

Si la vie est un sommeil et la mort un réveil, le fait que je me vois séparé de ce qui existe, est un rêve dont j'espère me réveiller en mourant.

5

On éprouve de la joie en mourant quand on est fatigué d'être séparé du monde, quand on sent toute l'horreur de cette séparation et la joie, sinon de se joindre à tout, du moins de sortir de la prison qui vous sépare ici où l'on n'a que rarement l'occasion de communiquer avec les hommes au moyen d'étincelles d'amour qui volent de l'un à l'autre. On a envie de dire : « J'en ai assez de cette cage ; donnez-moi d'autres rapports avec le monde, mieux appropriés à mon âme » ; je sais que la mort me les donnera. Et, pour me consoler, on m'assure que même là je serai une personnalité isolée.

6

J'ai sous les pieds une terre ferme et gelée ; autour de moi, sont d'immenses arbres ; au-dessus de ma tête, un ciel couvert ; je sens mon corps, je suis plongé dans mes pensées, et pourtant, je sais, je sens de tout mon être que la terre ferme, les arbres, le ciel, mon corps et mes pensées, tout cela n'est que momentané, que cela n'est que le résultat de mes cinq sens, de mon sentiment individuel du monde que j'ai moi-même bâti, que tout cela n'est ainsi que parce que je suis telle partie du monde et non pas une autre, que telle est ma séparation de l'univers. Je sais qu'il suffit que je meurs, et tout cela ne disparaîtra pas avec moi, mais se transformera, comme cela arrive au théâtre : les arbres et les pierres se transforment en palais, en tours etc. La mort opérera en moi une transformation, que je passerai en un autre être, autrement séparé du monde. Et alors, tout l'univers, en restant le même pour ceux qui y vivent, deviendra autre pour moi. Tout l'univers est tel et non autre, uniquement parce que je me considère comme tel et non autre. Et il peut y avoir une quantité innombrable de procédés pour séparer les êtres de l'univers et les changer de point d'observation.

VI. — *La mort dévoile ce qui paraissait inconcevable.*

1

Plus l'homme vit longtemps, plus la vie se révèle à lui : ce qui était ignoré devient connu ; et il en est ainsi jusqu'à la mort. Et la mort révèle tout ce que l'homme est en état de concevoir.

2

Quelque chose se révèle à l'homme au moment de la mort. « Ah, voilà ce que c'est », dit presque toujours l'expression du visage du moribond. Mais nous, ceux qui restons, nous ne pouvons pas voir ce qui lui a été révélé. Cela nous sera révélé plus tard, en son temps.

3

Tout se révèle tant qu'on vit, comme si on s'élevait de plus en plus sur des marches. Mais la mort survient, et ce qui se révélait, ne se révèle plus, ou bien celui à qui la révélation était faite cesse de voir ce qui se révélait avant, parce qu'il voit quelque chose de nouveau, de tout différent.

4

Ce qui meurt appartient déjà en partie à l'éternité. Il nous semble que le moribond nous parle d'outre-tombe. Ce qu'il nous dit, nous semble être un commandement. Nous nous le représentons presque comme un prophète. Il est évident que pour celui qui sent la vie s'en aller et le cercueil s'ouvrir, le moment des graves discours est arrivé. La substance de sa nature doit se manifester. Le divin qui est en lui ne peut plus rester caché.

AMIEL

5

Tous les malheurs nous révèlent ce qu'il y a en nous de divin, d'immortel, qui forme la base de notre vie. Le plus grand malheur, d'après la conception humaine — la mort — nous révèle entièrement notre vrai « moi ».

CHAPITRE XXX

LA VIE EST UN BIEN

La vie de l'homme et son bonheur est dans l'union de plus en plus intime de l'âme, séparée par le corps des autres âmes et de Dieu, avec ce dont elle est séparée. Cette union s'opère par la manifestation de l'amour, déterminant la libération de l'âme du corps. C'est pourquoi, si l'homme comprend que la vie et son bonheur consistent en cette libération de l'âme, sa vie, malgré toutes les souffrances, n'importe quels malheurs et n'importe quelles maladies, ne peut être rien d'autre qu'un bonheur.

I. — *La vie est le bonheur suprême, accessible à l'homme.*

1

La vie, quelle qu'elle soit, est un bien qui est supérieur à tout autre. Si nous disons que la vie est un mal, c'est uniquement par comparaison à une autre vie que nous imaginons meilleure ; mais nous ne connaissons aucune autre vie meilleure et ne pouvons la connaître ;

c'est pourquoi, la vie, quelle qu'elle soit, est notre bonheur suprême.

2

Nous négligeons souvent le bien de la vie présente, dans l'espoir de recevoir quelque part un bien supérieur. Mais un si grand bien ne peut jamais exister nulle part, parce que ce bien nous est déjà donné : la vie, bien au-dessus duquel il n'y a rien et il ne peut rien y avoir.

3

Le monde ici-bas n'est pas une plaisanterie, ni une vallée de larmes, ni l'asile avant le passage dans un monde meilleur, mais un des mondes éternels, beau, joyeux et que nous pouvons et devons, par nos efforts, rendre plus beau et plus joyeux encore pour ceux qui vivent avec nous et pour tous ceux qui y vivront après nous.

4

L'homme est malheureux parce qu'il ne sait pas qu'il est heureux.

DOSTOÏEVSKY.

5

On ne doit pas dire que le but de la vie est de servir Dieu. Le but de la vie est toujours et sera toujours la recherche du bonheur. Et comme Dieu a voulu donner le bonheur aux hommes, ceux-ci, en le poursuivant, font ce que Dieu veut d'eux : ils accomplissent Sa volonté.

II. — *Le vrai bien est dans la vie présente, et non dans la vie « d' outre-tombe ».*

1

D'après la fausse doctrine, la vie en ce monde est un mal, tandis que le bien est atteint dans l'autre monde.

D'après la vraie doctrine chrétienne, le but de la vie est le bonheur, et on obtient ce bonheur ici-bas.

Le vrai bien est toujours en notre pouvoir. Il suit la vie juste comme une ombre.

2

Si le paradis n'est pas en toi-même, tu n'y pénètreras jamais.

ANGELUS.

3

Ne crois pas que la vie n'est qu'un passage dans un autre monde, et seulement que là nous pouvons être heureux. Nous devons être bien ici, en ce monde. Et pour être bien ici, nous n'avons qu'à vivre comme veut Celui Qui nous y a envoyés. Et ne dis pas que pour que tu puisses bien vivre, il faut que tous vivent bien, qu'ils mènent tous une vie juste. Non. Vis toi-même selon Dieu, fais des efforts toi-même, et tu vivras sûrement bien, et les autres ne s'en ressentiront pas plus mal, mais mieux.

4

Vis de la vraie vie, et tu auras beaucoup d'ennemis ; mais ceux-ci mêmes t'aimeront. La vie t'apportera bien des malheurs ; mais eux aussi te rendront heureux, tu béniras la vie et tu forceras les autres à la bénir.

D'après DOSTOIEVSKY.

III. — *Tu ne trouveras le vrai bonheur qu'en toi-même.*

1

Dieu est entré en moi et c'est par moi qu'Il cherche Son bien. Mais quel peut être le bonheur de Dieu? Seulement celui d'être Lui.

Angelus.

2

Un sage dit : J'ai fait le tour du monde entier en cherchant le bien. Je l'ai cherché sans trêve, jour et nuit. Quand je désespérais déjà de le trouver, une voix intérieure me dit : ce bien est en toi-même. J'ai écouté cette voix et j'ai trouvé le vrai bonheur.

3

Quel bien te faut-il encore, quand Dieu et tout l'univers est en toi ?

Angelus.

4

Les hommes sont heureux lorsqu'ils disent que rien n'est à eux sauf leur âme. Ils sont heureux même quand ils vivent parmi les gens cupides et méchants qui les haïssent : personne ne peut leur prendre leur bonheur.

Doctrine bouddhiste.

5

Mieux les hommes vivent, moins ils se plaignent des autres. Et plus ils vivent mal, plus ils sont mécontents non pas d'eux-mêmes, mais des autres.

6

Le sage cherche tout en lui-même ; l'insensé cherche tout dans les autres.

Confucius.

IV. — *La vraie vie est la vie spirituelle.*

1

La vie humaine, pleine de souffrances corporelles pouvant s'arrêter à tout instant, doit avoir, pour ne pas être la plaisanterie la plus grossière, un sens conformément auquel elle ne peut être troublée ni par les souffrances, ni par sa longue durée, ni par sa brièveté.

Or la vie humaine a ce sens. Il est dans notre conscience de plus en plus nette de receler en nous Dieu.

2

La vie humaine est une communion continue de l'être spirituel, isolé par le corps, avec ce à quoi il a conscience d'être uni. Que l'homme le comprenne ou non, qu'il le veuille ou non, cette communion s'opère irrésistiblement par l'état que nous appelons : vie humaine. La différence entre les hommes qui ne comprennent pas leur destination et ne veulent pas vivre conformément à elle, et ceux qui la comprennent et veulent vivre conformément à elle, consiste en ce que la vie de ceux qui ne la comprennent pas, est une souffrance continuelle, alors que la vie de ceux qui la comprennent et qui accomplissent leur destination, est un bien continu qui augmente sans cesse.

3

Rien ne confirme de façon aussi éclatante que l'œuvre de la vie est dans le perfectionnement moral, que le fait que, si variés que soient tes désirs en dehors de ce perfectionnement, et bien qu'ils soient entièrement réalisés, l'attrait du désir s'éteint aussitôt que le but est réalisé.

Il n'y a qu'une chose qui conserve la joie — c'est d'être conscient que l'on avance vers la perfection.

Seul ce perfectionnement continuel donne la vraie joie qui ne cesse de grandir. Chaque pas en avant fait sur ce chemin, entraîne une récompense qui est obtenue immédiatement. Et rien ne peut la ravir.

4

Celui qui consacre sa vie au perfectionnement spirituel ne peut être mécontent, car ce qu'il désire est toujours en son pouvoir.

Pascal.

5

Etre heureux, posséder la vie éternelle, vivre en Dieu, être sauvé, tout cela a le même sens : c'est la solution du problème de la vie. Et ce bien s'accroît ; l'homme ressent la possession de plus en plus forte et profonde de la joie céleste. Et ce bien n'a pas de bornes, car ce bien est la liberté, la toute-puissance, la satisfaction complète de tous les désirs.

Amiel.

V, — *En quoi consiste le vrai bonheur.*

1

Les biens réels sont peu nombreux. Le vrai bien, le vrai bonheur est ce qui est le bien pour tous.

C'est pourquoi, on ne doit désirer que ce qui est conforme au bien commun. Celui dont l'œuvre vise ce but obtiendra son bonheur.

Marc-Aurèle.

2

Dans les situations des hommes, le mal est uni au bien, tandis que dans leurs tendances ce mélange n'existe pas.

La tendance peut être mauvaise : chercher à accomplir la volonté de sa nature charnelle —, ou bonne : chercher à accomplir la volonté de Dieu. Si l'homme suit le premier désir, il est sûrement malheureux ; s'il suit le deuxième, il n'y a pas pour lui de malheur possible — tout est bonheur.

3

Personne ne peut faire le vrai bonheur d'un autre. L'homme ne peut faire que son propre bonheur. Le vrai bien ne consiste qu'en une seule chose : vivre pour l'âme et non pour le corps.

4

Faire le bien est la seule œuvre dont on puisse dire qu'elle nous est sûrement profitable.

5

On dit que celui qui fait le bien n'a pas besoin de récompense. C'est vrai, si l'on croit que la récompense ne sera pas en toi et ne viendra pas de suite, mais dans l'avenir. Mais l'homme est incapable de faire le bien sans récompense, sans que cela lui donne la joie. Il s'agit de comprendre en quoi consiste la vraie récompense. Elle n'est pas dans ce qui est extérieur ni dans l'avenir, mais dans ce qui est interne et actuel : elle est dans le perfectionnement de l'âme. C'est là qu'est la récompense et en même temps la raison de faire le bien.

6

Un homme de sainte vie priait Dieu pour les hommes : O Seigneur, disait-il, sois miséricordieux pour les méchants, parce que tu as déjà été miséricordieux pour les bons : ils sont heureux, parce qu'ils sont bons.

SAADI.

VI. — *Le bien est dans l'amour.*

1

Il n'y a qu'une chose à faire pour être sûr d'être heureux : c'est d'aimer, d'aimer tous, les méchants et les bons. Aime toujours et tu seras heureux toujours.

2

Nous ne savons pas et nous ne pouvons savoir pourquoi nous vivons. Aussi, ne pourrions-nous pas savoir ce que nous devons et ce que nous ne devons pas faire, si nous n'éprouvions pas le désir du bien. Ce désir nous démontre clairement ce que nous devons faire, à condition de ne pas comprendre notre vie à la façon de l'animal, mais en nous souvenant que nous avons une âme. Et le bonheur que désire notre âme nous est donné dans l'amour.

3

Si le Dieu de charité existe et s'Il a créé le monde, Il l'a sûrement fait de façon à ce que tous, y compris les hommes, y soient heureux.

Mais si Dieu n'existe pas, vivons nous-mêmes de façon à ce que nous soyons bien. Et pour que nous soyons bien, il faut que nous nous aimions les uns et les autres, il faut qu'il y ait de l'amour. Et Dieu étant amour, nous viendrons encore à Lui.

4

On dit : « Pourquoi aimerions-nous ceux qui nous

sont désagréables ? » Parce que c'est là qu'est la joie. Eprouve-le et tu sauras si c'est vrai.

5

Rien que la mort devant nous, rien que l'accomplissement immédiat du devoir ! Comme cela semble triste et effrayant ! Pourtant, consacre ta vie à l'union, par l'amour, aux hommes et à Dieu, et ce qui te paraissait effrayant, deviendra le plus grand bien.

VII. — *Plus l'homme vit pour son corps, plus il est privé du vrai bonheur.*

1

Les uns cherchent le bien dans la puissance, les autres dans les sciences, les troisièmes dans les plaisirs. Ces trois genres de jouissances ont formé trois écoles différentes, et tous les philosophes ont toujours suivi l'une d'elles. D'autres, qui se sont plus rapprochés de la vraie philosophie, ont compris qu'il est nécessaire que le bien général désiré par tous ne soient dans aucune des choses particulières qui ne peuvent être possédées que par un seul, et qui, étant partagées, affligent plus le possesseur par le manque de la partie qu'il n'a pas, qu'elles ne le contentent par la jouissance de celle qui lui appartient. Ils ont compris que le vrai bien devait être tel que tous puissent le posséder à la fois, sans diminution et sans envie, et que personne ne pût le perdre contre son gré. Et ce bien existe : ce bien est dans l'amour.

Pascal.

2

Pourquoi t'agites-tu, malheureureux ? Tu cherches le bien, tu cours quelque part, et le bien est en toi-même. Inutile de le chercher à d'autres portes. Si le bien n'est pas en toi, il n'est nulle part. Le bien est en toi, en ce que tu peux aimer tous, non pour quelque chose, mais pour vivre, et non de ta propre vie, mais aussi de celle des autres. Chercher le bien dans le monde et ne pas profiter du bien qui est en notre âme, revient au même que d'aller puiser l'eau dans une grande mare trouble et éloignée, tandis qu'il y a à côté une source pure venant de la montagne.

D'après Angelus.

3

Si tu veux le vrai bonheur, ne le cherche pas dans les pays éloignés, dans la richesse, dans les honneurs, ne le demande pas aux hommes, ne t'inclinent pas devant eux et ne lutte pas contre eux pour le bonheur. On peut, par ces moyens, obtenir des richesses, un grand titre et diverses choses inutiles ; mais le vrai bonheur, dont chacun a besoin, ne peut être obtenu auprès des hommes, ni acheté ou sollicité, ni donné gratuitement. Sache que tout ce que tu ne peux prendre toi-même, ne t'appartient pas et ne t'est pas nécessaire. Tu peux toujours prendre toi-même, par une vie juste, tous ce dont tu as besoin.

Oui, le bonheur ne dépend ni du ciel, ni de la terre, mais uniquement de nous-mêmes.

Il n'y a qu'un seul bien au monde, lui seul nous est nécessaire. Quel est donc ce bien ? C'est la vie dans l'amour. Et ce bien peut être facilement obtenu.

D'après Skovoroda.

4

Dieu soit loué d'avoir rendu facile aux hommes tout ce qui leur est nécessaire, et difficile tout ce dont ils n'ont pas besoin. Le bonheur est très nécessaire à l'homme, et il n'y a rien de plus facile que d'être heureux. Dieu en soit loué !

Le Royaume de Dieu est en nous. Le bonheur est dans le cœur, s'il contient de l'amour.

Qu'arriverait-il si le bonheur nécessaire à tout homme avait été accordé suivant l'endroit, le temps, l'état, la position, la santé, la force corporelle ? Qu'arriverait-il si le bonheur existait uniquement en Amérique, ou uniquement à Jérusalem, ou à l'époque de Salomon, dans la demeure des rois, grâce à la richesse, aux grades, si on le trouvait seulement au désert, dans les sciences, dans la santé, dans la beauté ?

Serait-il possible aux hommes de ne vivre qu'en Amérique, ou de vivre à la même époque ? Si le bonheur était dans la richesse, ou dans la santé, ou dans la beauté, tous les pauvres, tous les vieux, tous les malades, tous les laids seraient malheureux. Dieu aurait-il privé tous ces gens de bonheur ? Non, Dieu soit loué, il a rendu l'inutile difficile : il a agi de façon à ce qu'il n'y ait pas de bonheur dans la richesse, ni dans les grades, ni dans la beauté du corps. Le bonheur n'est qu'en une seule chose — dans la vie juste, et cela est au pouvoir de chacun.

5

Demander à Dieu que quelqu'un nous donne le bien dans cette vie, revient au même que d'être assis auprès d'une source, et demander à d'autres de calmer ta soif. Baisse-toi et bois. Le bonheur nous est donné, il faut savoir en profiter.

6

Si tu considères comme un bien ce qui n'est pas en ton pouvoir, tu seras toujours malheureux. Persuades-toi que tout le bonheur est à ta portée, et personne ne te le ravira.

VIII. — *L'homme n'éprouve pas le bien de la vie uniquement quand il ne suit pas la loi de la vie.*

1

Si tu demandes : pourquoi le mal existe-t-il ? Je réponds par la question : pourquoi la vie existe-t-elle ? Le mal est pour que la vie soit. La vie se manifeste par la libération du mal.

2

Si notre vie n'est pas heureuse, cela tient uniquement à ce que nous ne faisons pas ce que nous aurions dû faire pour que la vie soit une joie perpétuelle.

3

Si quelqu'un dit qu'il se sent malheureux en faisant le bien, cela prouve uniquement que ce qu'il considère comme le bien ne l'est pas.

4

Sache et souviens-toi que si l'homme est malheureux, c'est par sa propre faute. Les hommes ne sont malheureux que lorsqu'ils désirent ce qu'ils ne peuvent avoir.

Que ne peuvent-t-ils pas toujours avoir, bien qu'ils le désirent, et que peuvent-ils toujours avoir quand ils le désirent ?

Ils ne peuvent pas toujours avoir ce qui n'est pas

en leur pouvoir, ce que les autres peuvent lui prendre. Seul est en leur pouvoir ce que rien ni personne ne sauraient leur ravir. A la première catégorie appartiennent tous les biens terrestres : la richesse, les honneurs, la santé. A la deuxième : notre âme, notre perfectionnement spirituel. Et précisément la chose qui nous est le plus nécessaire pour notre bien est en notre pouvoir, parce que rien, aucun bien terrestre ne donne le vrai bien, mais ne fait que nous leurrer. Le vrai bien ne peut être obtenu que par notre effort vers la perfection spirituelle, et cet effort est toujours en notre pouvoir.

On a agi pour nous de même qu'un bon père aurait agi pour ses enfants. Seul ce qui ne peut nous donner le bonheur ne nous appartient pas, tandis que tout ce qui nous est nécessaire nous est donné.

Épictète.

5.

Ne crois pas que la perplexité devant le sens de la vie soit quelque chose de noble ou de tragique. Cette perplexité est pareille à celle que l'homme éprouve lorsqu'il se voit dans une société occupée à lire un bon livre. La perplexité de cet homme qui n'écoute pas attentivement ou n'a pas compris ce qu'on lit et qui s'agite au milieu des gens occupés, n'a rien de noble ni de tragique, mais est ridicule, bête et pitoyable.

6

Il y avait une fois un bienfaiteur qui, voulant faire aux hommes le plus de bien possible, se mit à réfléchir pour savoir comment il devait s'y prendre pour n'offenser personne et pour que tous en profitent. Si l'on distribue les richesses directement aux gens, on risque de donner moins à celui qui en a le plus besoin, et l'on en saurait en donner également à tout le monde ; alors ceux qui n'en auraient pas assez diraient : Pourquoi as-tu donné aux autres et pas à nous ?

Le bienfaiteur eut alors l'idée d'installer une auberge dans un endroit où passait beaucoup de monde et d'y déposer tout ce qui peut être utile ou faire plaisir au voyageur. Il y ménagea des chambres bien chaudes, de bons poêles, du bois à brûler de provisions d'éclairage, de pains, de légumes, de fruits, de boissons de toute sorte, des lits, des vêtements, du linge, des chaussures, bref, quantité de produits pouvant suffire à beaucoup de monde. Puis, le bienfaiteur s'en alla pour voir ce qui en résultera à son retour.

Les bonnes gens commencèrent à affluer à l'auberge : y mangeaient, buvaient, couchaient, passaient parfois un jour ou deux, y restaient parfois une semaine entière. Parfois, ceux qui en avaient besoin emportaient des vêtements et des chaussures. Avant de s'en aller, ils rangeaient tout pour que d'autres passants puissent aussi en profiter, et puis ils partaient en remerciant le bienfaiteur inconnu.

Mais un jour, arrivèrent des gens grossiers et méchants. Ils s'emparèrent de tout ce qui leur convenait, et une dispute éclata parmi eux au moment du partage. D'abord, ils s'injurièrent, puis ils en vinrent aux mains, et se mirent à s'arracher les uns aux autres les objets et à les briser exprès pour que d'autres ne puissent s'en emparer. Et lorsqu'ils eurent tout détruit et commencèrent à souffrir du froid et de la faim ils se mirent à médire du propriétaire, en l'accusant d'avoir mal organisé les choses, de n'avoir pas mis de gardiens pour empêcher d'entrer de mauvaises gens. D'autres prétendaient qu'il n'y avait pas de propriétaire du tout, et que l'auberge s'était organisée toute seule.

Affamés, transis de froid et irrités, ces gens quittèrent l'auberge en s'injuriant entre eux, maudissant l'auberge et celui qui l'avait construite.

Les hommes agissent de même sur la terre quand ils ne vivent pas pour leur âme, mais pour leur corps, qu'ils gâchent leur vie et celle des autres, s'accusent entre eux et accusent Dieu, au lieu de s'accuser eux-mêmes, s'ils croient en Dieu, et accusent l'univers, s'ils ne croient pas en Dieu, et s'imaginent que le monde s'est organisé tout seul.

IX. — *Seule l'observance de la loi de la vie donne le bien à l'homme.*

1

Il faut toujours être joyeux. Si tu ne l'es plus, cherche où tu t'es trompé.

2

Si l'homme n'est pas satisfait de sa situation, il peut la modifier par deux moyens : améliorer les conditions de sa vie, ou bien améliorer son état moral. Le premier n'est pas toujours en son pouvoir, le second l'est toujours.

Emerson.

3

Il me semble que l'homme doit considérer comme règle principale d'être heureux et satisfait. Il faut être honteux de son mécontentement comme d'une mauvaise action, et savoir que s'il y a quelque chose qui ne va pas en soi, on ne doit pas le raconter aux autres et s'en plaindre, mais tâcher de corriger ce qui va mal.

4

L'observance de la loi de Dieu, de la loi d'amour qui donne le bien suprême, est possible dans toutes les situations.

5

« Venez à Moi, vous tous qui êtes fatigués et chargés, et je vous soulagerai. Car Mon joug est le bien et Ma charge est légère », dit la doctrine du Christ. Ces paroles signifient qu'indépendamment des malheurs qui accablent l'homme, indépendamment des offenses et des amertumes qu'il doit supporter, il lui suffit de comprendre et de recueillir dans son cœur la vraie doctrine, qui dit que la vie et son bien consistent à unir l'âme à ce dont elle est séparée par le corps : aux âmes des autres hommes et à Dieu, pour que tout le mal apparent disparaisse. Il suffit à l'homme de voir le but de la vie dans l'union affectueuse avec tout ce qui vit et avec Dieu, et sa vie, au lieu d'être un tourment, devient aussitôt le bonheur.

FIN

TABLE DES MATIÈRES

Préface du traducteur 5
Préface de l'auteur 11
    I. — La foi. 13
    II. — Dieu 24
    III. — L'âme. 38
    IV. — Une même âme chez tous. 53
    V. — L'amour. 63
    VI. — Péchés, tentations, superstitions 77
    VII. — Les excès 89
    VIII. — La lubricité 99
    IX. — L'oisiveté. 111
    X. — La cupidité. 124
    XI. — La colère 136
    XII. — L'orgueil. 151
    XIII. — L'inégalité 160
    XIV. — La violence. 171
    XV. — Le châtiment.. 185
    XVI. — La vanité. 197
    XVII. — Les fausses croyances 208
    XVIII. — La fausse science. 221
    XIX. — L'effort. 243
    XX. — La vie est dans le présent. 257
    XXI. — Le non-agir. 270
    XXII. — La parole 281
    XXIII. — La pensée 294
    XXIV. — L'abnégation 309
    XXV. — L'humilité 328

XXVI. — La véracité	. . . .	341
XXVII. — Le mal	. . . .	357
XXVIII. — La mort	. . . .	371
XXIX. — Après la mort	. . . .	388
XXX. — La vie est un bien	. . . .	403

SAINT-AMAND (CHER). — IMPRIMERIE BUSSIÈRE.

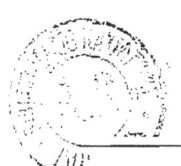

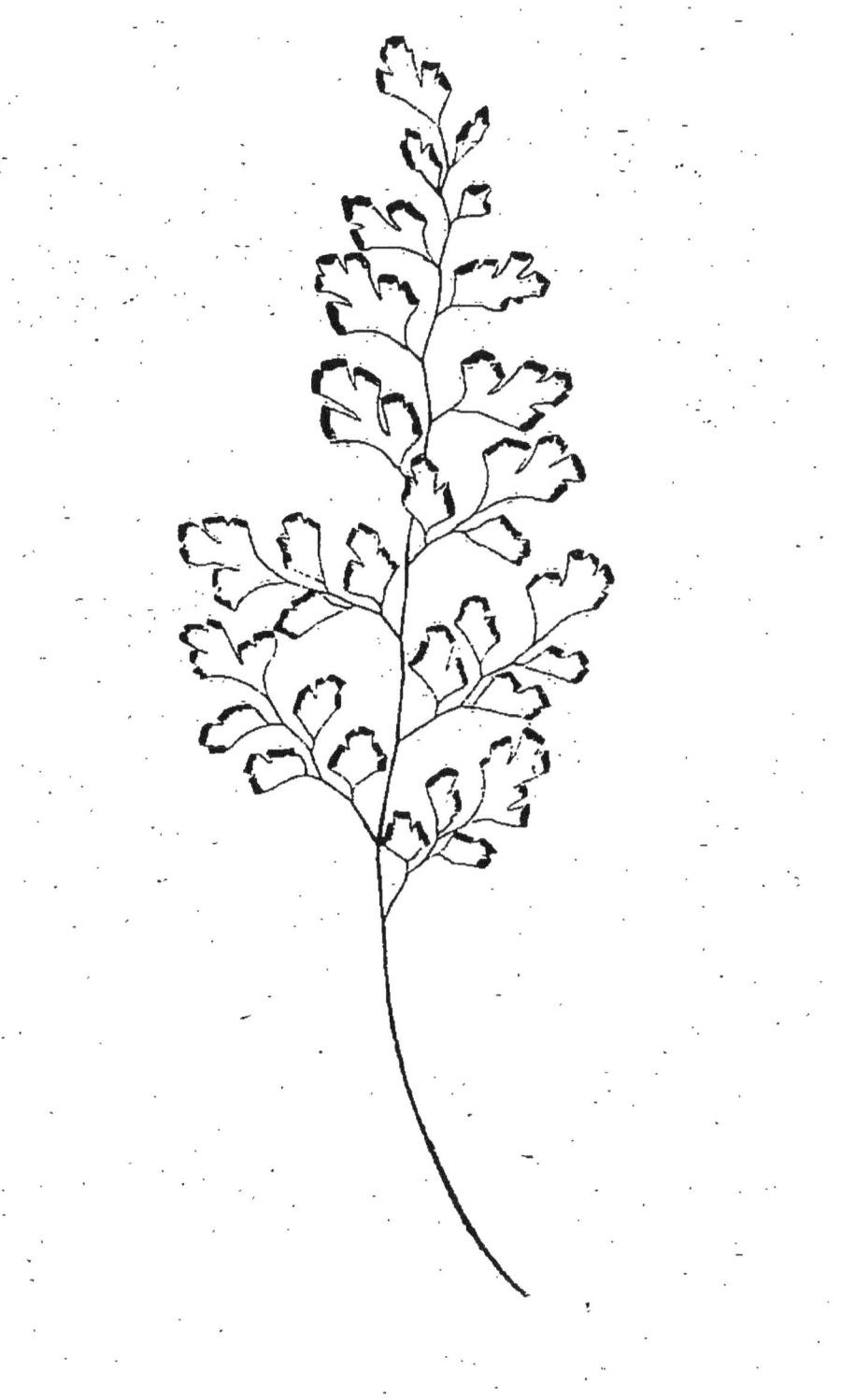

www.ingramcontent.com/pod-product-compliance
Lightning Source LLC
Chambersburg PA
CBHW050913230426
43666CB00010B/2138